LES MILLE

VISAGES

DE NOTRE

HISTOIRE

Jennifer Niven

LES MILLE VISAGES DE NOTRE HISTOIRE

Traduit de l'anglais (États-Unis)
par Vanessa Rubio-Barreau

GALLIMARD JEUNESSE

Titre original : *Holding Up The Universe*
Édition originale publiée aux États-Unis (2016) par Alfred A. Knopf,
une filiale de Random House Children's Books,
un département de Random House LLC,
une entreprise de Penguin Random House, New York.

À Kerry,
Louis,
Angelo
et Ed
qui m'ont portée à bout de bras

et à mes lecteurs du monde entier,
qui sont tout pour moi

« – Atticus […] il était très gentil, tu sais.
– La plupart des gens le sont, Scout, lorsqu'on finit par les voir. »

Harper Lee, *Ne tirez pas sur l'oiseau moqueur*[1]

1. Traduction d'Isabelle Stoïanov, Éditions de Fallois, 2005.

Je ne suis pas un salaud, mais je m'apprête à faire un truc vraiment salaud. Tu vas m'en vouloir, et tu ne seras pas la seule, mais je vais le faire quand même pour te protéger, et me protéger aussi.

Tu vas dire que je me cherche des excuses, mais je suis atteint de ce qu'on appelle la prosopagnosie, ce qui signifie que je ne reconnais pas les visages, même ceux des gens que j'aime. Même pas celui de ma mère. Même pas le mien.

Tu sais ce qu'on ressent quand on entre dans une pièce pleine d'inconnus, de gens dont on ne sait rien, ni le nom ni l'histoire ? Alors imagine que tu arrives en cours, au travail, ou pire, chez toi, où tu devrais connaître tout le monde, sauf que, là aussi, pour toi, il n'y a que des étrangers.

Voilà ce que je vis en permanence : j'entre dans une pièce où je ne connais personne. Et c'est comme ça partout, tout le temps. Je me fie à la démarche. Aux gestes. À la voix. Aux cheveux. J'essaie de trouver des signes distinctifs pour chacun. Du genre : « Dusty a les oreilles décollées et une coupe afro châtain-roux. » C'est comme ça que je repère mon petit frère. Mais je ne peux pas me représenter son visage, avec ses oreilles décollées et sa coupe afro, à moins qu'il soit devant moi. Comme si reconnaître les gens était un super-pouvoir que tout le monde possède, sauf moi.

Tu te demandes si j'ai été diagnostiqué par un médecin ? Non. Et pas seulement parce que je suppose que ce n'est pas dans les cordes du Dr Blume, le pédiatre de la famille. Pas seulement parce que, ces dernières années, mes parents ont déjà eu plus que leur lot de problèmes à régler. Pas seulement parce que je préfère ne pas avoir l'étiquette *freak*. Mais parce qu'une partie de moi espère que ce n'est pas vrai. Que ça va peut-être s'arranger tout seul, avec le temps. En attendant, voilà comment je m'en sors :

Sourire et adresser un signe de tête à tout le monde.

Être charmeur.

Être au top.

Être hilarant.

Être le roi de la fête, mais sans boire – pour ne pas risquer de perdre le contrôle (ça arrive déjà assez souvent sans alcool).

Faire attention.

Faire ce qu'il faut. Tout ce qu'il faut. Quitte à passer pour le seigneur des salauds. Tout plutôt qu'être la victime. Toujours être le prédateur plutôt que la proie.

Je ne te raconte pas ça pour excuser ce que je m'apprête à faire. Mais garde-le en tête. C'est le seul moyen d'empêcher mes amis de faire encore pire, c'est le seul moyen de mettre fin à ce jeu stupide. Sache juste que je ne veux faire de mal à personne. Ce n'est pas ma motivation. Même si ça va inévitablement se produire.

Bien sincèrement,

Jack

PS : tu es la seule à savoir ce qui cloche chez moi.

Prosopagnosie (du grec *prosopon*, visage, et *gnosia*, reconnaissance), nom féminin : 1. Incapacité à mémoriser ou à reconnaître les visages de personnes familières, due en général à des lésions cérébrales. 2. Quand tout le monde vous est étranger.

DIX-HUIT HEURES
PLUS TÔT

LIBBY

Si un génie surgissait de ma lampe de chevet, je ferais ces trois vœux : que ma mère soit encore en vie, que plus jamais rien d'affreux ou de triste ne m'arrive, et que je puisse faire partie des Damsels de Martin Van Buren, la meilleure équipe de pom-pom girls de ce coin sinistre.

Ouais, mais... et si les Damsels ne veulent pas de toi?

Il est trois heures trente-huit du matin. Cest l'heure où mon cerveau se met à dérailler et à partir dans tous les sens comme George, mon chat, quand il était tout petit. Tout à coup, il escalade les rideaux, puis il se balance du haut de l'étagère. Le voilà qui plonge la patte dans l'aquarium et met la tête sous l'eau.

Je reste allongée sur mon lit, à fixer l'obscurité, tandis que mon cerveau rebondit aux quatre coins de la pièce.

Et si tu te retrouves à nouveau coincée? Et si on doit démonter la porte de la cafétéria ou abattre le mur des toilettes pour te faire sortir? Et si ton père se remarie et qu'il meurt en t'abandonnant aux griffes de la méchante marâtre et de ses filles? Et si toi, tu meurs? Et si, en fait, le paradis n'existe pas et que tu ne revois jamais ta mère?

J'essaie de me rendormir.

Je ferme les yeux et je reste immobile.

Parfaitement immobile.

Pendant une éternité.

Je force mon cerveau à s'allonger à côté de moi en lui répétant : « Dors, dors, dors. »

Et si, en retournant au lycée, tu t'aperçois que tout a changé, que les élèves ont évolué et que, malgré tous tes efforts, tu n'arriveras jamais à les rattraper?

Je rouvre les yeux.

Je m'appelle Libby Groby. Vous avez sans doute entendu parler de moi. Vous avez dû voir la vidéo où les pompiers me sortent de chez moi. La dernière fois que j'ai vérifié, 6345981 personnes l'avaient regardée, il y a donc de fortes chances que vous en fassiez partie. Il y a trois ans, j'étais la plus grosse ado d'Amérique. À mon maximum, j'ai atteint les deux cent quatre-vingt-seize kilos – j'avais donc environ deux cent trente kilos de trop. Je n'ai pas toujours été grosse. Pour faire court : ma mère est morte, je suis devenue énorme. Mais tout de même, je suis encore en vie, alors on ne peut pas en vouloir à mon père.

Deux mois après mon sauvetage, nous avons déménagé à l'autre bout de la ville. Désormais, je peux sortir de la maison toute seule. J'ai perdu cent trente-six kilos. Le poids de deux personnes adultes. Il m'en reste encore à peu près quatre-vingt-dix à éliminer, mais ça me va. Je m'aime comme je suis. Déjà, maintenant, je peux courir. Et monter dans une voiture. Et faire du shopping au centre commercial au lieu de devoir commander mes vêtements sur des sites spécialisés. Et je peux tourbillonner. Outre le fait que je n'ai plus à craindre constamment que tous mes organes me lâchent, c'est sans doute le plus gros avantage entre avant et maintenant.

Demain, je retourne en cours pour la première fois depuis le CM2. Je serai «élève en classe de première», ce qui, je l'avoue, sonne beaucoup mieux que «plus grosse ado d'Amérique». Enfin, pour l'instant, je suis surtout COMPLÈTEMENT FLIPPÉE.

J'attends la crise d'angoisse.

JACK

C'est la sonnerie de mon téléphone qui me réveille. Caroline Lushamp. Je ne décroche pas. Je sais de quoi il s'agit, ce n'est pas cool, et c'est de ma faute.

Elle rappelle trois fois avant de laisser un message. Je vais pour l'effacer, puis je me dis : *Et si sa voiture est tombée en panne et qu'elle a besoin de moi ?* Après tout, ça fait quatre ans qu'on sort ensemble, même si c'est en pointillé (oui, on est le genre de couple qui se sépare puis se remet ensemble sans arrêt et tout le monde est persuadé que c'est pour la vie).

« Jack, c'est moi. Je sais qu'on fait un break, mais c'est ma cousine, quand même. Ma COUSINE. Non, mais franchement… MA COUSINE, JACK ! Si tu voulais te venger parce que j'ai cassé, eh bien, bravo, c'est réussi, fils de p*** ! Si tu me croises en cours ou dans le couloir ou à la cafétéria ou N'IMPORTE OÙ, ne m'adresse pas la parole. S'il te plaît, fais-moi plaisir, va te faire f***** ! »

Trois minutes plus tard, nouveau message, de sa cousine, cette fois. Au début, j'ai l'impression qu'elle pleure, mais ensuite, j'entends Caroline dans le fond, puis sa cousine se met à hurler et elle aussi, je l'efface.

Deux minutes plus tard, Dave Kaminski m'envoie un texto pour me prévenir que Reed Young veut me casser la gueule parce que je suis sorti avec sa copine. Je lui réponds : Merci, mon pote. Et je suis sincère. Si on fait le compte, Kam m'a sauvé la mise bien plus souvent que moi.

Tout ça pour une fille qui, il faut être honnête, lui ressemble tellement que – à la base, tout du moins – je l'ai prise pour elle. Caroline devrait être flattée, non ? C'est comme si j'avouais à la face du monde que je veux me remettre avec elle alors qu'elle m'a largué dès le début des vacances pour sortir avec Zach Higgins.

J'hésite à lui écrire tout ça, puis finalement j'éteins mon téléphone, je ferme les yeux et j'essaie de me transporter mentalement au mois de juillet. Quand j'avais juste à penser à aller au boulot, fouiller dans la décharge publique pour construire mes (super-géniales) inventions dans mon (super-top) atelier et traîner avec mes frères. Ce serait tellement plus facile si ça pouvait être toujours ainsi : Jack + décharge + atelier + inventions délirantes.

T'aurais jamais dû aller à cette soirée. T'aurais jamais dû prendre un verre. Tu sais que c'est trop risqué. Évite l'alcool. Évite le monde. Évite les gens. Ça finit toujours mal.

LIBBY

Six heures trente-trois. Je suis déjà levée, plantée devant le miroir. Fut un temps, il y a un peu plus de deux ans, où je ne pouvais pas, où je ne voulais pas me regarder. Je ne voyais que le visage haineux de Moses Hunt en train de hurler dans la cour de récré : « Personne ne voudra jamais de toi tellement t'es grosse ! » Et les autres CM2 qui ricanaient. « T'es tellement grosse que tu nous fais de l'ombre. Rentre chez toi cacher ton gros bide ! »

Maintenant, je me vois, moi – jolie robe bleu marine, baskets, cheveux mi-longs, châtains, que mon adorable grand-mère un peu toquée qualifie de « la couleur exacte des vaches écossaises ». Et à mes pieds, une boule de coton géante – mon chat. Quand George me fixe de ses yeux dorés, pleins de sagesse, j'essaie de deviner ce qu'il veut me dire. Il y a quatre ans, le vétérinaire lui a diagnostiqué une insuffisance cardiaque sévère et lui a donné six mois à vivre. Mais tel que je le connais, c'est George qui décidera quand il voudra partir. Il me fait un clin d'œil.

Là, je crois qu'il veut me dire de respirer.

Alors je respire.

Je suis devenue assez douée pour ça.

Je baisse les yeux vers mes mains, qui ne tremblent pas. Et même si j'ai les ongles rongés, bizarrement, je me sens plutôt calme, vu ce qui m'attend. Et soudain, je réalise : je n'ai pas eu de crise d'angoisse, finalement. Pour fêter ça, je mets un vieil album de ma mère et je danse dans ma chambre. Danser, c'est ce que j'aime le plus au monde et c'est ce que j'ai l'intention de faire de ma vie. Je n'ai pas pris de cours depuis mes dix ans, mais *la danse est en moi*, et ça, le manque d'entraînement ne peut rien y changer.

Peut-être que tu vas pouvoir tenter d'intégrer les Damsels.

Aussitôt, mon cerveau grimpe au plafond et reste suspendu là-haut, tout tremblant. *Et si ça ne marche pas ? Et si tu meurs avant que quoi que ce soit de cool, de génial ou de chouette te soit arrivé ?* Ça fait deux ans et demi que je me concentre sur une seule chose : survivre. L'unique objectif de tout mon entourage, moi y compris, était : « Il faut que tu ailles mieux. » Et maintenant, je vais mieux. *Je ne peux pas les décevoir alors qu'ils ont dépensé tant de temps et d'énergie pour moi, hein ?*

Je danse avec encore plus d'entrain pour chasser toutes ces pensées quand, soudain, mon père frappe à la porte. Il passe la tête dans ma chambre.

– Tu sais que j'adore être réveillé par un bon Pat Benatar... mais peut-être pas les voisins.

Je baisse un peu le son, sans m'arrêter de danser. À la fin de la chanson, je prends un marqueur pour décorer une de mes baskets. Aussi longtemps que tu vis, il y a toujours quelque chose qui te guette, et même si c'est mauvais, et si tu sais que ça l'est, qu'est-ce que tu peux faire ? Tu peux pas t'arrêter de vivre[1]. Puis j'ouvre le rouge à lèvres que ma grand-mère m'a offert pour mon anniversaire, je me penche vers le miroir et je me peins les lèvres en rouge.

1. Truman Capote, *De sang-froid*, Éditions Gallimard, 1966.

JACK

J'entends la douche couler, des voix résonner en bas. J'enfouis ma tête sous l'oreiller mais, trop tard, je suis réveillé.

J'allume mon téléphone et j'envoie un texto à Caroline, puis à Kam, et enfin à Reed Young. Pour leur dire que j'étais complètement saoul (une exagération), qu'il faisait très sombre (ça, c'est vrai) et que je ne me souviens de rien parce que j'étais non seulement saoul, mais en vrac. À cause d'un truc qui se passe à la maison et dont je ne peux pas parler, mais si tu as le courage de me supporter et que tu trouves au fond de ton cœur la force de me pardonner, alors je te revaudrai ça à jamais. Le passage sur le truc qui se passe à la maison est complètement vrai.

Pour Caroline, j'ajoute quelques compliments et je lui demande de présenter mes excuses à sa cousine de ma part. Je dis que je préfère ne pas la contacter directement parce que j'ai déjà causé assez de problèmes et que je ne veux pas risquer d'aggraver les choses. Même si c'est *elle* qui m'a largué, et même si nous sommes dans une nouvelle phase de break, et même si je ne l'ai pas vue depuis le mois de *juin*, je m'excuse platement en en rajoutant un max dans le mélo. C'est le prix à payer pour que tout le monde soit satisfait.

Je me traîne dans le couloir, jusqu'à la salle de bains. Ce dont j'ai le plus besoin au monde, c'est une bonne douche bien chaude, mais à la place, j'ai droit à un filet d'eau tiède, suivi d'un déluge glacé. Soixante secondes plus tard, parce que je n'y tiens plus, je sors, je me sèche et je me plante devant le miroir.

Alors, c'est moi, ça.

C'est ce que je pense chaque fois que j'aperçois mon reflet. Pas dans le genre « putain, c'est moi », mais plutôt : « Euh… Bon, alors qu'est-ce qu'on a là ? » Je me penche en m'efforçant d'assembler les pièces du puzzle.

Le type dans le miroir est pas mal – pommettes hautes, mâchoire carrée, le coin des lèvres légèrement en biais comme s'il venait de faire une blague. Plutôt mignon. Cette façon de renverser sa tête en arrière, les yeux mi-clos, donne l'impression qu'il toise un peu tout le monde, comme s'il se croyait plus malin que les autres. Et je me dis qu'il a vraiment l'air d'un connard. À part ses yeux. Trop sérieux, et cernés, comme s'il n'avait pas dormi de la nuit. Il porte le T-shirt Superman que je n'ai pas quitté de l'été.

Drôle de mélange que cette bouche (maman) avec ce nez (maman aussi) et ces yeux (mélange de papa et maman ?). J'ai les sourcils plus foncés que les cheveux, mais pas autant que ceux de mon père. Ma peau est café au lait, pas aussi noire que celle de maman mais pas blanche comme celle de papa.

L'autre truc qui cloche, ce sont les cheveux. Cette énorme crinière de lion qui n'en fait qu'à sa tête. S'il me ressemble un tant soit peu, le type dans le miroir calcule tout. S'il laisse pousser cette touffe incontrôlable, c'est pour une bonne raison : pour se reconnaître facilement.

La combinaison de tous ces traits, c'est ainsi que les autres gens s'identifient entre eux. Quelque chose dans cet assemblage leur fait dire : « Tiens, voilà Jack Masselin. »

– Qu'est-ce qui te distingue des autres ? je demande à mon reflet.

Je veux dire qu'est-ce qui me distingue vraiment, à part cette afro sauvage ? Alors que je suis plongé dans mes pensées, j'entends ricaner dans mon dos, et un grand maigrichon passe en coup de vent à côté de moi. Ça doit être mon frère Marcus.

– Je m'appelle Jack le beau goooossse ! fredonne-t-il en descendant l'escalier.

Top cinq des moments les plus gênants de toute mon existence

Jack Masselin

1. La fois où ma mère est venue me chercher à la maternelle (en sortant de chez le coiffeur) et que, devant ma maîtresse, les autres enfants, les autres parents et la directrice, j'ai hurlé qu'elle essayait de me kidnapper.
2. La fois où j'ai joué un match de foot de sélection (sans maillot) pour l'équipe du collège et où je n'ai pas arrêté de faire des passes à l'équipe adverse, le record du pire début de saison.
3. La fois où, au milieu d'un supermarché, j'ai déclaré à un homme que j'avais pris pour mon kiné (que je voyais à l'époque pour une luxation de l'épaule) que j'aimerais bien une nouvelle séance de massage, avant de m'apercevoir qu'il s'agissait en réalité de M. Temple, le patron de ma mère.
4. La fois où j'ai cru draguer Jesselle Villegas alors que c'était en fait Mlle Arbulata, la remplaçante de notre prof.
5. La fois où je pensais sortir avec Caroline Lushamp, alors que c'était sa cousine.

LIBBY

Comme je n'ai pas le permis, c'est mon père qui me dépose au lycée. Tout en haut de la liste des innombrables choses que j'ai hâte de faire cette année, il y a passer le permis. Je m'attends à ce qu'il me donne un bon conseil ou qu'il me souhaite bon courage, mais il se contente de :

– OK, Libbs, à toi de jouer. Je passe te chercher ce soir.

Et vu son ton, on se croirait au début d'un film d'horreur. Puis il m'adresse un sourire forcé, comme dans une vidéo de coaching parental. Je le lui rends.

Et si je me retrouve coincée derrière un bureau ? Et si je dois manger toute seule et que personne ne m'adresse la parole du reste de l'année ?

Mon père est un grand gars, un beau gars. Un bon gars. Intelligent (il s'occupe de la sécurité des données pour une grande boîte d'informatique). Un cœur tendre. Après mon évacuation par les pompiers, ça a été très dur pour lui. Même si c'était terrible pour moi, je crois que c'était encore pire pour lui, surtout les accusations de négligence et de maltraitance. Les journalistes ne comprenaient pas comment il avait pu me laisser devenir aussi grosse. Ils ignoraient tout ce qu'il avait tenté pour me sortir de là – tous les médecins qu'il m'avait emmenée consulter, les régimes qu'on avait essayés… – alors qu'il venait de perdre sa femme. Ils ne pouvaient pas savoir que je cachais de la nourriture sous mon lit et au fond de mon placard. Ils ne pouvaient pas savoir qu'une fois que j'ai quelque chose en tête, j'y vais à fond. Et tout ce que j'avais en tête, c'était manger.

Au début, j'ai refusé de répondre à la presse, mais à un moment, j'ai eu envie de prouver à tout le monde que j'allais bien et que mon père n'était pas le monstre qu'ils avaient décrit, passant son temps à me bourrer de bonbons et de gâteaux pour me garder sous son emprise, comme les filles de *Virgin Suicides*. Alors, contre l'avis de mon père, j'ai accordé une interview à une chaîne d'info de Chicago et elle a fait le tour du monde, jusqu'en Europe et en Asie.

Ma vie a changé lorsque j'avais dix ans. Ma mère est morte, ce qui était déjà assez traumatisant, mais c'est également à ce moment-là que le harcèlement à l'école a commencé. Pour ne rien arranger, j'ai été formée très jeune et, tout à coup, mon corps m'est devenu étranger. Je ne rejette pas la faute sur les autres. Après tout, nous n'étions que des enfants. Je veux juste préciser qu'il y avait plusieurs facteurs en cause – le harcèlement ajouté à la perte de la personne qui comptait le plus pour moi, puis des crises d'angoisse dès que je devais quitter la maison. Et c'est mon père qui m'a soutenue dans toutes ces épreuves.

Justement, je dis à mon père :

– Tu sais que Pauline Potter, la femme la plus grosse du monde, a réussi à perdre quarante-cinq kilos en faisant l'amour non-stop ?

– Pas de sexe pour quelque raison que ce soit avant tes trente ans.

Dans ma tête, je réplique : *Ça, c'est ce qu'on va voir.* Après tout, l'espoir fait vivre. Peut-être que ces gamins qui me pourrissaient la vie à l'école ont grandi et réalisé à quel point ils avaient été bêtes. Peut-être même qu'ils sont devenus sympas. Ou alors ils sont encore pires. Tous les romans, tous les films tendent à diffuser le même message : le lycée est la pire épreuve de l'existence.

Et si je m'énerve contre quelqu'un et que je suis cataloguée « grosse qui mord » ? Et si des filles bien intentionnées m'adoptent et que je deviens la « bonne grosse copine » de service ? Et si tout le monde se rend compte que je n'ai rien appris à la maison, que j'ai un niveau quatrième parce que je suis une crétine et que je n'y comprends rien ?

Mon père reprend :

– Tu essaies juste aujourd'hui, Libbs. Si c'est trop dur, alors tu reprendras les cours à la maison. Donne-moi juste une journée. Non, en fait, donne-toi juste une journée, une chance.

Je me répète : *Juste une journée.*

Et puis : *Voilà ce dont tu rêvais quand tu avais trop peur de quitter la maison. Voilà ce dont tu rêvais quand tu es restée six mois coincée dans ton lit. Voilà ce que tu voulais : vivre ta vie, dehors, comme tout le monde.*

Et aussi : *Il t'a fallu deux ans et demi de cures d'amaigrissement, de médecins, de psys, de coaches et d'entraîneurs pour y arriver. Ça fait deux ans et demi que tu dois faire dix mille pas par jour. Chacun de ces pas te rapprochait d'aujourd'hui.*

Je n'ai pas le permis.

Je ne suis jamais allée à une soirée.

J'ai complètement zappé le collège.

Je n'ai jamais eu de petit ami, même si je suis sortie avec un garçon en cure, une fois. Il s'appelait Robbie et redoublait sa terminale quelque part dans l'Iowa.

En dehors de ma mère, je n'ai jamais eu de meilleur ami – mis à part les amis imaginaires que je me suis inventés : nos voisins d'en face dans notre ancienne maison. Trois frères que j'appelais

Dean, Sam et Castiel parce qu'ils allaient dans une école privée et que je ne connaissais pas leurs noms. C'étaient eux, mes seuls potes.

Mon père a l'air tellement stressé que j'empoigne mon sac pour m'extirper de la voiture. Et me voilà sur le trottoir, devant le lycée, fixant le flot d'élèves qui défile devant moi.

Et si jamais je suis en retard à chaque cours parce que je ne marche pas assez vite, et qu'on m'envoie en retenue et que, là-bas, je rencontre les seuls garçons qui s'intéressent à moi – les losers et les délinquants –, et que je craque sur l'un d'eux et que je tombe enceinte et que je quitte l'école avant le bac et que je suis obligée de rester chez mon père pour le restant de mes jours ou tout du moins jusqu'à ce que le bébé soit majeur ?

Je vais remonter dans la voiture en vitesse, mais mon père me regarde avec un sourire plein d'espoir.

– Allez, à toi de jouer ! répète-t-il plus fort, cette fois.

Et là – je vous jure –, il lève le pouce.

Alors, je suis le mouvement et je me laisse porter par le courant. Je fais la queue à l'entrée, j'ouvre mon sac pour le vigile, je passe sous le détecteur de métaux, et je me retrouve dans un hall immense avec des couloirs qui partent dans tous les sens, bousculée et ballottée par les autres.

Je pense : *Quelque part dans ce lycée se trouve peut-être un garçon dont je vais tomber amoureuse. L'un de ces fringants jeunes hommes pourrait être celui qui enfin ravira mon cœur et mon corps. Je suis la Pauline Potter du lycée. Je vais éliminer mes kilos en trop à coups de sexe.*

Je mate tous les garçons qui passent.

Ça pourrait être lui... Ou lui. C'est ça qui est cool. Pour l'instant, ce mec-ci ou ce mec-là n'est rien pour moi, mais bientôt nous allons faire connaissance et ça changera notre vie. La sienne et la mienne.

– Bouge ton gros cul, grogne quelqu'un.

Ça fait mal. Comme si ce mot piquant essayait de crever ma petite bulle. Mais je continue droit devant. L'avantage, vu ma carrure, c'est que je n'ai aucun mal à me frayer un chemin dans la foule.

JACK

La voiture, comme la coiffure, assied le look. C'est un Land Rover de 1968, complètement refait, que Marcus et moi avons racheté à un vieil oncle. Il a été utilisé pour les travaux des champs, avant de rouiller dans un coin pendant quarante ans, mais maintenant, c'est notre super Land tout-terrain qui nous donne un air de rebelles.

À la place du passager, Marcus bouillonne.

– Connard !

C'est lancé à voix basse, par la fenêtre.

Malheureusement pour moi, il a eu son permis il y a neuf mois.

– T'es trop chou. J'espère que la première ne va pas gâcher ton charme enfantin. Tu pourras prendre le volant l'an prochain quand je serai à la fac.

Si je vais à la fac. Si j'arrive à quitter ce trou.

Il me montre son majeur. À l'arrière, notre petit frère, Dusty, me donne un coup dans le dos.

– Arrêtez de vous disputer.

– Mais on ne se dispute pas, frérot.

– On dirait papa et maman. Mets la musique plus fort.

Jusqu'à il y a deux ans, nos parents s'entendaient plutôt bien. Et puis mon père a eu un cancer. Une semaine avant qu'il l'apprenne, j'ai découvert qu'il trompait ma mère. Il ne sait pas que je sais, et j'ignore si ma mère est au courant, parfois je me demande... Maintenant, il est tiré d'affaire, mais ça n'a pas été facile, surtout pour Dusty, qui a dix ans.

Je monte le son – *SexyBack*, un vieux tube de Justin Timberlake – et je me détends un peu. Il y a quatre chansons que j'aimerais entendre à fond chaque fois que j'entre dans une pièce et celle-ci en fait partie.

On s'arrête devant l'école de Dusty, qui saute de la voiture sans m'attendre. Je le suis, en prenant soin de retirer les clés du contact, pour éviter que Marcus parte avec la voiture.

Durant l'été, Dusty a commencé à trimballer un sac à main. Et personne n'a osé aborder le sujet – ni maman, ni papa, ni Marcus.

Il ne faut surtout pas que je perde Dusty des yeux. Il a la peau la plus foncée de nous trois et des reflets cuivrés dans les cheveux. Explication technique : une métisse créole de Louisiane et papa, juif et blanc. Dusty a la peau noire comme maman. Marcus, à l'inverse, est on ne peut plus blanc. Moi ? Je suis simplement Jack Masselin – qui qu'il soit. Le temps que je rattrape Dusty, il est presque à la porte de l'école.

– Je vais être en retard, proteste-t-il.

– Mais non... Je voulais juste... Tu es sûr que tu veux prendre ce sac, frérot ?

– Je l'aime bien. J'ai la place de tout mettre dedans.

– Moi aussi, je le trouve chouette. C'est un super-sac, mais je ne suis pas sûr que tout le monde sera de cet avis. Et puis, il y en a qui risquent d'être jaloux et de se moquer de toi.

J'en vois environ dix passer devant nous à cet instant précis.

– Mais non, ils ne seront pas jaloux. Ils vont trouver ça bizarre, c'est tout.

– C'est juste que je ne veux pas qu'on t'embête.

– Si j'ai envie de prendre mon sac, je le prends. Je ne vais pas changer de sac simplement parce que ça ne leur plaît pas.

Voilà, ce petit maigrichon aux oreilles décollées est un héros. Je le regarde s'éloigner, bien droit, menton levé. Et j'ai envie de le suivre à l'intérieur pour m'assurer qu'il ne lui arrive rien.

Sept métiers parfaits pour quelqu'un souffrant de prosopagnosie

Jack Masselin

1) Berger (si tant est que le problème de reconnaissance des visages ne s'étende pas aux chiens et aux moutons).

2) Employé de péage (en espérant que personne de mon entourage ne prendra la route où je bosse).

3) Rock star, membre d'un *boys band*, joueur de la NBA, ou une autre profession du même style (où tout le monde s'attend à ce j'aie tellement la grosse tête que je les ignore).

4) Écrivain (job recommandé pour toutes les personnes souffrant de phobie sociale).

5) Promeneur / dresseur de chiens (cf. n° 1).

6) Employé des pompes funèbres (sauf que je risque de confondre les cadavres).

7) Ermite (top, sauf que ça ne paie pas très bien).

LIBBY

Je me fraie un chemin jusqu'à mon premier cours et je m'assieds près de la porte, au cas où je doive fuir d'urgence. Je passe tout juste derrière le bureau. Sous mon chemisier, j'ai le dos trempé et mon cœur manque un battement. Mais personne ne le voit. Du moins, j'espère, parce qu'il n'y a pas pire que d'être la grosse dégoulinante de service. Mes camarades de classe arrivent un à un, certains me fixent, deux ou trois ricanent. Je ne reconnais aucun des gamins de onze ans de mon école élémentaire parmi ces ados.

Le lycée, c'est exactement ce que j'imaginais, et pas tout à fait en même temps. Pour commencer, à Martin Van Buren, il y a deux mille élèves, alors ça fourmille dans tous les sens. En revanche, personne n'est aussi cool et apprêté que dans les séries et les films. Les vrais élèves n'ont pas vingt-cinq ans. Certains ont des boutons, les cheveux gras ; d'autres une belle peau, les cheveux brillants ; il y a des grands, des petits, des gros, des maigres. Je nous préfère à nos versions télévisées, même si, assise sur cette chaise, j'ai l'impression de jouer un rôle. Je suis le poisson hors de l'eau, la nouvelle.

Que va-t-il m'arriver dans cet épisode?

Je décide que j'ai un casier vierge. Je recommence à zéro – ce qui s'est passé quand j'avais onze, douze, treize ans est derrière moi. J'ai changé. Ils ont changé, tout du moins de l'extérieur. Peut-être qu'ils ne se souviendront pas que j'ai été *cette fille-là*. Je n'ai aucune intention de le leur rappeler.

Je les regarde dans les yeux en leur adressant le nouveau sourire un peu forcé de mon père. Ils ont l'air surpris. Certains me rendent mon sourire. Mon voisin me tend la main.

– Mick.

– Libby.

– Je viens de Copenhague. Programme d'échange.

Même avec ses cheveux noir corbeau, il a un style viking.

– Tu es d'ici?

J'ai envie de répondre : «Non, je suis aussi une étudiante étrangère. J'arrive d'Australie. Je viens de France.» Mais comme je n'ai pas adressé la parole à un garçon depuis cinq ans, à part en cure d'amaigrissement, je ne dis rien, je me contente d'acquiescer.

Il me raconte qu'il a hésité à venir ici, puis que, finalement, il s'est dit que ce serait une expérience intéressante de découvrir le cœur des États-Unis et «la vie des Américains moyens». Va savoir ce qu'il entend par là.

Je réussis à articuler :

– Et qu'est-ce qui te plaît le plus en Indiana?

– De savoir que je vais rentrer chez moi un jour.

Comme il rit, je ris aussi. Puis deux filles entrent dans la classe et me fixent immédiatement. L'une glisse deux mots à l'oreille de l'autre et elles s'asseyent juste devant nous. Leur tête me dit quelque chose, mais je n'arrive pas à les resituer.

Je les connais sûrement d'avant.

Je frissonne avec, à nouveau, l'impression d'être dans un film d'horreur. Je lève les yeux, guettant le piano qui va me tomber dessus. Parce que je sens que ça va arriver. Forcément.

Je me répète qu'il faut donner une chance à Mick, et à ces filles aussi. Donner une chance à cette journée. Et surtout me donner une chance à moi.

Franchement, j'ai perdu ma mère, j'ai failli me tuer en bouffant, on a dû abattre un mur pour me sortir de chez moi, sous les yeux de tout le pays, j'ai dû endurer je ne sais combien de régimes, d'exercices physiques et le regard réprobateur de la nation entière, j'ai reçu des mails haineux de parfaits inconnus...

C'est monstrueux de se laisser grossir comme ça, c'est un scandale que ton père n'ait rien fait. J'espère que tu survivras pour régler tes comptes avec Dieu, parce qu'il y a des gens qui meurent de faim dans le monde et c'est une honte de bouffer autant alors que les autres n'ont rien.

Alors je vous pose la question : sincèrement, qu'est-ce qui peut bien m'arriver de pire au lycée ?

JACK

Sans perdre une minute, nous nous engouffrons dans le parking du lycée pour foncer sur la dernière place libre proche de l'entrée. Marcus fait tomber son portable et, quand il se redresse, c'est comme si c'était une nouvelle personne à mes yeux. Comme si l'ardoise magique de mon cerveau s'était effacée. Il faut que je recommence à additionner les détails : tignasse ébouriffée + menton pointu + longues jambes de girafe = Marcus.

Le Land Rover à peine garé, il est déjà dehors en train de faire signe à des gens. J'ai envie de dire : « Attends-moi. Ne me laisse pas tout seul dans cette galère. » J'ai envie de lui agripper le bras et de me cramponner à lui pour ne pas le perdre. Mais je me contente de garder les yeux rivés sur lui, sans même cligner des paupières, sinon il disparaîtrait. Sauf qu'il se fond dans la foule, suivant le troupeau qui se dirige vers le lycée.

Dans le monde animal, les groupes sont désignés par les noms les plus incroyables. Un banc de poissons. Une échouerie de phoques. Une assemblée de babouins. Et mon préféré : un panier de crabes. Comment pourrait-on appeler ce groupe-ci ?

Un cauchemar d'adolescents ? Une monstruosité d'élèves ? Pour m'amuser, je dévisage ceux que je croise, tout en cherchant mon frère. Mais c'est comme si j'essayais de choisir mon serpent préféré au milieu d'un nœud de vipères.

Je m'assieds trente secondes, savourant la solitude. *Trente, vingt-neuf, vingt-huit, vingt-sept…*

Car ce sera le seul moment de paix de la journée jusqu'à ce que je rentre à la maison. Durant ces trente secondes, je m'autorise à laisser monter les pensées que je vais chasser de mon esprit pour les huit heures à venir. C'est toujours le même refrain…

J'ai le cerveau cramé…

LIBBY

Ça fait vingt minutes que le cours a commencé, et personne ne me fixe. Notre prof, Mme Belk, n'arrête pas de parler, mais jusque-là, j'arrive à suivre. Mick me glisse des petits commentaires marrants, ce qui fait de lui mon nouvel ami ou mon futur petit copain, ou même peut-être le garçon qui va me faire perdre tous ces kilos à coups de sexe.

Tu as ta place ici, comme les autres. Personne ne sait qui tu es. Tout le monde s'en fiche. Tu vas y arriver, ma fille. Ne te réjouis pas trop vite, mais je crois que tu vas y arriver.

Et puis, tout à coup, alors que je ris à une des blagues de Mick, *un truc jaillit de mon nez pour atterrir sur son cahier.*

– Silence, s'il vous plaît, ordonne Mme Belk.

Et elle continue son cours.

Je fixe les yeux sur elle, mais je vois toujours Mick à la périphérie de mon champ de vision. Je ne suis pas sûre qu'il ait remarqué ma crotte de nez, et je n'ose pas regarder.

Pitié, pourvu qu'il ne la voie pas.

Il continue à chuchoter comme si de rien n'était, comme si le monde continuait de tourner, alors que j'ai juste envie de fermer les yeux et de mourir sur place. Je ne veux pas commencer comme ça. Ce n'est pas ce que j'avais prévu pendant toutes ces nuits d'insomnie à imaginer mon grand retour à la vie sociale.

Il va peut-être prendre ça pour une tradition américaine excentrique. Une étrange coutume pour souhaiter la bienvenue aux étrangers dans notre pays.

Je passe le reste du cours à essayer de me concentrer sur ce que raconte Mme Belk, les yeux rivés sur elle.

Quand la cloche sonne, les deux filles à l'air familier se retournent pour me dévisager. Je m'aperçois alors qu'il s'agit de Caroline Lushamp et de Kendra Wu, que je connais depuis le CP. Après mon « sauvetage », elles ont été interviewées par la presse en tant qu'« amies proches de l'adolescente perturbée ». La dernière fois que je les ai vues en chair et en os, Caroline était une fille quelconque de onze ans qui portait hiver comme été la même écharpe Harry Potter autour du cou. Ses seuls autres signes distinctifs étaient qu'elle était arrivée de Washington à la fin de la maternelle et qu'elle avait honte de ses pieds – un complexe sur ses longs orteils recourbés comme ceux d'un perroquet. Quant à Kendra, je me souviens juste qu'elle écrivait des *fan fictions* de Percy Jackson sur ses jeans et qu'elle pleurait sans arrêt – à cause des garçons, des devoirs, de la pluie.

Évidemment, désormais, Caroline fait deux mètres cinquante et est assez belle pour jouer dans une pub de shampooing. Elle porte une jupe et une veste de tailleur, genre uniforme d'école privée. Kendra – qui a le sourire tatoué aux lèvres –, elle, est tout en noir, et juste assez mignonne pour être serveuse chez Applebee's, un resto chic de la ville.

– Je t'ai déjà vue quelque part, me lance Caroline.

– On me dit souvent ça.

Elle me dévisage, essaie de me resituer.

– Je vais t'aider. Tout le monde me confond avec Jennifer Lawrence, alors qu'on n'a aucun lien de parenté.

Ses sourcils sursautent comme montés sur ressorts.

– Je sais… dingue, hein ? C'est difficile à croire, mais j'ai vérifié sur *mesancêtres.com*.

– T'es la fille qui s'est retrouvée prisonnière chez elle.

Elle se tourne vers Kendra.

– Les pompiers ont dû défoncer un mur pour la sortir de là, tu te souviens ? On est même passées au journal.

Pas : « Tu es Libby Groby, on se connaît depuis le CP. » Non : « T'es la fille qui s'est retrouvée coincée chez elle et grâce à qui on est passées à la télé. »

Mick de Copenhague assiste à la scène.

– Non, je suis sûre que tu me confonds avec Jennifer Lawrence.

Caroline prend une voix plus douce, pleine de compassion.

– Alors, comment tu vas ? Je me suis tellement inquiétée. Je n'imagine même pas tout ce que tu as dû traverser. Mais… bon sang… tu as perdu tellement de poids. Pas vrai, Kendra ?

Les lèvres de Kendra sourient encore, mais ses sourcils sont froncés.

– Ah ouais, tellement ! acquiesce-t-elle.

– Tu es jolie comme ça.

– J'adore tes cheveux, renchérit Kendra, toujours sourire en bas, front plissé en haut.

Le pire commentaire qu'une jolie fille puisse faire à une grosse, c'est « t'es vraiment jolie » et, juste derrière, « j'adore tes cheveux ». Mais je me dis que faire une généralité sur toutes les jolies filles, c'est pareil que de mettre toutes les grosses dans le même sac. Et en plus, on peut être jolie et grosse (allô !). Mais d'après mon expérience, c'est pile le genre de trucs que te sortent des filles comme Kendra et Caroline alors qu'elles pensent tout le contraire. Des compliments forcés qui me tuent à l'intérieur. Mick de Copenhague se lève et quitte la salle de classe sans un mot.

JACK

Caroline Lushamp est ce que j'ai eu de plus proche d'une petite amie. Avant tout parce que c'était une geekette, sympa et surtout intelligente. Quand j'ai craqué sur elle au début, elle était du genre discret. Elle restait en retrait, à tout absorber comme une éponge. On s'appelait une fois que tout le monde dormait et elle me racontait sa journée – ce qu'elle avait vu, ce qu'elle en pensait. Parfois, on passait la nuit à discuter.

La Caroline d'aujourd'hui est grande, canon, et je la repère facilement tant elle se démarque des autres. Elle intimide tout le monde, même les profs, parce que, maintenant, elle l'ouvre, pour dire franchement ce qu'elle pense. On reste ensemble surtout en souvenir du bon vieux temps. *Je sais que la Caroline d'autrefois est encore là-dedans, quelque part, même si toute trace d'elle a disparu.* Cette nouvelle Caroline a débarqué sans prévenir, en seconde, ce qui signifie que l'ancienne Caroline peut revenir n'importe quand. Et puis, je reste avec elle aussi parce que je n'ai pas trop de mal à la reconnaître.

Je pénètre dans le couloir que j'aime le moins, celui qui mène à la bibliothèque. Et où se trouve le casier de Caroline. En première, j'ai bossé à la bibli, alors si je croise l'un des bibliothécaires, il va me dire bonjour et me demander des nouvelles de ma famille. Et je serai censé savoir qui c'est.

Sur mon passage, les gens me saluent, c'est un cauchemar. Je fais mon malin, adressant un demi-sourire à chacun, l'air cool, mais j'ai dû rater quelqu'un parce que j'entends un «connard!» dans mon dos.

On est en terrain glissant et changeant. C'est la première chose que j'ai apprise au lycée. Un jour, on t'apprécie, le lendemain, t'es un paria. Y a qu'à voir ce qui est arrivé à Luke Revis, l'histoire la plus édifiante de MVB. En première, Luke était le mec le plus populaire... jusqu'à ce qu'on apprenne que son père avait fait de la prison. Maintenant, il est derrière les barreaux lui aussi, et mieux vaut ne pas demander pourquoi.

Là, en cet instant, le couloir est plein de Luke potentiels. Un gamin à qui on fourre la tête dans son casier. Un autre à qui on fait un croche-patte, du coup, il bouscule un type, qui le repousse et ainsi de suite, il rebondit comme une balle de flipper humaine. Des filles qui en démontent une autre en direct. Elle se retourne, les yeux rouges, en larmes. Une autre qui se balade avec un grand *A* écarlate dans le dos et tout le monde ricane sur son passage[1]. Pour chaque personne qui rit dans ce couloir, il y en a cinq qui sont terrorisées ou mortifiées.

J'essaie d'imaginer ce qui se passerait s'ils étaient tous au courant, pour moi. Ils pourraient tranquillement me voler mes affaires ou ma voiture, puis revenir et proposer de m'aider à les retrouver. Un gars pourrait se faire passer pour un autre, une fille pour une autre, et ce serait trop marrant. Tout le monde dans le coup, sauf moi.

1. Référence à *La Lettre écarlate*, roman de Nathaniel Hawthorne. (*N.d.T.*)

J'ai envie de continuer jusqu'à la porte et de partir en courant. J'entends :

– Attends, Mass !

Alors j'accélère.

– Mass !

Putain, non. Dégage, qui que tu sois.

– Mass ! Mass ! Attends, enfoiré !

Un type me rattrape en courant. Il fait à peu près ma taille, en plus carré. Il a les cheveux châtains, un T-shirt banal. Je regarde son sac à dos, le livre qu'il a à la main, ses chaussures, n'importe quel indice qui me permettrait de l'identifier. Et pendant ce temps, il entame une conversation :

– Hé, mec, faut que tu te fasses déboucher les oreilles.

– Désolé, j'ai rendez-vous avec Caroline.

S'il la connaît, ça devrait le faire.

– Putain.

Il la connaît. Les gens se divisent en deux camps : ceux qui adorent Caroline, et ceux qu'elle terrifie.

– Pas étonnant que tu sois à côté de tes pompes.

Vu comme il dit ça, je suppose qu'il appartient au camp des terrifiés.

– Je pensais que tu voudrais m'en parler seul à seul.

Encore un cauchemar. Qu'est-ce que je suis censé faire de ça, hein ?

– Te parler de quoi ?

– T'es sérieux ?

Il se plante au milieu du couloir, écarlate.

– C'est *ma* copine. T'as de la chance que j'te casse pas la gueule.

Ce doit être Reed Young, mais il y a un petit risque que ce soit quelqu'un d'autre. Je décide de rester vague, au cas où, tout en ayant l'air très concerné.

– Tu as raison. J'ai de la chance, et ne pense pas que ça me soit égal. J'apprécie, mec.

– Ouais, t'as intérêt.

J'entends des éclats de voix, bruyants comme une bande de pillards en pleine campagne. Les gens s'écartent et voilà que surgissent deux gars larges comme un terrain de foot.

– Ça va, Mass ? J'ai entendu dire que tu t'étais bien amusé à la soirée !

Et ils ricanent comme des hyènes. Je ne les reconnais pas, mais visiblement ce sont des potes à moi. L'un d'eux donne un coup d'épaule à un gamin qui passe par là en lui disant de regarder où il va.

Je m'adresse à l'un des terrains de foot :

– Hé, mec, un peu de respect.

Puis je désigne Reed du menton, et je lui dis :

– Sincèrement, mec, t'es un bon pote.

Ce n'est pas exactement vrai, mais lui et moi, on est dans l'équipe de basket tous les deux depuis la seconde.

– Ouais… J'ai toujours envie de te péter la gueule, mais… que ça ne se reproduise pas, c'est tout.

– Jamais.

Il regarde en direction de la bibli.

Il y a une fille juste en face, au téléphone, adossée aux casiers.

Reed réprime un frisson.

– Je ne voudrais pas être à ta place là, mec.

Et il décampe dans l'autre sens, suivi par les terrains de foot humains.

En approchant de la fille, je distingue ses yeux clairs et sa peau mate, le grain de beauté qu'elle se peint près du sourcil droit, même si tout le monde sait que c'est un faux.

Fuis pendant qu'il est encore temps.

Elle lève les yeux en faisant :

– Sérieux ?

Et ouais, c'est bien Caroline. Sans attendre ma réponse, elle tourne les talons pour entrer dans la bibli où j'aperçois les bibliothécaires derrière leurs bureaux, qui me guettent pour pouvoir se moquer de moi.

Je lui attrape le bras et la force à se retourner, et même si je n'en ai pas envie, je l'attire contre moi pour l'embrasser à perdre haleine.

– Voilà ce que j'aurais dû faire samedi, dis-je en la relâchant. Voilà ce que j'aurais dû faire tout l'été.

La petite faiblesse de Caroline, ce se sont les comédies romantiques et les histoires de vampires. Elle rêve d'un monde où le gars sexy se jette sur la fille et lui roule une pelle, tellement submergé de désir et d'amour que ça le rend dingue. Je lui caresse le visage, je repousse sa mèche, en prenant soin de ne pas la décoiffer pour ne pas l'énerver. Je ne sais pas pourquoi, mais j'ai du mal à regarder les gens dans les yeux, alors je me concentre sur sa bouche.

– Tu es belle.

Attention. T'es sûr que c'est ce que tu veux ? T'es déjà passé par là, mon pote. Tu veux vraiment recommencer ?

Sauf qu'il y a une partie de moi qui a besoin d'elle. Et qui s'en veut d'avoir besoin d'elle.

Je la sens se radoucir. Si je la connais bien, le plus beau cadeau que je puisse lui faire, c'est de lui permettre d'être celle qui pardonne. Elle ne sourit pas – ça ne lui arrive presque plus – mais elle baisse les yeux, fixant un truc invisible. Les coins de ses lèvres s'abaissent. Elle réfléchit.

Finalement, elle déclare :

– T'es un connard, Jack Masselin. Je ne sais même pas pourquoi je t'adresse encore la parole.

Ce qui en langage Caroline, signifie : « Je t'aime aussi. »

– Et Zach ?

– Je l'ai largué y a deux semaines.

Et voilà, on est de nouveau ensemble.

Elle me prend la main, et on part tous les deux. Mon cœur s'accélère, je me sens rassuré. Sans même le savoir, elle va me guider. Elle va me dire qui est qui. On est Caroline et Jack. Jack et Caroline. Tant que je suis avec elle, je suis en sécurité. En sécurité. En sécurité.

LIBBY

Selon M. Dominguez, s'il n'était pas moniteur de conduite, il récupérerait les voitures. Pas celles des gens qui ne peuvent plus payer leur crédit. Non, il reprendrait les voitures des mauvais conducteurs pour, tel un Robin des Bois du volant, les donner à de bons conducteurs qui n'ont pas les moyens de s'en offrir. Difficile de savoir s'il est vraiment sérieux parce qu'il n'a aucun sens de l'humour et le regard fixe. Jamais vu un homme aussi sexy.

– Beaucoup de lycées préfèrent ne pas s'occuper du permis. Ils envoient leurs élèves prendre leurs cours de conduite ailleurs…

Il prononce « ailleurs » comme si c'était un endroit sinistre et monstrueux.

– Nous, on veut vous apprendre à conduire parce qu'on se soucie de vous.

Et là, il nous montre une vidéo d'encastrement, c'est-à-dire quand une voiture percute un poids lourd et passe dessous. Au début, Travis Kearns rigole, mais ensuite il murmure un dernier « bon sang » et se tait. Dix minutes plus tard, même Bailey Bishop a perdu son sourire inamovible et Monique Benton demande la permission d'aller vomir aux toilettes.

Après son départ, M. Dominguez lance un :

– Il y en a d'autres ?

Comme si Monique était sortie pour faire la maligne, et non la main plaquée sur la bouche.

– Si l'on en croit les statistiques, vous allez mourir dans un accident de voiture avant vos vingt et un ans. Je suis là pour m'assurer que ça n'arrive pas.

J'ai la chair de poule. J'ai l'impression qu'il nous prépare au combat, comme Haymitch avec Katniss[1]. À l'autre bout de la classe, Bailey laisse échapper un « oh, misère ! » qui est son « oh, putain ! » à elle. Tout le monde est vert… sauf moi.

Parce que là, à cet instant, alors que, sous nos yeux, une tête roule sur la route, je sais quel rôle je veux jouer dans cette classe, et dans ce lycée. Je ne veux pas être une statistique, j'ai fait mentir les statistiques la moitié de ma vie. Je ne veux pas me retrouver coincée sous un camion. Je veux être la fille qui peut tout faire. Je veux être la fille qui postule pour les Damsels et qui est prise.

Je lève la main. M. Dominguez hoche la tête et je sens comme une décharge électrique me parcourir.

– Quand est-ce qu'on prend le volant ?

– Quand vous serez prêts.

1. Katniss Everden, l'héroïne de la saga *Hunger Games*. (*N.d.T.*)

Les huit trucs qui craignent le plus dans le cancer

Jack Masselin

1) C'est de famille. Ce qui fait que, même à mon âge, on a l'impression d'avoir une cible dans le dos.

2) C'est dans *ma* famille.

3) Ça frappe n'importe quand, comme une météorite.

4) La chimio.

5) C'est trop grave, putain. (En d'autres termes, pas la peine de sourire, de rire, de faire une blague pour essayer de détendre l'atmosphère.)

6) Être obligé de négocier avec Dieu alors qu'on n'est même pas sûr qu'il existe.

7) Quand ton père déclare un cancer, au beau milieu de ton année de seconde, alors que tu viens de découvrir qu'il trompe ta mère.

8) Voir ta mère pleurer.

LIBBY

Avant d'aller en quatrième heure, je passe par le bureau de Heather Alpern. Elle est en train de manger des tranches de pomme, ses longues jambes croisées, ses longs bras drapés comme des chats sur les accoudoirs de son fauteuil. Avant d'être l'entraîneuse des Damsels, elle était danseuse au Radio City Music Hall. Elle est tellement belle que j'ose à peine la regarder. Fixant le mur, je lance :

– Je voudrais un formulaire de candidature pour les Damsels, s'il vous plaît.

Je m'attends à ce qu'elle me réponde que je dépasse laaaargement le poids limite. Je m'attends à ce qu'elle rejette sa jolie tête en arrière pour rire à gorge déployée en me montrant la porte. Après tout, les Damsels, c'est du sérieux. En plus des matchs de foot et de basket, elles se produisent lors des grands événements de la ville – parades, inaugurations, cérémonies, concerts.

Mais au lieu de ça, Heather Alpern fouille dans un tiroir et en tire un formulaire.

– La saison a commencé cet été. Si on ne perd personne d'ici là, les prochaines épreuves de sélection n'auront pas lieu avant janvier.

Je demande à ses pieds :

– Et si vous perdez quelqu'un ?

– On organisera des auditions. On fera une annonce, on mettra des affiches.

Elle me tend le formulaire.

– Vous n'avez qu'à le remplir et me le rapporter, je le garderai dans le dossier. Faites bien signer l'autorisation à vos parents.

Puis elle m'adresse un sourire encourageant, un beau sourire, genre Maria dans *La Mélodie du bonheur*. Et je repars en flottant dans les airs comme si j'étais remplie d'hélium.

Je traverse les couloirs, volant et bondissant tel un ballon, avec l'impression de cacher un grand secret. *Vous ne pouvez pas vous en douter, mais moi, j'adore danser.*

Je regarde le visage des élèves que je croise en me demandant quel est leur secret, quand soudain quelqu'un me rentre dedans. Un gros gars rougeaud et large d'épaules.

– Salut, fait-il.

– Salut.

– C'est vrai que les grosses sucent bien ?

– Aucune idée. Je ne me suis jamais fait sucer par une une grosse.

Les gens passent de tous les côtés, certains en riant parce qu'ils m'ont entendue. Ses yeux deviennent durs et froids – et j'y lis de la haine pure –, comment peut-on haïr à ce point une parfaite inconnue ?

– Tu me dégoûtes.

– Si ça peut te consoler, toi aussi, tu me dégoûtes, je réplique.

Il marmonne un truc qui ressemble à « grosse pute ». Alors que je suis vierge. J'aurais pu coucher mille fois vu le nombre de mecs qui m'ont traitée de pute depuis le CM2.

– Laisse-la tranquille, Sterling, intervient une fille aux longs cheveux brillants et aux jambes interminables.

Bailey Bishop. Si la Bailey d'aujourd'hui est comme la Bailey d'autrefois, c'est une fille sincère, populaire, très chrétienne. Adorable. Tout le monde l'aime. Quand elle entre dans une pièce, elle est sûre que tout le monde va l'aimer et c'est le cas : comment ne pas apprécier une fille aussi gentille ?

– Salut, Libby. Je ne sais pas si tu te souviens de moi...

Elle ne me prend pas par le bras, mais c'est tout comme. Elle a toujours la même intonation, chaque phrase se termine sur une note joyeuse. On dirait presque qu'elle chante.

– Salut, Bailey. Je me souviens de toi.

– Je suis contente que tu sois revenue.

Et elle me saute au cou. Sans le vouloir, je me retrouve le nez dans ses cheveux, qui sentent le chewing-gum et la pêche. Exactement l'odeur qu'on imagine pour les cheveux de Bailey Bishop.

Quand elle me relâche, elle reste là à me sourire, les yeux brillants, toutes fossettes dehors. Elle est presque trop... trop tout. Il y a cinq ans, Bailey était mon amie, une vraie amie, pas imaginaire. Cinq ans, c'est long. Déjà, à l'époque, on n'avait pas grand-chose en commun, alors maintenant... Mais je me dis : *Sois sympa. Ce sera peut-être ta seule amie ici.*

Elle hèle une fille qui passe par là en m'expliquant :

– Je veux te présenter Jayvee. Jayvee, voici Libby.

– Salut, ça boume ? fait la Jayvee en question.

Elle a un carré brun, dansant, et un T-shirt où on lit : Mon vrai petit ami est un personnage de fiction.

Bailey jubile.

– Jayvee est arrivée des Philippines il y a deux ans.

J'attends qu'elle lui explique que je reviens au lycée après avoir été recluse pendant cinq ans, mais elle ajoute simplement :

– Libby est nouvelle aussi.

JACK

En quatrième heure, j'ai cours de chimie, niveau avancé, avec Monica Chapman, prof de sciences. Mariée. Et qui a couché avec mon père.

En général, les profs sont plus faciles à reconnaître que les élèves pour trois raisons :

1) ils sont moins nombreux;

2) même les plus jeunes s'habillent avec un style plus « vieux » que nous;

3) on a le droit de les fixer toute la journée (ce qui me laisse plus de temps pour apprendre à les distinguer).

Mais pour Chapman, ça ne m'aide pas. Je n'ai jamais eu cours avec elle. Elle est jeune et fade. Franchement, si votre père trompe votre mère, vous pouvez espérer que ce soit avec une femme si exceptionnelle que, même en ne la connaissant pas, on la remarque au premier coup d'œil. Sauf que non, elle n'a rien de spécial. Ce qui signifie qu'elle peut être n'importe où.

Je me mets dans le fond, près de la fenêtre, et quelqu'un s'assied à côté de moi. Quand les gens vous connaissent et s'attendent à ce que vous les connaissiez aussi, ils font une certaine tête. Et ce type fait cette tête-là.

– Salut, mec, me dit-il.

– Salut.

Puis un petit groupe de filles se sépare et l'une d'elles s'approche du tableau. Elle jette un regard circulaire à la classe, tout en se présentant... et lorsqu'elle m'aperçoit, elle se fige, juste un instant, avant de se rappeler qu'elle doit sourire.

Quand tout le monde est installé, Monica Chapman commence son petit discours sur les différentes branches de la chimie, et je ne peux m'empêcher de penser à celle dont elle ne parle pas : la chimie qui les a attirés, mon père et elle.

Je l'ai découvert à cause de Dusty. C'est lui qui a vu le texto sur le portable de papa. Il était posé là, à la vue de tous. Papa n'était pas dans la pièce, Dusty passait par là.

Il m'a fait :

– Je croyais que maman s'appelait Sarah.

– Elle s'appelle Sarah.

– Alors c'est qui, Monica?

Ce salaud ne s'était même pas donné la peine de changer son nom sur son téléphone. Il était écrit, bien en clair : Monica. Pire, ce n'était pas son portable habituel, mais un autre téléphone qu'il avait dû acheter exprès pour l'appeler. J'ai dû me démener un peu pour savoir Monica Qui, mais vous pouvez me croire, c'est elle.

Comme elle enchaîne sur la chimie physique, je lève la main.

– Vous avez une question, Jack?

Non, sans blague. Si j'arrive à articuler trois mots, ce sera un miracle parce que j'ai l'impression d'avoir avalé un œuf dur tout rond.

– En fait, je voulais juste dire que la chimie physique, ça me connaît.

Le gars à côté de moi – qui doit être Damario Raines – hoche la tête. Quelques filles se retournent pour voir ce que je vais dire après. Elles se ressemblent toutes et je me demande si c'est voulu… ou alors elles ne s'en rendent même pas compte. Elles attendent que je sorte une connerie. Je le vois bien. Car personne n'est au courant pour mon père et la prof. Même Marcus, et j'aime autant.

– Allez-y, Jack.

Chapman parle d'une voix tout à fait normale, enjouée et polie, avec un léger accent du Michigan ou peut-être du Wisconsin.

– La chimie physique applique les théories des sciences physiques à l'étude des systèmes chimiques, dont la cinétique, la chimie de surface, la chimie quantique, la thermodynamique et l'électrochimie.

Je lui adresse un sourire éblouissant qui rivalise avec les néons du plafond et le soleil qui tape contre les vitres. Je vais l'aveugler avec ce putain de sourire pour qu'elle ne puisse plus jamais voir mon père. Une fille, deux chaises plus loin, me contemple, rêveuse, le menton dans les mains, mais la plupart ont l'air perplexe et un peu désarçonné. Le gars-qui-doit-être-Damario confie à son bureau :

– Mec !

Et je sens dans cet unique mot à quel point je l'ai déçu.

– En fait, je pense que je préfère l'électrochimie. Rien de tel qu'une bonne réaction chimique, pas vrai ?

Et je ponctue ma phrase d'un clin d'œil qui laisse Monica Chapman bouche bée pendant au moins vingt secondes.

Dès qu'elle a retrouvé sa voix, elle nous colle une interro surprise pour « évaluer notre niveau », mais je crois qu'elle fait ça juste pour m'embêter parce que, après les avoir corrigées à son bureau, elle me lance :

– Jack Masselin, distribuez les copies, s'il vous plaît.

Et c'est parti !

Je me lève pour la rejoindre au tableau et les prendre. Puis je reste planté là, sans savoir quoi faire. Les élèves me regardent, je les regarde. J'en reconnais quatre, sûr. Il y en a trois que je ne suis pas censé connaître, il me semble (mais je n'en suis pas certain à cent pour cent). Huit sont dans la zone grise – aussi connue sous le nom de zone dangereuse.

Je peux parcourir les allées en essayant d'associer les noms que je connais avec des visages. Je peux encaisser tout ce qu'on va déverser sur moi dès qu'il sera évident que je ne connais personne. « Connard. Enculé. »

Ou bien je peux brandir le paquet de devoirs en lançant :

– Qui veut vraiment savoir combien il a eu ?

C'était une interro surprise, après tout, on n'avait pas révisé. Pour faire bonne mesure, je feuillette le paquet : il n'y a que des C, des D, des C -. Comme je m'en doutais, personne ne lève la main.

– Qui préfère promettre à Mme Chapman qu'on fera mieux la prochaine fois ?

Presque toutes les mains se lèvent. Ces mains sont attachées à des bras qui sont attachés à des torses qui sont attachés à des cous qui sont attachés à des visages, qui flottent devant moi – étrangers, inconnus. Comme si tous les jours de ma vie, je débarquais à une soirée déguisée et que j'étais le seul sans costume, mais censé reconnaître tous les autres.

– Si ça vous intéresse, je les pose ici, dis-je en lâchant le paquet sur un bureau libre près de la porte avant d'aller me rasseoir.

À la fin de l'heure, Monica Chapman me lance :

– Jack, j'aimerais vous dire un mot.

Je file hors de la pièce en faisant mine de ne pas avoir entendu et je fonce au bureau de la scolarité demander à changer de cours de chimie, même si l'autre prof est M. Vernon – cent ans et sourd d'une oreille. La secrétaire commence à répliquer :

– Je ne suis pas sûre que ce soit possible, il faudrait revoir une partie de votre emploi du temps…

J'hésite à répondre : « Tant pis, laissez tomber, je vais rester dans ce groupe. » Croyez-moi, je serais ravi de torturer Monica Chapman pendant un semestre. Mais je repense à mon père qui a perdu ses cheveux, à la chimio qui l'a laissé épais comme une feuille de papier à cigarette, tout frêle, à croire qu'il va s'écrouler devant nous. Je me rappelle ce que j'ai ressenti quand j'ai cru le perdre. Il y a une partie de moi qui lui en veut encore, qui lui en voudra peut-être toujours, mais c'est mon père, après tout, et je ne veux pas le haïr. En plus, j'adore la chimie et, franchement, je ne vois pas pourquoi je me gâcherais cette matière.

Je m'appuie sur le comptoir en adressant un sourire désarmant à la secrétaire.

– Je suis désolé de vous causer du souci, je ne voudrais surtout pas vous embêter, mais je suis sûr que Mme Chapman sera d'accord.

LIBBY

Je décide de sauter le déjeuner. J'ai sport juste après et je pense qu'il n'y a pas une fille un peu forte sur la planète, même très sûre d'elle, qui ne redoute pas le cours de gym.

Bon, si on regarde ma journée avec un peu de recul, ça pourrait être pire. Jusque-là, personne ne m'a envoyée paître. J'ai eu droit à trois ou quatre moqueries et insultes. À des centaines de regards appuyés. Je me suis fait au moins un, peut-être même deux amis. Et je n'ai pas eu une seule crise d'angoisse.

Mais le plus dur, et je ne m'y attendais pas, c'est de voir des gens que je connais, des gens avec qui j'ai grandi, et de réaliser que, pendant que j'étais coincée à la maison, ils ont continué à grandir, à aller en cours, à se faire des copains, à vivre leur vie. Et moi, je suis la seule pour qui la vie s'est arrêtée.

C'est pour ça que je n'ai pas faim. Au lieu de manger, je m'assieds sur le parking, devant la cafétéria, pour lire mon livre préféré. *Nous avons toujours vécu au château*, de Shirley Jackson. Ça parle d'une fille, Mary Katherine Blackwood, dont presque toute la famille est morte. Elle vit avec sa sœur en recluse, prisonnière chez elle, non pas à cause de son poids, mais à cause d'un acte terrible qu'elle a commis autrefois. Les gens de son village font circuler des rumeurs à son sujet, ils ont peur d'elle, ils l'épient. J'ai l'impression de comprendre Mary Katherine mieux que quiconque.

Je lis quelques minutes, puis je ferme les yeux, renversant la tête en arrière. C'est une belle journée, chaude, et même si je suis libre depuis déjà un moment, je n'ai jamais mon compte de soleil.

Le cours de sport est encore pire que ce que je croyais.

JACK

Forcément, c'est Seth Powell qui nous annonce :

– J'ai entendu parler d'un jeu…

Il a lu un article ou il a vu ça sur Internet, il ne sait plus.

– C'est le Rodéo Grosso.

Et il éclate de rire comme si c'était le truc le plus hilarant au monde. Il rit tellement qu'il manque tomber des gradins.

– Le truc, tu vois, c'est de sauter sur le dos d'une grosse, et de te cramponner à elle comme à un taureau enragé…

Il se penche en avant, la tête entre les mains, en donnant de grands coups de pied dans les gradins, comme si ça pouvait l'aider à reprendre son souffle. Quand il réussit à relever la tête, il a les larmes aux yeux.

– Tu t'agrippes en la serrant le plus fort possible, vraiment à l'étouffer, tu vois…

Plié en deux de rire, il se balance d'avant en arrière. Je regarde Kam. Kam me regarde. Quel crétin, putain.

Seth se redresse, en hoquetant.

– Et celui…

Sa voix s'étrangle.

– ... celui qui tient le plus longtemps...

Il halète, le souffle court.

– ... a gagné.

– A gagné quoi ? je demande.

– Le jeu.

– Ouais, mais qu'est-ce qu'il gagne ?

– Il gagne le jeu, mec.

– Mais... y a un truc à gagner ?

– Comment ça ?

Pour être honnête, Seth n'est pas très malin.

Je soupire comme si j'avais tout le poids du monde sur les épaules, genre Atlas.

– T'es déjà allé à la fête foraine, non ? Au stand de tir, ils t'ont donné un panda en peluche ou un truc comme ça, pas vrai ?

– Ouais, quand j'avais huit ans, fait Seth en levant les yeux au ciel.

Je passe la main dans ma crinière de lion, l'ébouriffant encore plus. Je reprends très lentement, comme lorsque mon père s'adresse à des étrangers :

– Donc, au stand de tir, quand t'avais huit ans, ils t'ont donné un truc parce que t'avais gagné.

Kam boit une gorgée de la flasque qu'il a en permanence dans sa poche, sans nous en proposer. Il ricane :

– Tu parles, tu crois qu'il a gagné, lui... ?

Sans cesser de me regarder, Seth tend le bras pour flanquer une pichenette à Kam. Je dois avouer qu'il vise bien.

Il plisse les yeux.

– Où tu veux en venir ?

– On gagne quoi si on remporte le rodéo ?

– On gagne. Point.

Il lève les bras, genre « c'est tout ».

Ça pourrait continuer comme ça pendant des heures, mais Kam intervient :

– Ça ne mène à rien, Mass. Laisse tomber.

Je me tourne vers lui.

– Et toi, tu as déjà entendu parler du Rodéo Grosso ?

Il se lève, boit encore un coup à sa flasque. L'espace d'une seconde, je crois qu'il va m'en proposer, mais il la rebouche avant de la fourrer dans sa poche.

– Maintenant, oui.

Et sans prévenir, il quitte les gradins et traverse le terrain à petites foulées en direction d'une fille qui a l'air d'avoir une bouée sous son T-shirt. Je ne la reconnais pas, mais en même temps, je ne reconnais jamais personne. Mis à part le tour de taille, ça pourrait aussi bien être ma mère, pour ce que j'en sais.

Le détail qui me permet de repérer Seth, ce n'est pas le fait qu'il soit le seul Noir du lycée avec une crête. Non, c'est son rire idiot. Comme il est idiot, il rit tout le temps, et je reconnaîtrais ce rire entre mille. Quant à Kam, ce sont ses cheveux blonds presque blancs, qui lui donnent l'air d'un albinos. Je ne connais personne avec une couleur de cheveux pareille.

J'ignore qui est cette fille à la bouée. Je suis Kam du regard, persuadé qu'il ne va pas vraiment le faire. Il veut juste plaisanter.

Mais il le fait. Il se colle à la fille comme un morceau de sparadrap. Au début, je me dis qu'elle est peut-être contente parce que c'est Dave Kaminski, mais comme il s'accroche, elle s'énerve. On dirait qu'elle va se mettre à hurler, à pleurer ou les deux.

Je me lève pour lui dire d'arrêter. Seth fixe Dave et la fille, bouche bée. Soudain, il se tape la cuisse en répétant :

– Oh putain, oh putain, oh putain.

Puis il explose de rire en marmonnant un truc du genre :

– En fait, elle est trop contente.

Et moi, dans ma tête, je me dis : *Mais vas-y, réagis, connard.*

Mais je ne fais rien. Juste avant qu'elle craque, Kam la lâche, puis il se lance dans un tour de piste triomphal.

– Quinze secondes, halète Seth. C'est un putain de record du monde.

LIBBY

Libby Groby est grosse.

Après les cours, je m'enferme dans les toilettes du lycée, un marqueur noir à la main. Il couine contre le mur plus immonde qu'immonde. Un tampon qui n'a jamais servi gît par terre et un tube de gloss vide traîne sur le lavabo, alors que la poubelle est juste à côté. Il y a un panneau « hors service » sur l'une des portes parce que quelqu'un a fait tomber (jeté) un livre de maths dans la cuvette des WC. Ça sent le désodorisant et la cigarette, entre autres. Cette légende qui veut que les filles soient toutes mignonnes, propres et roses ? Pas tout à fait exact. Pour s'en convaincre, il suffit d'aller faire un petit tour aux toilettes du troisième étage du lycée MVB, à Amos, dans l'Indiana.

Quelqu'un frappe à la porte.

Je lève le bras pour écrire en lettres aussi grosses que possible, de sorte que tout le monde voie bien :

Libby Groby est grosse.

Grosse et moche.

Elle ne couchera jamais.

Personne ne voudra jamais d'elle.

J'aperçois mon reflet dans le miroir. Je suis rouge betterave – ce que maman appelait « nos amis les légumes », alors qu'ils n'ont rien de sympa. C'était un truc de ma mère, de toujours tout embellir.

Libby Groby est si grosse qu'on a dû démolir sa maison pour la faire sortir.

C'est mot pour mot ce que j'ai entendu Caroline Lushamp et Kendra Wu dire à mon sujet en cours de gym, au milieu d'un petit groupe de filles qui gloussaient. J'en rajoute une ou deux lignes – les trucs les plus atroces que je puisse trouver –, pour ne pas avoir à les entendre dans la bouche de quelqu'un d'autre. Je les écris avant qu'ils ne le fassent. Comme ça, ils ne peuvent rien me dire que je ne me sois déjà dit moi-même.

Libby Groby est la plus grosse ado d'Amérique.

Libby Groby est une menteuse.

Je fais un pas en arrière.

Cette dernière phrase est la plus vraie. Et ça allait jusqu'à ce que je la voie. Mais voir ces mots-là, qui s'étalent sur le mur, comme si quelqu'un d'autre les avait écrits, me coupe le souffle.

T'es allée trop loin, Libbs.

Oui, je suis grosse.

Oui, ils ont dû démolir une partie de la maison.

Peut-être que je ne plairai jamais à un garçon, peut-être qu'aucun garçon n'aura jamais envie de moi, même dans le noir, même si toutes les filles minces ont été rayées de la surface de la terre par quelque affreuse épidémie. Ou alors, peut-être qu'un jour, je serai plus mince que maintenant, et que j'aurai un petit ami qui m'aimera. Mais je serai quand même une menteuse. Je serai toujours une menteuse.

Parce que, dans environ trois minutes, je vais ouvrir la porte, descendre dans le hall et me dire : *Qu'est-ce que t'espérais ?* Je savais que ça allait se passer comme ça. Je savais que ça ne changerait jamais. Mais ils ne comptent pas, le lycée ne compte pas, rien de tout ça ne compte. C'est ce qui est à l'intérieur qui compte. C'est bien au-delà des apparences. Voilà les trucs qu'on aime te répéter. Et puis de toute façon, ça ne me touche plus depuis longtemps.

Sauf que ça aussi, c'est un mensonge.

Une minute plus tard.

En sortant des toilettes, je rentre dans une fille presque aussi grosse que moi. Elle est en larmes et, instinctivement, je m'écarte.

– Qu'est-ce que tu faisais là-dedans ? Tu avais fermé à clé ? hurle-t-elle.

– La porte était coincée. Mais… ça va ?

Je lui parle doucement, posément, espérant que mon calme soit contagieux.

Elle pleure et hoquette tellement qu'elle a du mal à parler.

– Les salauds, réussit-elle à articuler, un peu moins fort, cette fois.

Je n'ai pas besoin de demander quoi, seulement qui. Vu sa corpulence, j'imagine ce qui s'est passé.

– Qui ? dis-je, alors qu'en réalité je n'ai pas vraiment l'impression de connaître qui que ce soit dans ce lycée.

– Dave Kaminski et sa bande de débiles.

Elle me pousse pour se pencher au-dessus du lavabo, se laver le visage et se mouiller les cheveux.

Elle a des boucles noires très serrées, un T-shirt Nirvana et un collier de bonbons. Je lui tends un essuie-main en papier.

– Merci, dit-elle en se tamponnant le visage. Dave Kaminski s'est jeté sur moi. Et il ne voulait plus me lâcher.

Le Dave Kaminski que j'ai connu était un petit maigrichon de douze ans, aux cheveux presque blancs, qui avait piqué le Johnnie Walker de son père pour l'apporter à l'école.

– Ils sont où ?

– Dans les gradins.

Elle sanglote toujours, mais plus aussi fort. Ses yeux tombent sur les graffitis et elle s'exclame :

– Mais qu'est-ce que… ?

Je suis son regard.

– Ah, ça… oui, je sais. Vois le bon côté des choses, au moins, ce n'est pas ton nom sur le mur.

JACK

Kam est encore en train de faire des tours de stade quand deux filles sortent du bâtiment. L'une d'elles reste en retrait, mais l'autre traverse le terrain de foot d'un pas décidé. Elle lève les yeux vers nous un instant, et nos regards se croisent. Puis elle fonce droit sur Kam.

Il ne la remarque pas tout de suite, et c'est un miracle vu comme elle est énorme. Mais quand il l'aperçoit, il accélère, et file en riant. Seth tend le cou, comme un chien qui guette un écureuil. Entre ses dents, il marmonne :

– Putain, qu'est-ce que… ?

Pile quand la fille se rapproche, Kam décampe comme s'il avait le feu aux fesses, mais *elle se lance à sa poursuite*. Je suis debout parce que c'est un truc de dingue. Sincèrement, on dirait qu'*elle vole* !

Seth applaudit comme un imbécile.

– Oh, putain…

Il gueule, il rit à s'en étouffer, il tape des pieds… et pendant ce temps, moi, j'encourage la fille :

– Vas-y! Vas-y! Plus vite! je crie sans que personne ne sache que je m'adresse à elle. Plus vite!

Kam finit par escalader la clôture pour filer hors du lycée, dans la rue. Mais la fille saute par-dessus comme une gazelle et continue à le suivre. Elle l'aurait rattrapé si un gros camion n'avait pas déboulé à ce moment-là, lui coupant la route. Elle reste plantée dans la rue un moment, à fixer Kam, puis elle revient au lycée en marchant. Elle traverse le terrain de foot, les yeux rivés sur moi. Elle ne tourne pas la tête, elle me suit simplement du regard. Et je peux vous dire qu'elle est furax.

SIX ANS PLUS TÔT

LIBBY
10 ANS

Alors que je traverse la cour de récré, Moses Hunt me lance :

– Tiens, mais c'est Libbig Grobide. Quoi de neuf, Grobide ?

– C'est toi qu'as un gros bide, je réplique.

Même si ce n'est pas vrai. Mais moi non plus, j'ai pas un gros bide.

Il lance un regard à sa petite bande, ceux qui le suivent partout tout le temps, même quand il fait des pets avec ses dessous de bras et qu'il répète les gros mots que lui ont appris ses frères. Puis il repose les yeux sur moi. Je vois qu'il va me sortir une horreur que je n'ai pas envie d'entendre, parce qu'on ne peut pas dire quoi que ce soit de gentil en faisant une tête pareille – à croire qu'il a avalé un citron entier avec la peau et les pépins.

Il ouvre sa petite bouche pincée de mangeur de citron pour déclarer :

– Personne ne voudra jamais de toi tellement t'es grosse.

Je regarde mon ventre, mes jambes. Je tends les bras. Je ne me trouve pas grosse. Enveloppée, peut-être. Un peu dodue. Mais j'ai toujours été comme ça. Je regarde Moses, et les autres, les garçons, les filles aux balançoires. Je ne me trouve pas vraiment plus grosse qu'eux.

– Non, je ne trouve pas, je réponds.

– Bah alors, non seulement t'es grosse, mais en plus t'es bête.

Toute sa bande éclate de rire. La tête de Moses se contracte comme un poing et il ouvre la bouche si grand que tous les pigeons d'Amos pourraient y faire leur nid.

– Dégage de la cour, Libbig Grobide!

Il le chante sur l'air d'*Au clair de la lune* :

– Tu es tellement grosse que tu nous fais de l'ombre! Rentre donc chez toi, cacher ton gros bide! T'es vraiment trop grosse, grosse et puis stupide.

Dans ma tête, je pense : *C'est toi qu'es stupide.* Et je le contourne. Je veux aller aux balançoires où j'aperçois Bailey Bishop et les autres filles. Mais Moses se plante devant moi.

– Dégage de la cour, Libbig Grobide!

Je veux passer de l'autre côté, sauf qu'il me bloque à nouveau le passage. Alors je vais vers les jeux pour m'asseoir dans un coin tranquille, mais il m'arrête.

– Je ne peux pas te laisser faire ça, tu vas tout casser.

– Pas du tout, je me suis déjà assise dessus.

– Non, ça risque de casser. Ton gros bide a dû faire craquer les barreaux et la prochaine fois que tu vas monter dessus, je te parie que tout va s'écrouler. Et peut-être même la cour de récré tout entière. T'es en train de tout faire craquer en marchant dessus. T'as même dû tuer ta mère en t'asseyant dessus.

Les garçons sont pliés en deux de rire. Il y en a un qui se roule par terre.

Je ne suis pas aussi grande que Moses mais je plonge mes yeux dans les siens, ses yeux noirs et sans âme. Je n'arrive pas à chasser cette seule pensée de mon esprit : pour la première fois de ma vie, je sais ce que ça fait d'être face à quelqu'un qui me hait. Je vois la haine comme si elle était logée dans ses pupilles.

Je passe le reste de la récréation dans un coin, contre un mur, à me demander ce que j'ai fait à Moses pour qu'il me déteste autant, consciente que tout ce que je pourrais faire n'y changerait rien. Au fond de mon cœur, je le sais bien. *Quoi que tu y fasses, il ne t'appréciera jamais, même si tu deviens toute mince, même si tu es adorable avec lui.* C'est terrifiant, comme idée. Ça me bouleverse. J'ai l'impression de me retrouver face à une meute de loups et je n'ai pas le choix, je ne peux pas faire marche arrière, je suis obligée d'avancer, de passer au milieu des loups.

J'entends un cri. Mon amie Bailey Bishop saute de la balançoire en plein vol, ses longs cheveux volant au vent, dorés comme le soleil.

Je lui fais signe, mais elle ne me voit pas. *A-t-elle seulement remarqué que je n'étais pas là ?* J'agite à nouveau la main, mais elle est trop occupée à courir. Je pense : *Si j'étais à sa place, je courrais aussi.* Elle a de longues jambes de héron. *Si j'étais Bailey Bishop, je courrais sans même regarder où je vais, je courrais, courrais, courrais sans m'arrêter.*

MAINTENANT

LIBBY

La fille s'appelle Iris Engelbrecht. Voilà ce que j'ai appris dans les cinq dernières minutes : elle est forte depuis la naissance, à cause d'une combinaison d'hypothyroïdie et d'une maladie qu'on appelle syndrome de Cushing. Ses parents sont divorcés, elle a deux grandes sœurs, et toute sa famille est en surpoids.

– Il faut le dire au proviseur.

Iris secoue la tête.

– Non.

En rentrant dans le lycée, j'essaie de la diriger vers l'administration, l'aile où se trouve le bureau du proviseur, mais elle traîne les pieds.

– Je t'accompagne.

– Je ne veux pas empirer les choses.

– Ce qui risque d'empirer les choses, c'est de laisser Dave Kaminski croire qu'il peut te faire n'importe quoi en toute impunité.

– Je ne suis pas comme toi.

Ce qu'elle entend par là, c'est qu'elle n'est pas aussi courageuse que moi.

– Alors j'y vais, dis-je en m'éloignant.

– Arrête !

Elle me rattrape.

– Merci de l'avoir poursuivi et tout, mais je veux juste oublier tout ça. Enterrer l'affaire. Et ce ne sera pas possible si j'en parle. Ce sera l'inverse. Ce sera encore pire. C'est le jour de la rentrée !

À nouveau, je lis entre les lignes :

Je ne veux pas que cette histoire me colle à la peau toute l'année, même s'il aurait bien mérité que je lui pète toutes les dents.

Ma coach, Rachel Mendez, me retrouve au parc. Durant deux de ces trois dernières années, je l'ai vue tous les jours. Quand j'étais à l'hôpital, c'est la première personne, en dehors de mon père, qui m'a parlé comme à une fille normale. Ensuite, elle est devenue ma coach, et aussi mon aide-soignante, celle qui restait avec moi quand mon père allait travailler. Maintenant, c'est ma meilleure amie et on se retrouve ici une fois par semaine.

– Qu'est-ce qui s'est passé ? me demande-t-elle.

– Des garçons. Des crétins. Les gens.

Autrefois, il y avait un zoo au milieu du parc, mais il a été fermé en 1986 quand un ours a voulu dévorer le bras d'un visiteur. Il ne reste que ce grand banc en pierre qui était face à l'enclos de l'ours. Nous nous y asseyons, contemplant le terrain de golf. Je suis tellement furieuse, complètement en ébullition.

– Il y a un type qui a fait un truc vraiment atroce, mais la victime ne veut pas le dire.

– Et elle est en danger ?

– Non. Le type devait penser que c'était juste une blague, mais il n'aurait pas dû faire ça, et il ne devrait pas s'en tirer aussi facilement.

– On ne peut pas disputer les combats des autres à leur place, tu sais, même quand on en meurt d'envie.

Mais on peut poursuivre ces brutes imbéciles jusque dans la rue.

La vie était tellement plus simple quand je ne pouvais pas quitter la maison. Elle se résumait à regarder les redifs de *Supernatural* en boucle, à lire, lire, lire, et à espionner mes voisins par la fenêtre de ma chambre.

– Et les angoisses, comment ça va ?

– Je suis furax, mais je respire.

– Pas de craquage ?

– Je ne me suis pas jetée sur la bouffe pour étouffer l'angoisse, mais la journée n'est pas finie.

Et je dois encore tenir toute l'année scolaire.

Même si depuis presque trois ans je mange équilibré et affreusement diététique, sans un accroc, Rachel et mes médecins craignent que je retombe dans le piège à force de privations. Ce qu'ils ne comprennent pas, c'est que je n'étais pas accro à la bouffe. Ce n'était pas la raison, pas ma motivation première en tout cas.

– Et le pire, c'est que… Tu sais le mal que je me suis donné, tu sais que je reviens de très, très loin, mais tout le monde ne voit que mon poids, ne voit que ce que j'étais, et pas celle que je suis désormais.

– Tu vas le leur montrer. Je te fais confiance !

Brusquement, je ne tiens plus en place. Je ne peux plus rester assise sur ce banc. Ça m'arrive, de temps en temps. Après tous ces mois à rester immobile, parfois, je ne peux pas me retenir, j'ai besoin de m'activer.

– Si on dansait un peu ?

C'est ce que j'aime chez Rachel. Elle se lève et se met à tourbillonner, sans poser de questions, sans se demander ce que vont penser les gens.

Réveillon de Noël. J'ai quatre ans. Ma grand-mère nous offre, à maman et à moi, des jupons en tulle assortis – l'un rouge, l'autre vert. Ils sont hideux, mais on les porte tous les jours jusqu'au Nouvel An, en dansant pour les faire tourner. Bien après que le mien est devenu trop petit, on continue à tourbillonner à la moindre occasion, pour les anniversaires, la fête des Mères, chaque fois qu'on a un truc à fêter.

Avec Rachel, on fait des pirouettes jusqu'à en avoir la tête qui tourne et on se laisse tomber sur le banc. Je prends mon pouls discrètement parce que, être un peu essoufflée, c'est bien; être trop essoufflée, c'est dangereux.

J'attends de sentir que mon pouls ralentit, que je vais bien, puis je demande :

– Tu sais ce qui est arrivé à l'ours? Celui qui vivait ici?

Comment lui en vouloir d'avoir essayé de bouffer le bras de quelqu'un? Franchement, le gars a mis le bras dans sa cage, alors que c'était tout ce que l'ours avait au monde.

– Dans les journaux, ils ont dit qu'ils l'avaient envoyé à Cincinnati pour le sociabiliser.

– Et à ton avis, qu'est-ce qu'il est devenu, en vrai?

– Je pense qu'ils l'ont abattu.

JACK

Dans son cadre immense accroché au mur, mon arrière-arrière-je-ne-sais-combien-de-fois-arrière-grand-père me fixe, l'air sévère et les yeux écarquillés. D'après la légende, c'était un saint homme qui aimait sculpter des jouets en bois. Une sorte de généreux père Noël de l'Indiana. Mais sur cette photo, il fait peur, ce vieux malade.

Il me fixe avec ses gros yeux tandis que je laisse un message à Kam : Je te souhaite un bon voyage de retour. Préviens-moi si tu as besoin d'argent pour payer ton billet d'avion.

Je raccroche pour dire à mon arrière-arrière-je-ne-sais combien-de-fois-arrière-grand-père :

– *Ne juge aucun homme avant d'avoir marché avec ses mocassins durant deux heures*[1].

Dans ce bureau, je réponds aux mails, je vérifie l'inventaire, je règle les factures. Un boulot que je peux faire les yeux fermés. Masselin Jouets est une affaire familiale qui dure depuis cinq

1. Proverbe amérindien. (*N.d.T.*)

générations, qui a survécu au krach boursier de 1929, aux émeutes raciales, à l'explosion de 1968 en centre-ville et à la crise. Le magasin nous survivra sans doute longtemps à mon père et à moi, il sera sûrement encore là pour la prochaine ère glaciaire quand ne resteront sur terre que les cafards. Depuis qu'il est né, le sérieux et responsable Marcus est censé prendre la relève. Tout ça parce que, va savoir pourquoi, tout le monde attend de grandes choses de Jack. Sauf que je suis au courant d'un détail qu'ils ignorent.

Un jour, ce sera moi qui tiendrai ce magasin, qui vivrai dans cette ville, me marierai, aurai des enfants, parlerai au ralenti aux étrangers et tromperai ma femme. Parce que, sincèrement, qu'est-ce que je pourrais bien faire d'autre ?

Mon portable vibre, c'est Kam. Mais avant que j'aie pu répondre, un homme entre dans le bureau (cheveux bruns frisés, sourcils noirs sur une peau claire, chemise au nom du magasin).

Mon père se racle la gorge. Depuis sa chimio, il est à moitié sourd d'une oreille et a constamment besoin de se racler la gorge.

– Pourquoi tu arrêtes la chimie ? me questionne-t-il.

Comment peut-il être au courant ? Ça date d'il y a à peine deux heures.

– J'arrête pas.

Je vais te dire, moi, comment il le sait. Monica Chapman a dû le lui chuchoter à l'oreille pendant qu'ils baisaient dans sa voiture.

Et malgré moi, une foule d'images défilent dans mon esprit – des corps nus, dont certaines parties appartiennent à mon père.

Il prend une chaise et, tandis qu'il s'assied, je détourne les yeux, car je n'arrive pas à chasser ces images de mon esprit.

– Ce n'est pas ce que j'ai entendu dire.

Pendant que je sautais Monica Chapman dans le labo de chimie. Pendant que je me la tapais contre ton casier, sur ta table de la cafèt, sur le bureau de tous tes profs.

Je réponds, un ton trop haut :

– J'ai juste demandé à changer de cours.

– Pourquoi ? Qu'est-ce qui ne te convenait pas dans ce cours ?

Non mais sincèrement, il n'est pas sérieux, là? Combien de temps il va me cuisiner ?

Je n'ai pas le choix. Il faut que je le regarde dans les yeux – ce qui me met encore plus mal à l'aise que cette conversation.

– Disons juste que j'ai un problème avec la prof.

Les épaules de mon père se raidissent. Maintenant, il sait que je sais. Et c'est super-gênant. Soudain, je n'ai plus rien à faire des mails ou de l'inventaire. Je n'ai plus qu'une seule envie : partir, parce que *pourquoi Monica l'aurait-elle prévenu si elle ne couchait plus avec lui ?*

Le gamin maigrichon aux oreilles en feuilles de chou est assis à la table de la cuisine, en train de boire du lait dans l'un des verres à whisky qui sont à disposition sur le bar. Même si ce n'est qu'un gosse, il me fait penser à un vieil homme qui a connu des jours meilleurs. Son sac à main est posé à côté de lui sur la table.

Je me sers un verre de jus de fruit en demandant :

– Cette place est libre ?

Il pousse la chaise du bout du pied pour que je puisse m'asseoir. Je lève mon verre et nous trinquons, avant de boire en silence. J'entends le tic-tac de l'horloge de mon grand-père résonner dans le couloir. Nous sommes les premiers rentrés à la maison.

Au bout d'un moment, Dusty demande :

– Pourquoi les gens sont si salauds ?

Je crois d'abord qu'il fait référence à ma conversation avec papa, ou à moi, à celui que je suis au lycée, c'est alors que mon regard tombe sur son sac à main où s'étale l'un des mots les plus laids de notre langue, griffonné au marqueur noir. La bandoulière a été coupée en deux.

Je me tourne vers mon petit frère.

– Les gens peuvent être salauds pour un tas de raisons. Parfois tout simplement parce que ce sont des salauds. Parfois parce que quelqu'un leur a fait des saloperies, alors, sans même s'en rendre compte, ils font pareil aux autres. Parfois, les gens sont salauds juste parce qu'ils ont peur. Parfois, ils sont délibérément salauds avant que quiconque puisse leur faire des saloperies. Ils sont salauds par autodéfense.

Et ça, ça me connaît.

– Qui a été salaud avec toi ?

Dusty écarte les mains en secouant la tête, me signifiant qu'il ne me fournira aucun détail précis.

– Je ne vois pas en quoi avoir peur pourrait pousser quelqu'un à se comporter en salaud.

– Et puis il y a des gens qui ne s'aiment pas.

Je jette un coup d'œil au sac à main en poursuivant :

– Et si une personne qui ne s'aime pas croise quelqu'un qui sait parfaitement qui il est et qui s'aime comme ça… ça la perturbe. Et du coup, elle se sent encore plus minable.

– Même si l'autre ne fait absolument rien pour l'enfoncer, qu'il se contente d'être lui-même ?

– Exactement.

– C'est salaud.

– Je peux faire quelque chose pour toi ?

– Ne sois pas un salaud, c'est tout.

– Je ne peux rien te promettre, excepté que je ne te ferai jamais de saloperies, petit frère.

Nous buvons en silence comme deux vieux potes et, au bout d'un moment, je déclare :

– Tu sais, je crois que je peux réparer ton sac. Ou même t'en fabriquer un nouveau. Un sac indestructible.

Il hausse les épaules.

– Non, je suis mieux sans, finalement.

La façon dont il dit ça… Ça me donne envie de lui acheter tous les sacs à main du monde et d'en trimballer un moi-même par solidarité.

– Et si je te fabriquais autre chose, alors ? De quoi tu as toujours rêvé ? Pas de censure. Tout ce que tu veux.

– Un robot en Lego.

– Qui fait tes devoirs à ta place ?

Il secoue la tête.

– Non, ça, je m'en charge.

Je me renfonce dans ma chaise en me caressant pensivement le menton.

– OK… bon… alors, un robot qui fait toutes les corvées à ta place ?

– Nan.

– Un drone peut-être ?

– Un robot qui puisse être mon ami.

C'est comme si j'avais reçu un coup dans l'estomac. Je me retiens de me jeter à son cou et, à la place, je hoche la tête, je me caresse encore le menton, je vide mon verre.

– Tes désirs sont des ordres.

LIBBY

Après dîner, papa et moi, nous nous installons sur le canapé et je lui montre les vidéos les plus récentes des Damsels de MVB, filmées quinze jours plus tôt au cours d'un festival, à Indianapolis. Les sequins étincellent sous les néons éblouissants du stade, la foule est en délire.

Toutes ces couleurs, toute cette vie.

Je ne suis pas sûre que quiconque sur terre apprécie cela autant que moi.

– Tu es sûre que c'est ce que tu veux ? me demande-t-il.

– Non, mais je vais quand même passer l'audition. Tu ne peux pas me protéger éternellement. Si je me plante, au moins, j'aurai essayé.

Je lui tends le formulaire de candidature, qu'il parcourt rapidement. Il prend le stylo sur la table basse et signe. En me le rendant, il soupire :

– Te savoir dans le vaste monde est plus dur que prévu, je t'avoue.

JACK

Je suis au sous-sol, une sorte de version futuriste de l'atelier du père Noël, jonché de petites voitures et de camions à benne, de M. Patate, de talkies-walkies et de toute la gamme Fisher Price. Des jouets au rebut, mais aussi des pièces détachées de voiture ou de moto, des moteurs, des bouts de tondeuse et autres engins. Tout ce que je peux transformer en autre chose. Certains projets sont terminés, mais la plupart sont en cours, avec tous leurs rouages exposés, en vrac. C'est ici que je démonte les objets pour les remonter dans une version améliorée. Comme j'aimerais pouvoir le faire pour moi-même.

Mon portable vibre. C'est Kam.

– J'ai couru jusqu'au centre-ville, mon pote.

Je laisse échapper un rire viril et sans peur.

– La grosse méchante fille t'a flanqué la frousse ?

– Arrête ! Elle court tellement vite !

– Ça va ? Tu as besoin d'en parler ?

Je prends la voix de sa mère quand elle s'adresse à sa petite sœur, celle qui pleure sans arrêt et claque les portes.

– C'est elle, mec. La médaille d'or.

– Quoi ?

– C'est elle. Le premier prix. Ou tout du moins le but du jeu. Celui qui arrive à tenir sur son dos a gagné.

– Gagné quoi ?

Je sais déjà ce qu'il va dire.

– Le Rodéo Grosso.

J'ai l'impression que les murs de l'atelier se referment sur moi.

– Mass ?

– Ça me branche pas, ce jeu.

– Comment ça, ça te branche pas ce jeu ? Qu'est-ce que tu veux dire ?

Je veux dire que ça ne me plaît pas du tout, je sens que ça va mal tourner.

– C'est naze. Franchement, c'est une idée de Seth !

En cas de problème, tout mettre sur le dos de Seth.

– Ce n'est pas son idée. C'est lui qui nous en a parlé. Rien à voir. En plus, c'est trop l'éclate, ce jeu. Qu'est-ce qui te prend ? C'est moi qu'elle a failli écrabouiller !

– Seth est un crétin.

Allez encore un peu de Seth-*bashing*, le temps que je trouve comment éviter que toutes les filles en surpoids du lycée se fassent humilier. Elles n'ont pas mérité ça. La fille qui a sauté cette clôture comme une gazelle et pourchassé Kam dans la rue n'a pas mérité d'être traitée comme ça. Je lui dis :

– Elle n'a pas mérité ça.

– Bon sang, mais t'es malade. Tu veux l'inviter au bal du lycée ou quoi ? Tu veux que je réserve la limousine ?

– Je dis juste qu'on a autre chose à faire de notre année de terminale. Tu as vu les filles de seconde ?

En cas de problème, parler des filles.

– Depuis quand t'es devenu une flippette ?

Je reste muet. Mon cœur bat à tout rompre. *Dis quelque chose, abruti.*

– On va faire ça avec ou sans toi, Mass.

Finalement, je soupire :

– OK. Fais comme tu veux, mec.

– Merci bien. Ravi d'avoir ton approbation.

– Connard.

– Bâtard.

Nos petits surnoms entre nous. On a évité la cata, mais le terrain reste glissant.

Ce que je risque si j'envoie mes potes se faire voir

Jack Masselin

1) Kam et Seth : ce ne sont peut-être pas les meilleurs potes au monde, mais ce sont les seuls que j'arrive à reconnaître presque à coup sûr. Peut-être parce que je les connais depuis plus longtemps, peut-être parce que leurs signes distinctifs se repèrent plus facilement dans la foule. En tout cas, ils sont constants. C'est sans doute pour ça que j'ai sympathisé avec eux à la base. Imagine que tu débarques dans une ville où tu connais juste deux personnes, et tu as beau en rencontrer des tas d'autres, tu ne connaîtras jamais que ces deux-là.

2) Le monde que je me suis construit petit à petit au sein du lycée. Je ne suis pas devenu Jack Masselin en emmerdant les autres. Et même si je ne suis pas toujours fan de Jack Masselin, j'ai besoin de lui. Sans lui, je ne suis qu'un tordu, avec une famille tordue et un avenir incertain. Et si j'ai appris un truc à propos du lycée, c'est bien ça : il suffit que tu leur fournisses une bonne raison pour que les autres te jettent dans la fosse aux lions. (Luke Revis, je t'ai à l'œil.)

Alors bon…

3) Moi. Et je préférerais éviter.

LIBBY

Je suis allongée sur mon lit – pas celui où je passais vingt-quatre heures sur vingt-quatre à l'époque où je ne pouvais pas sortir de chez moi, mais un nouveau lit que nous avons acheté dès que j'ai perdu un peu de poids. Je mets mon casque pour écouter *All Right Now*. Je l'ai entendue pour la première fois dans la première saison de *Supernatural*. C'est à la fin de l'épisode 6, quand Dean confie à Sam qu'il aurait aimé pouvoir vivre une vie normale.

Une vie normale. C'est ce dont j'ai toujours rêvé. Ce que j'essayais de vivre dans ma tête, alors que j'étais échouée sur mon lit. Quand Dean-de-la-maison-d'en-face a appris à faire du skate, j'ai appris avec lui et on a fait la course pendant des heures. Quand Dean et Sam jouaient au base-ball dans la cour, je jouais avec eux, et quand ils ont construit un canon à patates dans l'allée, je les ai aidés à le peindre à la bombe et à lancer des pommes de terre dans les airs. On se retrouvait tous les quatre dans la cabane perchée au sommet de leur arbre, et chaque fois que ses grands frères laissaient Castiel tout seul, je l'emmenais manger une glace et je lui racontais des histoires. Après, je rentrais chez moi dîner avec mon père *et* ma mère, parce que, bien sûr, tout ça, c'était dans ma tête – mais, au moins, je pouvais imaginer tout ce que je voulais. Et je pouvais être tout ce que je voulais, en particulier une fille avec un poids normal.

Je monte le son pour ressentir la musique résonner en moi, couler dans mes veines comme mon sang. Aujourd'hui, je me suis mise en colère, certes, mais je ne me rappelle pas avoir angoissé. Pas de palpitations, pas de sueurs froides. La cafétéria ne s'est pas mise à tourner. Je n'ai pas eu l'impression d'avoir la tête prise dans un étau. Mes poumons respiraient normalement, régulièrement, tout seuls.

Le formulaire de candidature pour les Damsels est là, à côté de moi. À la question : « Quelle qualité pourrait nous pousser à vous choisir, vous, plutôt qu'une autre candidate ? », je réponds : « Je suis énorme, j'attire les regards et je danse comme le vent. » Nulle part on ne me demande d'indiquer mon poids.

En regardant George s'attaquer à la couette, je me dis : *Ouais,* All right now[1]. *Voilà, c'est comme ça. Plus rien ne sera comme avant, plus rien ne sera pareil. Mais je commence à m'y habituer. Je vais peut-être finir par mener une vie normale, après tout.*

---

1. « Tout va bien maintenant », chanson des Free. (*N.d.T.*)

JACK

Je suis planté devant mon ordinateur, à chercher mes mots. J'arrive à embrouiller les profs pour les devoirs sur table, mais je n'ai aucun talent d'écrivain. Ce qui ne m'a jamais dérangé jusqu'à aujourd'hui.

Le truc, c'est que, malgré tous leurs défauts, mes parents sont des gens bien. OK, ma mère plus que mon père. Ils nous ont élevés, mes frères et moi, pour qu'on soit aussi des gars bien. Et même si on ne se comporte pas toujours bien, c'est ancré en nous, en moi. Tout du moins assez pour que je n'aie pas envie qu'une fille innocente se fasse humilier et malmener par mes crétins de potes.

Et si, sous le prétexte du rodéo, ils vont plus loin?

Et s'ils essaient de l'embrasser?

Et s'ils la tripotent?

J'envisage les pires scénarios et, dans tous les cas, la fille finit en larmes.

Je pose la tête sur mon bureau, pris d'une soudaine envie de pleurer, moi aussi.

Et finalement, je me dis : *Et puis, merde…*

Je relève la tête et je me mets à écrire :

Je ne suis pas un salaud, mais je m'apprête à faire un truc vraiment salaud. Tu vas m'en vouloir, et tu ne seras pas la seule, mais je vais le faire quand même pour te protéger, et me protéger, moi aussi…

LE LENDEMAIN

LIBBY

Iris décide de me suivre à la cafèt. Va savoir pourquoi – peut-être en raison de notre volume combiné –, elle marche cinq pas derrière moi.

– Tu es toujours là, Iris ?

– Je suis là.

Elle prononce ces trois mots d'un petit ton pitoyable et abattu. C'est le Bourriquet[1] de MVB. Et elle parle tout le temps de poids. Ça ne m'intéresse franchement pas de devenir la porte-parole officielle des grosses – rôle qu'elle souhaite visiblement m'attribuer, avec celui de « grosse dure ». C'est dix fois pire que « la grosse qui se la pète » ou « la grosse de service ». C'est un rôle qui implique des responsabilités et la dernière chose dont j'ai envie, c'est bien de devoir aider une protégée à survivre au lycée.

Je me dirige vers la table de Bailey et Jayvee, près de la fenêtre, quand j'aperçois la tête albinos de Dave Kaminski sous son bonnet en laine noir. Iris me tire par la manche.

– On s'en va ?

Je fais demi-tour et pars dans la direction opposée, avec la pauvre Iris sur les talons. Et là… je tombe pile sur un pote de

1. Personnage de l'âne dans *Winnie l'ourson*. (*N.d.T.*)

Kaminski, l'un des types qui étaient dans les gradins. Il est grand, mince, avec la peau chocolat au lait et des cheveux bruns ébouriffés comme une boule de pissenlit.

Avant que j'aie pu m'écarter, il murmure « désolé » avec l'air perdu et désespéré du gars qui vient de perdre son meilleur ami.

– Non, non, c'est moi.

Je fais un pas de côté pour le contourner, mais il fait pareil. Alors je pars dans l'autre sens, mais lui aussi. Je me dis qu'on doit avoir l'air ridicules quand j'entends Dave hurler dans mon dos :

– PUTAIN, IL VA LE FAIRE !

L'espace d'une seconde, je crains que ce type s'évanouisse à mes pieds. Il répète « désolé ». Puis il se jette sur moi et se cramponne à moi comme si sa vie en dépendait.

Sous le coup de la surprise, je reste pétrifiée. Je repense à des vacances en famille, quand j'avais neuf ans. J'étais en Caroline du Nord, à la plage avec mes parents, mes cousins et mes tantes. Il faisait chaud, on s'est tous baignés. J'avais un maillot à carreaux roses et jaunes que j'adorais. Je pataugeais au bord quand une méduse s'est collée à ma jambe. Vraiment, cette sale bestiole ne voulait pas me lâcher. On a dû me sortir de l'eau pour l'arracher. J'ai cru que j'allais mourir.

Eh bien, là, cette sale bestiole se cramponne aussi fort. Et je n'arrive pas à réagir, je reste plantée là. C'est comme si le monde avait cessé de tourner et moi aussi. Tout est au

r
a
l
e
n
t
i.

Et puis s'arrête.

Comme ça.

Pour la première fois depuis très longtemps, je panique. Ma poitrine se serre. Je n'arrive plus à respirer. J'ai les mains moites. Des bouffées de chaleur.

Quelque chose me ramène alors à la réalité. Peut-être les cris, les applaudissements, les huées. À moins que ce soient des encouragements ?

Enfin bref, brusquement, je me retrouve dans la cafétéria, avec ce type drapé sur moi comme un pull, qui m'étreint de toutes ses forces.

– Non.

Je reconnais ma voix, sauf qu'elle est lointaine. Comme si j'étais à l'autre bout du lycée, du côté de la bibliothèque.

Il s'agit clairement d'un jeu odieux. Ventouse-la-grosse ou Chevauche-la-baleine. Encore pire que d'être chassée de la cour de récré. Je suis prise d'une telle fureur que j'en tremble. Je bous littéralement de rage et je suis sûre qu'il le sent, vu qu'il est autant accroché à moi que mes propres membres.

Je me dis : *Je n'ai pas perdu cent trente-six kilos, je ne me suis pas privée de pizza et d'Oreo pour être humiliée en pleine cafèt par ce connard.*

Je laisse échapper un véritable rugissement :

– NOOOOON !

Pour un type si mince, il est sacrément costaud. Je rassemble mes forces pour le décoller comme un sparadrap.

Puis je lui envoie mon poing dans le menton.

JACK

Je gis sur le sol de la cafétéria avec cette fille qui se dresse au-dessus de moi. J'ai l'impression qu'elle m'a décroché la mâchoire et qu'elle l'a envoyée se balader dans l'Ohio. En passant la main dessus pour m'assurer qu'elle est encore là, je m'aperçois que ma paume est pleine de sang.

Je veux dire : « Non mais ça va pas ? » Sauf que c'est un gargouillis inintelligible qui s'échappe de mes lèvres.

Putain, elle m'a bousillé le larynx.

– Pourquoi tu m'as frappé ?

– ET TOI ? POURQUOI TU M'AS SAUTÉ DESSUS ?

Je jette un coup d'œil à son sac à dos, à la lettre que je viens d'y glisser, qui dépasse de la poche. J'ai envie de répondre : « Tu comprendras plus tard », mais je ne peux pas parler parce que j'ai la bouche en sang.

Je ne les connais pas tous, mais dans la salle, tous les élèves sont tournés vers nous, les yeux écarquillés, bouche bée, le chewing-gum ballant. La fille est toujours plantée là. Au ras du sol, j'annonce :

– Je vais me relever… au cas où te reprendrait l'envie de me frapper.

Une main se tend vers moi, une main au bout du bras d'un grand type tout blanc coiffé d'un ridicule bonnet noir en laine.

Je déteste tous les genres de chapeaux parce que parfois le seul signe distinctif dont je dispose pour reconnaître quelqu'un, ce sont ses cheveux… qui sont cachés dessous. Je ne sais pas si je fais bien, mais comme personne d'autre ne se propose, je le laisse m'aider à me relever. Et aussitôt ce FDP se met à rire.

La fille se tourne vers lui.

– T'es qu'un connard.

Il lève les mains en l'air comme si elle avait dégainé une arme.

– Hé, c'est pas moi qui me suis jeté sur toi.

– Peut-être, mais je suis sûre que tu es mouillé dans l'affaire.

Ce qui m'indique qu'il s'agit sans doute de Dave Kaminski.

Puis une autre fille intervient, brune, furieuse, avec un grain de beauté au coin de l'œil. Elle se poste face à celle que j'ai chevauchée.

– ESPÈCE DE GROSSE VACHE, TU L'AS FRAPPÉ ALORS QU'IL NE T'AVAIT FAIT AUCUN MAL !

Une grande gueule pareille, ça ne peut être que Caroline Lushamp.

– Je l'ai mérité, dis-je. Je n'aurais pas dû lui sauter dessus.

Et voilà que je me retrouve à défendre mon agresseuse.

– C'est elle qui t'a fait ça ? s'étonne un mec sorti de nulle part – menton pointu, cheveux en bataille.

Je scrute son visage, tentant de deviner de qui il s'agit, mais tout le monde se presse autour de moi. Un vrai cauchemar. Je n'ai aucune idée de qui sont tous ces gens. Ils m'agrippent, me demandent ce qui s'est passé, si ça va, me disent de ne pas m'en faire. J'aimerais qu'ils me laissent tranquille, qu'ils s'en aillent, parce que je suis censé les reconnaître et que je ne les reconnais pas. À croire que je suis amnésique. Ils me font peur, j'ai envie de leur dire d'aller se faire voir. C'est à elle qu'ils devraient s'intéresser, pas à moi. C'est moi, le coupable, pas elle.

– Qu'est-ce qui s'est passé, Jax ?

Le mec au menton pointu est donc mon frère, Marcus. C'est comme ça qu'il m'appelait quand on était petits.

Mais comment en être sûr ? Même les bébés reconnaissent les personnes de leur entourage. Même les chiens. Même Carl Humers – et pourtant il compte toujours sur ses doigts, alors qu'il a largement passé l'âge. L'an dernier, il a même mangé une crotte de chat juste pour prouver qu'il était cap.

L'un des types de la sécurité débarque, fendant la foule. Et aussi un prof (barbu, cheveux gris) qui essaie de faire revenir le calme dans la cafèt en répétant « circulez, y a rien à voir ». C'est alors qu'une autre fille arrive, à grands pas.

– Jack Masselin, qu'est-ce qui s'est passé ?

Comme elle m'examine le visage, je me demande d'où je saigne exactement. Suis-je censé la connaître ? Elle ne m'évoque rien, mais soudain quelqu'un s'exclame :

– C'est lui qui a commencé, madame Chapman ! Il s'est jeté sur elle.

Elle a pris mon menton entre ses doigts. Je me dégage vivement pour planter mes yeux dans les siens d'un air de défi.

Allez, vas-y ! C'est le moment. Qu'est-ce que t'as de si spécial, hein ? Montre-moi !

C'est vrai, elle doit avoir un truc extraordinaire. Sinon, franchement, pourquoi mon père aurait-il mis sa famille en péril, risqué de tout perdre pour elle ?

Mais la seule personne qui sort du lot dans cette foule qui zieute et qui murmure, ce n'est ni mon frère, ni la femme qui a saboté le mariage de mes parents. C'est une fille dont je ne connais même pas le nom. Une fille gigantesque.

LIBBY

Mme Wasserman, la proviseure, est une petite bonne femme nerveuse comme un haricot sauteur. Une plaque derrière son bureau indique qu'elle occupe cette fonction depuis vingt-cinq ans. Je m'assieds face à elle, à côté du garçon et d'une femme qui doit être sa mère.

– Votre père devrait arriver d'une minute à l'autre, m'informe la proviseure.

Je suis soudain prise de nausée parce que je viens de me retrouver transportée au pire moment de ma vie. J'étais en CM2, quand la directrice est venue me chercher au beau milieu de l'assemblée de l'école, devant tout le monde. Elle m'a emmenée dans son bureau où mon père m'attendait avec la psychologue scolaire. Il y avait une grosse boîte de mouchoirs sur le bureau de la directrice, j'ai fixé mon attention dessus. Elle était énorme, comme si elle avait été créée spécialement pour l'occasion.

– *Ta mère est à l'hôpital, il faut qu'on y aille tout de suite.*

– *Quoi ?*

Il a dû répéter trois fois avant que je comprenne. J'avais l'impression que c'était une blague, qu'ils avaient tous comploté dans mon dos pour me jouer ce mauvais tour.

– Libbs ?

Je me retourne au moment où mon père entre dans le bureau.

– Ça va ?

– Oui, ça va.

Quelqu'un lui apporte une chaise, puis la proviseure lui raconte ce qui s'est passé dans la cafétéria.

La mère du garçon le fixe d'un regard digne de *Rosemary's Baby*.

– On peut savoir ce qui t'a pris de faire une chose pareille ? dit-elle.

– Oui, renchérit mon père, j'aimerais bien comprendre…

La proviseure les coupe :

– Je voudrais avoir la version de Jack et celle de Libby.

Tous les regards se tournent vers nous.

– Il m'a sauté dessus.

– Comment ça ?

– Il s'est jeté sur moi et s'est cramponné à moi comme si j'étais une bouée et lui le dernier survivant du *Titanic*.

Le garçon, Jack, se racle la gorge.

– Ce n'est pas exactement comme ça que ça s'est passé.

Je hausse un sourcil.

– Vraiment ?

Mais il ne me calcule pas. Il est trop occupé à faire son numéro de charme à la proviseure. Il se penche en avant et prend une voix de basse comme s'il ne s'adressait qu'à elle.

– C'était idiot. Complètement idiot. J'ai…

Il jette un coup d'œil à sa mère.

– J'ai vécu des moments difficiles, ces deux dernières années.

Il fixe intensément la proviseure de son regard profond, à croire qu'il veut l'hypnotiser.

– Ça n'excuse pas ce que j'ai fait, parce qu'il n'y a rien qui puisse justifier ce qui s'est passé…

C'est un vrai charmeur de serpents, celui-là, mais heureusement pour moi, Mme Wasserman n'est pas née de la dernière pluie. Elle l'interrompt pour me demander :

– J'aimerais savoir ce qui a motivé ce coup de poing dans le menton.

– Tu l'as frappé ? s'écrie mon père.

En guise de réponse, Jack montre son visage.

Je répète :

– Il m'a sauté dessus.

– Je l'ai juste serrée dans mes bras.

– N'importe quoi.

– Pourquoi avez-vous fait ça, Jack ?

– Pour rire. Juste pour rire. Je n'ai pas voulu lui faire peur. Ni lui faire mal. Il n'y avait rien d'autre derrière, croyez-moi.

Ses yeux me supplient : « Tu vas me pardonner. Tu vas oublier ce qui s'est passé. Tu vas m'aimer comme tout le monde. »

– Vous êtes-vous sentie en danger, Libby ?

– Ben, ce n'était pas franchement agréable, si c'est ce que vous voulez savoir.

– Non, mais vous êtes-vous sentie menacée ? Sexuellement ?

Oh non, c'est pas vrai.

– Non, seulement humiliée.

Et encore plus maintenant, merci.

– Parce que dans ce lycée, on ne badine pas avec les agressions sexuelles.

La mère de Jack se penche en avant.

– Madame Wasserman, je suis avocate, et je suis aussi, si ce n'est encore plus, catastrophée que vous par ce qui s'est passé aujourd'hui, mais tant que nous…

– Je veux entendre Jack et Libby, répète la proviseure.

À côté de moi, je sens toute vie quitter le garçon. Je lui jette un coup d'œil : il ne reste plus qu'une coquille vide, comme si quelqu'un avait sucé tout son sang. Je ne sais pas ce qui lui a pris de faire ça, mais je comprends que ce n'était pas du tout dans cet esprit-là.

Alors j'insiste :

– Ce n'était pas sexuel. Du tout. Je ne me suis pas sentie menacée de ce côté-là.

– Mais vous l'avez frappé.

– Pas parce qu'il m'avait agressée…

– Pourquoi l'avoir frappé dans ce cas ?

– Parce qu'il m'a sauté dessus de façon pas du tout sexuelle, mais tout de même humiliante et horripilante.

La proviseure croise les bras et nous fixe, immobile, telle une statue de pierre.

– La violence dans l'enceinte du lycée est un délit. Le vandalisme aussi.

Je ne comprends pas tout de suite. Mais elle sort une photo, je n'ai pas besoin de la regarder, je sais de quoi il s'agit. Elle demande à Jack :

– Ça vous dit quelque chose ?

Il se penche en avant pour regarder, puis se rassied en secouant la tête.

– Non, madame. Pas du tout, madame.

Mon père se penche à son tour.

– Je peux voir, s'il vous plaît.

En lui tendant le cliché, Mme Wasserman explique :

– J'ai bien peur que quelqu'un ait redécoré les toilettes de l'établissement avec des commentaires désobligeants sur votre fille. Je vous assure que nous irons au fond de cette affaire. On ne badine pas non plus avec ce genre de chose.

Elle regarde Jack. Sa mère le regarde. Mon père le regarde. Il serre tellement les dents que j'ai peur que sa mâchoire se fende en deux.

J'aimerais devenir invisible. Je ferme les yeux, comme si ça pouvait y changer quelque chose. Quand je les rouvre, je suis toujours sur ma chaise et tout le monde me regarde.

– Pardon ? je bafouille.

Mon père agite la photo.

– Tu sais qui a fait ça ?

J'ai envie de répondre : « Non. Absolument pas. »

– Libbs ?

Quel dilemme : je peux mentir en répondant non. Je peux accuser Jack. Ou je peux dire la vérité.

– Oui.

– Oui… tu sais qui a fait ça ?

– Oui.

Tout le monde attend.

– C'est moi.

Une minute de silence.

Puis le garçon siffle.

Sa mère le rappelle à l'ordre :

– Jack.

– Désolé. Mais…

Il siffle à nouveau.

Le visage de la proviseure s'est décomposé. Je l'imagine en train de raconter tout ça à son mari ce soir. Lui dire que les gamins d'aujourd'hui ont changé, que ça lui fend le cœur, heureusement que la retraite approche parce qu'elle ne pourrait pas continuer plus longtemps.

Mon père demande :

– Mais… pourquoi, Libby ?

Et peut-être parce qu'il a dit Libby et pas Libbs, j'ai envie de pleurer.

– Parce que quelqu'un allait forcément l'écrire.

Et soudain, je me sens nue. Allongée sur une table à dissection, mes entrailles exposées à la vue du monde. Je ne peux pas expliquer à quiconque d'autre qu'à mon père l'importance d'être préparée, d'avoir toujours un train d'avance sur les autres et tout ça.

– Mieux vaut être le prédateur que la proie. Même si tu es ton propre chasseur.

Je croise le regard de Jack en acquiesçant :

– Quelque chose comme ça, oui.

– Et puis voilà que je débarque et que je te donne raison.

Il soutient mon regard quelques secondes, puis nous détournons les yeux. Nous restons assis là, tous les cinq, dans le silence le plus inconfortable qu'on puisse imaginer, jusqu'à ce que la proviseure dise :

– Je pourrais vous punir de différentes façons : suspension, exclusion... Dans certains cas, les établissements de Rushville et Newcastle ont même fait appel à la police pour procéder à des arrestations.

– Moi, je dis que la punition, c'est que le lycée tout entier ait vu une fille me mettre la pâtée, intervient Jack. Ça suffit peut-être...

– Ou bien on pourrait déposer plainte contre vous pour harcèlement, Jack, réplique-t-elle.

Sa mère, qui est avocate, manque tomber de sa chaise.

– Avant de parler de poursuites judiciaires...

La proviseure couvre sa voix :

– Et vous, Libby, pour coups et blessure.

– C'était de la légitime défense ! je proteste d'une voix trop forte et haut perchée. Quand je l'ai frappé, je veux dire.

Mais les toilettes, c'était aussi de la légitime défense. Préventive.

Mme Wasserman désigne Jack du menton.

– Quand vous l'avez frappé, il vous avait déjà lâchée ou non ?

– Parce que je l'avais repoussé.

Elle secoue la tête et lâche un soupir qui dure trois jours.

– Je ne vais pas prendre ma décision immédiatement. Je veux interroger des témoins de la scène. Je vais examiner vos dossiers, envisager les différentes options. Mais je veux que vous sachiez que j'applique une tolérance zéro pour tous les cas de violence, harcèlement et même une esquisse d'agression sexuelle.

Elle nous fixe tour à tour, Jack puis moi.

– Et je ne suis pas fan du vandalisme non plus.

JACK

On nous dit d'attendre devant le bureau de Wasserman. L'agent de sécurité et le prof barbu, accompagnés d'un petit groupe d'élèves, entrent au moment où nous sortons. Dieu seul sait qui, peut-être y a-t-il mon propre frère.

Libby et moi, nous nous asseyons côte à côte sur un banc. Je fixe la porte qui donne sur le couloir en ne pensant qu'à une seule chose : *Pourvu que Monica Chapman ne se pointe pas alors que ma mère est là.*

Libby se tourne vers moi.

– Pourquoi t'as fait ça ?

J'ai envie de répondre « lis la lettre », mais là, sur le moment, cette lettre m'apparaît comme la deuxième pire idée de ma vie.

– T'as jamais fait un truc méchant ou idiot sans réfléchir ? Quelque chose que tu as instantanément regretté ?

Comme elle ne répond pas, je reprends :

– Parfois les gens sont salauds tout simplement parce que ce sont des salauds. Parfois, les gens sont salauds juste parce qu'ils ont peur. Parfois, ils sont délibérément salauds avant que quiconque puisse leur faire des saloperies. Ils sont salauds par autodéfense.

Et dans ma tête, je pense : *Parce que mon cerveau est en vrac. Parce que je suis en vrac.*

– Pourquoi moi ? Je peux au moins te demander ça.

– Non, ne demande pas.

Pas moyen que je lui parle du Rodéo Grosso.

Elle se détourne en levant les yeux au ciel.

– À ton avis, ils risquent de nous suspendre ? Ou de nous exclure ?

Elle pose la question à l'autre bout de la pièce.

– Non... Ce n'est pas le premier...

J'ai failli dire « rodéo » mais je m'interromps.

– Ça va aller.

Je dis ça, mais sincèrement, je n'en suis pas sûr.

Quand elle croise à nouveau mon regard, je lui souris, même si je suis le dernier des bâtards, et ma lèvre se met à saigner.

– Ça fait mal ?

– Ouais.

– Bien fait.

Environ une heure plus tard, la porte du bureau s'ouvre et Mme Wasserman (cheveux courts grisonnants et lunettes) nous fait signe de revenir. Deux hommes sont appuyés sur le rebord de la fenêtre – un géant et un maigrichon. Le père de Libby me fixe avec des yeux noirs. Il est large d'épaules, comme Charles Bronson, et je me sens obligé de dire :

– Je suis désolé, monsieur.

Libby et moi, nous reprenons nos chaises. Je croise le regard de ma mère qui secoue la tête (elle a deux coiffures possibles, et aujourd'hui, c'est maman-cheveux-relevés). Si je suis incapable de reconnaître les visages, je sais néanmoins quand quelqu'un est déçu et en colère, comme l'est ma mère. Je repense à toutes les fois où elle m'a répété de ne pas m'attirer d'ennuis, que les gens seraient plus durs avec moi à cause de la couleur de ma peau. Je sais que j'ai trahi sa confiance et elle va dire que je me suis trahi aussi.

La femme aux cheveux gris, les coudes posés sur son bureau, se penche en avant.

– Je ne vais pas vous suspendre ni vous exclure. Pas cette fois. À la place, vous allez faire des travaux d'intérêt général pour le lycée, ensemble. Vous serez chargés de repeindre les gradins et les vestiaires sous la supervision de M. Sweeney.

Le géant nous adresse un signe de tête.

– Et vous aurez également un entretien avec le psychologue tous les soirs après les cours durant les prochaines semaines. Nous allons mettre en place un « cercle de parole », une méthode qui a fait ses preuves dans d'autres établissements à travers le pays. C'est ainsi que vous pourrez apprendre les uns des autres et partager votre expérience. M. Levine…

Le maigrichon se signale en levant la main.

– … est spécialisé dans les problématiques qui affectent le plus les jeunes d'aujourd'hui comme le harcèlement, et tous les types de violences, y compris sexuelles.

Je me racle la gorge.

– Ce n'est pas juste qu'elle soit punie alors que c'est entièrement ma faute. Je propose de faire sa part du boulot.

– T'es incroyable ! explose Libby.

– Quoi ?

– Tu ne peux pas être à la fois le méchant *et* le héros !

La proviseure intervient alors :

– Merci, Jack, mais Libby a enfreint les règles également.

En partant, j'essaie de répéter que je suis désolé, mais le père de Libby la prend par les épaules et l'entraîne hors du bureau.

Sur le parking, ma mère décrète :

– On discutera de tout ça à la maison, Jack Henry.

Mes deux prénoms. Elle ne m'a pas appelé comme ça depuis des années. Et elle démarre sans ajouter un mot.

Je vais directement au magasin, espérant éviter de croiser quiconque – et surtout mon père. Mais je suis à peine installé derrière le bureau qu'il débarque.

– J'ai appris ce qui s'était passé aujourd'hui. Non mais qu'est-ce qui t'a pris ?

Je lui dis que je ne sais pas, que c'était une plaisanterie, mais qu'en réalité c'était idiot, que je regrette, et tout le discours que je répète en boucle depuis des heures.

– Tu nous as beaucoup déçus, ta mère et moi.

Comme s'il avait besoin de me le dire.

J'ai envie de répliquer « tu m'as déçu aussi », mais à la place, je marmonne :

– Je sais. Désolé.

Quand je me retrouve enfin seul, j'allume mon portable. Il se déchaîne aussitôt, signalant une avalanche de messages vocaux et de textos. Il y a Caroline, Seth, Bailey Bishop, Kam et des centaines d'autres, y compris Marcus, qui veulent savoir ce qui s'est passé.

Bailey est en larmes. Elle ne comprend pas que j'aie pu faire quelque chose d'aussi odieux à un autre être humain. Caroline parle surtout d'elle-même, et mon frère veut savoir si ça va et comment ça s'est passé dans le bureau de la proviseure.

Quant à Kam, il me dit : « Félicitations, princesse. T'as gagné. Choisis le resto qu'on te paie pour fêter ça. Mais, sois sympa, évite de te faire mettre la pâtée par une autre fille, OK ? »

Suivi par une minute entière de rire maniaque.

LIBBY

L'autoradio est allumé, mais au volume minimum, et mon père n'arrête pas de parler. Quand il me reparle des cours à la maison, je le rassure :

– T'inquiète pas pour moi. Je sais me défendre.

– Tu l'as vraiment frappé ?

– Un direct au menton.

Il éclate de rire.

– Ça te fait *rire* ?

– Ben, oui, faut croire.

– Tu n'es pas censé rire. Tu es censé me dire que la violence ne résout rien et me priver de portable ou un truc du genre.

– Alors ne recommence pas. Et si ça te fait plaisir, donne-moi ton téléphone.

Il continue à rire.

C'est contagieux. Je ris aussi. Pour la première fois depuis longtemps, je me sens normale, aussi bizarre que ça puisse paraître. On est normaux. J'en déduis que ce qui s'est passé aujourd'hui n'est pas aussi grave que ça, et que, peut-être, cet instant de normalité compense l'humiliation et les heures de travaux d'intérêt général et de soutien psy.

En se garant devant la maison, papa dit :

– Ne laisse pas ce type t'atteindre. Ne le laisse pas balayer ce pour quoi tu as tant donné.

– Pas question. Je me lève demain matin et je retourne en cours.

Je baisse les yeux vers mes chaussures et la citation que j'y ai notée. On ne peut pas arrêter de vivre…

JACK

Je trouve Dusty dans sa chambre, en train de jouer aux jeux vidéo. Il a son casque sur la tête, j'entends la musique qui s'en échappe – les Jackson Five, qu'il écoute seulement quand il a le moral dans les chaussettes.

J'agite la main sous son nez. Il finit par relever la tête et articuler :

– Quoi ?

Je lui fais signe d'enlever son casque. Un mime exagéré pour le faire rire. Mais il m'ignore.

Je me mets à danser. Dusty ne peut pas résister à une petite choré. Je me lâche complètement sur *Rockin' Robin*. J'y vais à fond. Je me contorsionne, je virevolte autour de lui. Je me crois dans un clip. Je suis Michael Jackson jeune. Je suis une vraie star.

– Je suis une star !!!

Je hurle assez fort pour qu'il puisse m'entendre.

Je secoue ma crinière de lion pour la faire gonfler au maximum.

– Non, même pas vrai. T'es pas une star ! réplique-t-il trop fort – normal quand on écoute les Jackson Five à fond.

– Je suis une vraie star.

Je fais les pas de danse qu'il m'a appris. Mal, exprès pour qu'il craque. Il me laisse suer sang et eau pendant trente secondes, puis se lève, ôte son casque et vient me montrer les vrais pas.

On termine la chanson en dansant tous les deux ensemble et c'est génial. Mais quand le morceau s'achève, Dusty se laisse tomber sur son lit et me lance un regard qui veut clairement dire qu'il n'y a que sur la piste de danse qu'on est raccord. Nulle part ailleurs.

Et pour que ce soit bien clair, il répète :

– T'es pas une star.

– Faut croire que non.

Je m'assieds à côté de lui. On fixe le sol tous les deux.

– Toi, c'est quoi ? La raison qui te pousse à être salaud ?

Je repense à toutes les raisons que j'ai déjà énumérées. Parfois, les gens sont salauds tout simplement parce que ce sont des salauds. Parfois parce que quelqu'un leur a fait des saloperies. Parfois, les gens sont salauds juste parce qu'ils ont peur. Parfois, ils sont délibérément salauds avant que quiconque puisse leur faire des saloperies. Et puis il y a des gens qui ne s'aiment pas. Et si ce genre de personne croise quelqu'un qui sait parfaitement qui il est et qui s'aime comme ça, alors elle se sent encore plus minable.

– Peut-être un peu de chaque. Mais je suis sincère : je te promets que je ne te ferai jamais de saloperies.

Et là, il me regarde, et il pourrait aussi bien me donner un coup de poing dans ma lèvre fendue, parce qu'il me dit :

– Va falloir que tu te rattrapes.

– Je sais.

LIBBY

Mon père me trouve dans la cuisine, en train de manger debout, ce qui ne nous arrive plus jamais. C'est l'une des règles que nous suivons docilement, comme ne pas manger devant la télé, ne pas manger trop vite et s'arrêter quand on est rassasié à soixante pour cent.

En le voyant arriver, je pose mon assiette. D'où que provienne ce vide douloureux – le cœur, le ventre –, la nourriture ne le comble pas.

Quand maman a disparu, je me suis sentie vide comme ça aussi. Comme si toute ma substance vitale s'était évaporée. À l'hôpital, je lui ai tenu la main jusqu'à l'arrivée de ma grand-mère, puis de mon père, et du reste de la famille. Tous gentils, chaleureux et bouleversés. Mais aucun ne pouvait remplacer ma mère. Même mis tous ensemble. Ils ne lui arrivaient pas à la cheville.

Mon père pose les yeux sur l'assiette mais ne fait aucun commentaire. À la place, il dit :

– Bailey Bishop est à la porte, elle veut te voir.

Bailey est au milieu de ma chambre. Quand elle tourne la tête, ses cheveux captent la lumière comme s'ils voulaient tout prendre rien que pour eux.

– Ça fait longtemps.

Elle se penche pour caresser George sous le menton et, étonnamment, il se laisse faire. *Traître*, ne puis-je m'empêcher de penser.

– Tu l'avais déjà à l'époque, non ?

– Je l'ai eu quand j'avais huit ans.

Ma mère et moi, on l'a choisi. Ou plutôt, il nous a choisies. On était à une sorte de kermesse dans un refuge animalier et George s'est échappé de sa cage pour trouver refuge dans le sac de ma mère.

– Il était censé mourir il y a quatre ans, mais il n'est pas encore prêt.

La dernière fois que Bailey est venue chez moi, on avait dix ans. Je l'avais invitée à une soirée pyjama avec Monique Benton et Jesselle Villegas. On avait passé la nuit à parler des garçons et à se confier nos plus terribles secrets. Celui de Bailey, c'est qu'elle avait essayé de se débarrasser de son petit frère à la naissance. Le mien, c'est que j'espionnais mes voisins, les garçons qui vivaient en face de chez moi. C'était avant que Dean, Sam et Castiel deviennent mes seuls amis.

Bailey se redresse, rassemblant toute sa bailattitude pour me dire :

– Je suis désolée de ne jamais être venue te voir. J'aurais dû te rendre visite. Quand tu étais enfermée ici. Enfin, pas ici, mais dans ton ancienne maison.

Ça me prend de court. Je reste plantée là, les bras ballants.

Comment fait-elle pour être si gentille… et pour avoir des cheveux pareils ?

Je finis par dire :

– C'est pas grave. On n'était pas meilleures amies ni rien.

– Mais on était amies. J'aurais dû venir.

Faut que je la serre dans mes bras ou pas ? Que je lui dise que c'est bon ? Ou au contraire qu'elle aurait dû venir bien avant que je sois prisonnière chez moi quand mon père m'a retirée de l'école pour que je reste à la maison ?

– Il faut que je te dise un truc. C'est horrible mais je ne veux pas que tu l'apprennes par quelqu'un d'autre au lycée.

Elle a l'air soudainement au bord des larmes. J'ai presque peur qu'elle m'apprenne qu'elle est mourante. Ou moi.

Puis elle me parle du jeu. Elle m'explique que j'étais le grand trophée du Rodéo Grosso et que cette histoire s'est propagée sur les réseaux sociaux comme un virus. Tout le monde est infecté et mes deux mille camarades de classe ainsi que de nombreux inconnus soupèsent (ha ! ha !) le pour et le contre avant de décider s'ils sont dans mon camp ou dans celui de Jack.

Quelqu'un a posté une photo de moi qui a dû être prise juste après. Je suis dans la cafèt avec un air de taureau furieux, les poings serrés, Jack Masselin étendu à mes pieds. On ne voit pas son visage, mais on voit le mien (écarlate, légèrement en sueur). Avec la légende : Faut pas chercher Grobide. Il y a soixante-seize commentaires, rarement sympathiques. La plupart sont on ne peut plus banals : Si j'étais aussi grosse, je me suiciderais. Ou : Elle est pas mal pour une grosse. Et : Rien que de la voir, ça me coupe l'appétit. Ou sobrement : FAIS UN RÉGIME, GROSSE PUTE !

Voilà pourquoi je ne suis pas présente sur les réseaux sociaux. Trop de méchancetés, de perfidies et d'insultes hypocritement déguisées, sous prétexte que « je suis libre de m'exprimer comme la Constitution de notre grand pays m'y invite. Si ça ne vous plaît pas, rien ne vous oblige à lire, et bla bla bla ».

Je suis prise d'une irrésistible envie de jeter le portable de Bailey et le mien, puis de descendre dans la rue pour récolter tous ceux que je trouve et les balancer également.

– Je n'aurais peut-être pas dû te le dire, murmure Bailey.

Elle se mordille un ongle en baissant les yeux. Ils sont pleins de larmes.

– Non, tu as bien fait.

Sincèrement, ça ne me fait pas plaisir, c'est clair, mais de toute façon, j'allais bien finir par le découvrir, alors mieux vaut être prévenue par la personne la plus gentille du monde, non ?

J'éteins mon téléphone, puis mon ordinateur, pour ne plus voir tout ça.

– J'en ai assez de lire ce qu'on écrit sur moi, dis-je.

Bailey acquiesce baileysquement, toujours docile. Je me mets à faire les cent pas, ce qui signifie que je m'apprête à parler. Ou carrément à faire un long discours.

– Pour commencer, ce n'est pas un scoop de dire que je suis grosse. On a compris, les gars. Passez à autre chose.

Bailey opine du chef comme une folle.

– Quant au fait que je suis « pas mal pour une grosse » ? Non, mais franchement, ils ne peuvent pas dire que je suis jolie, point ? Moi, je n'irais pas claironner : « Bailey Bishop, elle est mignonne pour une maigre. » Non, tu es comme tu es. Et tu es mignonne. C'est tout.

– Merci, t'es jolie aussi.

Et je sais qu'elle est sincère, contrairement à Caroline et Kendra.

– Enfin, j'aimerais bien qu'on m'explique pourquoi toutes les grosses seraient des putes, merde !

Elle pâlit.

– Pardon. Pourquoi toutes les grosses seraient des putes, enfin !

Pourquoi mon poids ferait automatiquement de moi une pute? Ça n'a aucun sens.

– Non, aucun.

– Si tous ceux qui ont quelque chose à dire sur mon compte employaient ce temps... je ne sais pas... à être sympas, à s'améliorer, à développer leurs qualités d'âme et de cœur... Tu imagines? Le monde serait beaucoup plus agréable à vivre.

– Beaucoup plus, acquiesce-t-elle.

Je continue ainsi, avec Bailey qui m'encourage, jusqu'à ce que je sois vidée. Alors je me laisse tomber sur mon lit en disant :

– Qu'est-ce que ça peut bien leur faire que je sois grosse?

Elle ne répond pas.

Elle se contente de me prendre la main.

Elle n'a pas besoin de répondre car il n'y a pas de réponse.

Sauf que les petites gens – ceux qui sont petits à l'intérieur – n'aiment pas les grands.

JACK

Je n'ai encore jamais construit de robot, mais je suis très motivé. Je regarde quelques vidéos sur YouTube. Je consulte quelques bouquins, et après ça, je décide que ça va être le plus beau robot Lego de l'univers.

Pour mes huit ans, j'ai demandé un marteau, des tournevis et des cisailles. J'ai eu mon premier fer à souder à neuf ans. Personne ne sait d'où vient ce besoin de construire, sauf que mon père a toujours été plutôt bricoleur, alors peut-être que je tiens ça de lui. Je sais juste que, depuis que je suis tout petit, fabriquer des choses à partir de rien est ce qui me calme, me recentre, comme d'autres le yoga ou la morphine. Voilà pourquoi nous avons un four à pizza et un lance-balles dans le fond du jardin, une catapulte dans le garage et une station météo sur le toit. Quand je travaille, je vois l'objet globalement dans ma tête, avant même qu'il existe, puis je le construis étape par étape. Tout à fait le contraire de ce que je vis chaque jour.

Mais pour l'instant, tout ce que j'ai sous les yeux, ce sont des pièces détachées – exactement comme dans ma vie quotidienne.

Les rouges ici, les bleues là, les blanches, les jaunes, les vertes, les noires. À un moment, je m'allonge, dessus, là, sur le sol de béton glacé. C'est vraiment pas confortable, mais je me dis : *Tu l'as bien mérité, connard.*

Je me demande ce que Libby Groby est en train de faire. J'espère qu'elle ne pense pas à moi ou à ce qui s'est passé aujourd'hui. J'espère qu'elle arrive à penser à autre chose. N'importe quoi d'autre.

J'entends des pas dans l'escalier. Une femme apparaît, d'abord ses jambes, puis le reste. Je suppose qu'il s'agit de ma mère, parce que quelle autre femme pourrait se trouver chez moi à moins que mon père ait décidé de ramener Monica Chapman à la maison ? Je cherche les signes distinctifs. C'est maman-aux-cheveux-lâchés. Elle a une grande bouche. Elle est noire. J'essaie de reconstruire son visage étape par étape, mais même après avoir réuni assez d'indices pour me dire « OK, c'est elle », son image ne surgit pas dans mon esprit, et elle n'y reste pas non plus. Je me sens tellement vieux, et tellement las, brusquement. C'est épuisant de devoir constamment courir après les gens qu'on aime.

Elle commence :

– Inutile de te dire à quel point tu m'as déçue. Et mise en colère.

Toujours allongé par terre, je lève les yeux vers elle.

– Pas besoin, non.

– Il faut espérer qu'ils ne vont pas décider de porter plainte. Tu ne te considères peut-être pas comme un Noir et tu penses peut-être que les gens ne te voient pas comme un Noir, mais notre société traite les gamins de couleur plus sévèrement, c'est un fait. Et je ne veux pas que cette histoire te suive pour le restant de tes jours.

Nous restons un moment silencieux. Je pense à mon sombre avenir, soudainement mis en péril.

– Qu'est-ce que tu fabriques ?

– Je m'apprêtais à construire un robot en Lego pour Dusty, mais là, du coup, je suis en train de contempler l'étendue de ma connerie.

– C'est un bon début. Et comment comptes-tu arranger les choses ?

– Je ne suis pas sûr que ce soit possible. Je peux juste essayer de faire de mon mieux pour gérer l'après.

– Tu veux qu'on en discute ? Tu as quelque chose à me dire ?

– Pas ce soir.

Sans doute jamais.

Mon portable vibre sur le sol à côté de moi.

– Réponds. On pourra en reparler demain.

Peut-être.

Elle ajoute :

– Je t'aime quand même.

– Moi aussi, je t'aime quand même.

LIBBY

Il est près de neuf heures du soir lorsque Bailey s'en va. Comme je suis encore très remontée, je danse un peu avant de me mettre à mes devoirs. Je vide le contenu de mon sac à dos sur mon lit, puis je farfouille parmi les feuilles volantes, les cahiers, les stylos, les papiers de chewing-gum et tout le bazar que j'ai fourré là-dedans, y compris mon exemplaire de *Nous avons toujours vécu au château*, que je trimballe partout avec moi.

Enfouie dans tout ce fouillis, je repêche une enveloppe blanche.

Qu'est-ce que c'est que ça?

Je ne suis pas un salaud, mais je m'apprête à faire un truc vraiment salaud…

Au début, je crois qu'il invente. Je relis la lettre. Encore et encore.

C'est vraiment facile de croire que tout tourne autour de soi, surtout quand ça ne va pas. On se répète : *Pourquoi ça m'arrive à moi? Pourquoi je n'ai jamais de chance? Pourquoi le monde est si injuste? Pourquoi tout le monde me déteste?*

Ma mère me disait que, parfois, c'est juste parce qu'on croise la mauvaise personne au mauvais endroit au mauvais moment. Comme si cette personne avait une expérience à vivre, bonne ou mauvaise, et que, sans le vouloir, on en faisait partie, comme un accessoire, un second rôle dans la scène qu'elle joue.

Peut-être que cette histoire cauchemardesque concerne davantage Jack Masselin que moi. Peut-être que c'est arrivé pour lui donner une leçon sur la manière de traiter les autres.

Je m'assieds pour réfléchir un instant à cette théorie. C'est ce que faisait maman – considérer les choses sous tous les angles. Elle pensait que les situations, et les gens, étaient rarement tout noirs ou tout blancs.

Dix minutes plus tard, je suis en train de lire tout ce que je peux trouver au sujet de la prosopagnosie, ce qui me conduit à un artiste nommé Chuck Close, à l'auteur et neurologiste Oliver Sacks et à Brad Pitt. Selon mes sources Internet, ils sont tous atteints de cette «cécité des visages». Non mais sérieux… Brad Pitt?

Et si le monde entier en souffrait?

Si tout le monde avait ce trouble, alors il y aurait de l'espoir pour les braves. Personne ne dirait plus «tu es trop jolie pour être grosse» ou «elle est pas mal pour une grosse» parce que l'apparence n'aurait plus d'importance. Est-ce que les gens se soucieraient encore qu'on soit trop gros ou trop maigre? Grand ou petit? Peut-être. Peut-être pas. Mais en tout cas, ce serait un pas dans la bonne direction.

En cure d'amaigrissement, on devait essayer de se mettre dans la peau des autres – exactement comme Atticus qui dit à Scout : Tu ne comprendras jamais une personne tant que tu n'envisages pas la situation de son point de vue, tant que tu ne te glisseras pas dans sa peau et que tu n'essaieras pas de te mettre à sa place[1].

1. Ouvrage déjà cité page 9. (*N.d.T.*)

La peau… c'est fascinant, non ? Elle se détend, elle se rétracte. À un moment, je pesais le double – je veux dire, j'étais *deux fois* plus grosse que maintenant –, pourtant ma peau m'allait, comme elle me va maintenant. Bizarre.

J'essaie de me mettre dans la peau de Jack Masselin et de me voir à travers ses yeux. Est-ce que je suis si différente des autres ? Ou est-ce que je me fonds dans la masse ? Puis je m'imagine que je souffre de prosopagnosie. Comment je vois le monde autour de moi ?

J'ouvre un nouveau document pour écrire :

Cher Jack,

Merci de m'avoir expliqué pourquoi tu es un tel connard.

Je ne suis pas sûre que la prosopagnosie justifie que tu te comportes comme un salaud, mais au moins je suis contente d'apprendre que tu n'es pas pourri jusqu'à la moelle. Peut-être que tu n'es pas un cas désespéré.

Libby

PS : j'ai des questions à te poser.

JACK

À l'autre bout du fil, Kam s'extasie :

– Tu aurais dû voir ça. La tête qu'elle a faite quand tu t'es jeté sur elle et que tu t'es cramponné sans vouloir lâcher le morceau.

Je laisse échapper un petit rire jaune, genre je m'étrangle.

– Elle a dû avoir l'air surprise, mec.

– Ça, ouais, comme la meuf de *Psychose* quand Norman Bates débarque dans sa douche. Et alors… elle a dit quoi, Wasserman ?

– Oh… elle a été trop cool. Travaux d'intérêt général et groupe de parole. Pour plusieurs semaines.

– Putain.

– Je sais.

– Mais ça valait le coup.

– On voit que c'est pas toi qui vas devoir te taper tout ça.

Il éclate à nouveau de rire.

– Mais attends, y a mieux.

Super.

– Tu te rappelles la fille que les pompiers ont dû évacuer de chez elle y a quelques années ?

– Ouais, et alors ?

– C'est elle.

– Qui ?

– Libby Groby. C'est elle que t'as montée.

J'ai l'impression de me prendre un nouveau coup de poing en pleine face.

– T'es sûr ?

J'essaie de faire comme si je m'en foutais – mais le truc, c'est que je m'en fous pas du tout. J'ai même l'impression que je vais gerber sur les Lego.

– Oh oui, tout à fait sûr.

Je refais mon petit rire étranglé, encore pire que la première fois.

– T'as la voix rauque, mec.

– Je crois qu'elle m'a pété la gorge.

– Alors tu te souviens d'elle ?

– Ouais, ouais.

Dehors, tout le quartier est endormi. Je sors par la fenêtre pour grimper dans l'arbre qui sert d'échelle jusqu'au toit. Je me hisse au sommet puis, une fois là-haut, je me poste tout au bord de la gouttière. Ma station météo est près de la cheminée, toute de travers et battue par les vents. Quand j'avais six ans, je suis tombé du toit et je me suis ouvert le crâne. Machinalement, je porte la main à ma cicatrice.

Je la suis du bout des doigts en contemplant la rue. Si je reste planté là assez longtemps, je le revois – le trou béant dans la façade de sa maison.

TROIS ANS PLUS TÔT

JACK
14 ANS

Je rêve qu'il y a le feu dans ma rue. Et c'est le hurlement des sirènes qui me réveille. Je reste immobile dans mon lit, tendant l'oreille tandis qu'elles s'égosillent et se rapprochent de la maison. Dans l'obscurité de ma chambre, brusquement, le plafond clignote en rouge. Les sirènes se taisent. Sans même réfléchir, je bondis de mon lit, attrape quelques affaires dans ma commode et mon armoire.

Dans ma précipitation, je m'étale à plat ventre au beau milieu de l'entrée. Je ne vois pas mon père, mais je l'entends, qui me hèle depuis sa chambre :

– C'est pas chez nous. Retourne te coucher.

Pourtant, le rêve me paraissait si réel que j'ai du mal à m'en défaire. Alors je sors quand même. Dehors, l'air est froid mais pur. Pas d'incendie, pas de fumée. J'ai les bras chargés – la montre de mon grand-père, ma collection de cartes de base-ball, mon chargeur (sans le téléphone) – mais bien sûr pas de blouson.

C'est en face. Il y a toute une file de camions de pompiers, une ambulance, deux voitures de police garées devant. Ce doit être une arrestation de dealers, ou un labo de meth, peut-être même des terroristes. Ce serait dingue d'avoir une cellule terroriste dans notre rue, dans notre petite ville d'Amos, Indiana, où il ne se passe jamais rien.

– C'est chez qui ? demande ma mère dans mon dos.

– Les Grady, Grody..., marmonne mon père.

– Groby.

Ça, c'est Marcus qui a douze ans, presque treize, et qui sait tout.

Je poursuis sans lui laisser le temps :

– Les Groby ont déménagé y a des années.

La maison est vide. On ne voit plus jamais personne entrer ni sortir.

– Non, pas du tout.

Mon petit frère – Dusty, sept ans – arrive en sautant sur un pied.

– Tam et moi, on est allés voir l'autre jour, on a regardé par les fenêtres.

– Dusty !

Ma mère secoue la tête.

– Quoi ? On voulait voir la grosse fille.

– On ne dit pas « grosse », ce n'est pas poli.

– Pourtant, la maîtresse dit que « gros », c'est un adjectif, comme « beau » ou « joli ». Ce sont les gens qui l'emploient mal en disant « la ferme, mon gros » ou « regarde ce gros cul ! ».

Ma mère se tourne vers mon père, sourcils froncés, l'air de dire : « Tout ça, c'est ta faute. » Il gronde « Dustin » d'un ton menaçant, mais je vois bien qu'il se retient de rire.

Je suggère :

– Ta maîtresse, Mme Buckley ?

Dusty me regarde, toujours perché sur une patte. Il hoche la tête. Je hoche la tête.

– Exactement.

Mme Buckley est une femme monumentale.

– Jack, soupire ma mère.

Elle soupire tout le temps.

– Allez, on rentre. Il fait froid et vous avez école demain.

Si on ne l'arrête pas, elle va lister une centaine de raisons pour qu'on quitte cette pelouse.

Mais juste à ce moment-là, un autre camion de pompiers débarque, toutes sirènes hurlantes, suivi d'un camion blanc qui remorque une grue.

Une grue.

Nous regardons en silence les pompiers, les policiers et les ouvriers installer des spots énormes. La porte de la maison s'ouvre et se ferme, les gens s'affairent en tous sens, comme des fourmis – ils vont, viennent, arpentent la pelouse, bloquent la rue. Désormais, toutes les maisons voisines sont allumées et les spectateurs ébahis se pressent dans chaque jardin. Nous sommes juste en face, au premier rang.

Un homme vient vers nous, mains dans les poches, jetant des coups d'œil par-dessus son épaule à toute cette agitation.

– C'est inimaginable, hein ? me dit-il en désignant la maison du menton.

– Dingue, je réponds.

– Je croyais que la maison était vide, intervient mon père.

Et tous deux regardent, côte à côte. Ils ont l'air de se connaître. Puis, comme ma mère l'appelle Greg et lui demande des nouvelles de sa fille, Jocelyne, qui va à Notre-Dame, j'en déduis que c'est M. Wallin, notre voisin.

Je reste planté là, au milieu des camions de pompiers et des spots éblouissants, sous cette grue géante, à ruminer après mon cerveau bizarre, qui ne fonctionne pas du tout comme celui de Marcus, Dusty ou quiconque de ma connaissance. Si bizarre, si étrange que, depuis un an, j'écris une sorte de journal de bord du style « Voilà ce que je pense » – je ne raconte pas ma vie, je note juste mes impressions, parce que j'aime comprendre comment les choses fonctionnent. Les autres cerveaux sont simples, efficaces, ils accueillent sans problème M. Wallin et sa fille Jocelyne. Mais le mien semble se concentrer uniquement sur des sujets d'envergure – le base-ball, la physique, l'aéronautique. La présidence, peut-être, même. Voilà pourquoi je ne regarde pas beaucoup la télé – mon cerveau est trop occupé par tous ces sujets capitaux pour enregistrer les personnages.

Je vois arriver la camionnette d'une chaîne d'info d'Indianapolis. Et je me répète : *Des terroristes !* Sincèrement, qu'est-ce que ça pourrait être d'autre ?

LIBBY
13 ANS

J'ai l'impression que j'étouffe.

Comme si on m'étranglait.

Autour de moi, le monde a basculé. Il flotte, tout léger... En fait, c'est comme si j'étais dans l'espace. J'essaie de bouger la tête. Les bras. Les jambes. Impossible.

Quand j'étais petite, ma mère m'a lu l'histoire d'une petite fille qui vivait dans un jardin clos, et qui n'avait pas le droit d'en sortir. Ce jardin était tout ce qu'elle connaissait et c'était tout son monde.

Je pense à cette fillette, tandis que je m'efforce de respirer. Je vois le visage de mon père, mais il est à des années-lumière de moi, comme si je faisais le tour de la lune et qu'il était resté sur terre. J'essaie de me rappeler le titre de ce livre.

Il faut que je m'en souvienne. Absolument. C'est ce qui arrive quand les gens meurent. Ils commencent à s'effacer si on ne fait pas attention. Pas d'un seul coup, mais petit à petit.

Réfléchis.

Le père était italien.

Rappaccini.

La fille de Rappaccini.

Avait-elle un nom ?

Je tente de me redresser pour demander à mon père mais depuis l'autre bout de l'univers, il me dit :

– Ne bouge pas. Les secours arrivent, Libby.

Pas Libby, ai-je envie de répliquer. La fille de Rappaccini. Je suis là, dans mon jardin, le monde s'est arrêté de tourner, mon cœur s'est arrêté de battre, et je suis toute seule.

Puis j'entends quelque chose qui me fait revenir directement sur terre, dans cette ville, ce quartier, cette rue, entre ces quatre murs. On est en train de détruire mon jardin. Mon monde s'écroule !

JACK
14 ANS

Cinq heures plus tard, la moitié supérieure de la maison a été démolie à coups de marteaux-piqueurs et de scies circulaires. Les ouvriers ont monté un échafaudage et une sorte de longue passerelle menant à la fenêtre du premier étage. Ils ont installé des étais pour soutenir le toit, et à l'aube, ils déroulent une bâche noire autour de la maison – pour préserver l'intimité de ses habitants, j'imagine.

Visiblement, ils doivent sortir un truc de cette maison. Un gros truc.

Je vais me percher sur le toit pour voir par-dessus la bâche. Un énorme brancard – je ne sais pas très bien comment appeler ça – est sorti du camion et hissé sur la passerelle. Les secouristes vont et viennent, certains le maintiennent en place. Puis la grue s'incline et plonge ses griffes dans les entrailles de la maison.

L'arbre qui est devant ma fenêtre frémit et, soudain, une tête en surgit. Un gamin maigrichon vient s'asseoir à côté de moi.

– Pousse-toi un peu, m'ordonne-t-il.

Je lui fais une petite place et nous restons là, tous les deux. Nous regardons la grue ressortir. De ses griffes dépassent une paire de jambes et une paire de bras.

– Elle est morte ? chuchote Dusty.

– J'en sais rien.

Les bras s'agitent, les jambes se débattent. Comme Ann Darrow dans le poing de King Kong.

– On dirait bien que non.

La grue pivote pour se positionner au-dessus de la passerelle et tout l'échafaudage, puis le filin descend vers le brancard. Délicatement, comme si elle jouait au mikado, elle relâche sa prise. Les bras et les jambes appartiennent à une fille.

La fille la plus gigantesque que j'aie jamais vue.

– Je te l'avais bien dit, se vante Dusty.

LIBBY
13 ANS

Le ciel est clair, éblouissant. J'ai l'impression que c'est la première fois que je le vois. C'est si beau. Je suis en vie ! Je suis en vie ! Si je mourais maintenant, au moins, j'aurais vu le ciel ainsi, bleu, lumineux et pur.

J'ai encore un poids sur la poitrine, mais il s'est un peu allégé parce qu'il y a plein de gens gentils autour de moi et que je ne suis pas morte et que je ne vais pas mourir ici, dans cette maison. Je vais peut-être mourir dans le jardin mais, au moins, l'air est frais, je peux respirer, il y a des arbres et le ciel et les oiseaux et même un nuage tout cotonneux. Et un parfum, les fleurs, peut-être. J'ai envie de crier : « Regardez, Sam, Dean, Castiel ! Je suis dehors, comme vous ! » Ce sont mes seuls amis, même s'ils l'ignorent. Oh, mon Dieu, ça y est, je me remets à pleurer mais, à un moment, je dois m'évanouir parce que, quand je reviens à moi, je suis ballottée en tous sens – à l'arrière d'un camion. Même pas une ambulance, comme une personne normale. Au-dessus de moi, un sinistre plafond métallique a remplacé le bleu du ciel. J'ai tellement honte. Il a fallu combien de personnes pour me sortir de là ?

Je veux demander à mon père qui est adossé contre la sinistre paroi métallique, sursautant à chaque cahot, mais il a les yeux fermés et je n'arrive pas à articuler un mot. Soudain, je panique : *Et si je ne pouvais plus jamais parler?*

Papa ouvre les yeux et croise mon regard. Il me sourit, mais il n'a pas été assez rapide. Ma poitrine se serre à nouveau. Je n'ai pas envie d'être dans ce camion. Je veux être dans mon lit, dans ma chambre, dans ma maison. Je ne veux pas sortir. Je ne veux pas mettre un pied dans ce monde.

J'ai envie de crier : « Ramenez-moi à la maison, je vous en prie. Si elle est encore debout. »

Mais, soudain, une vague d'émotion me submerge. Une sensation de paix. C'est elle, c'est ma mère. Je ralentis ma respiration, pour que ça dure, pour qu'elle reste avec moi.

Vis, vis, vis, vis…, je la supplie intérieurement. Puis tout devient noir et, tout en partant, je me souviens :

La fille de Rappaccini…

Béatrice.

Elle s'appelait Béatrice.

JACK
14 ANS

Quand je rentre de l'école ce jour-là, il y a un véhicule d'une entreprise de sécurité garé devant la maison d'en face, avec un vigile au volant. Qui dort à poings fermés. Je vérifie que personne ne peut me voir, et je pénètre à l'intérieur.

Il n'y a plus que la moitié d'un salon. Un canapé gigantesque, défoncé au milieu comme un hamac. Une photo encadrée gît par terre – un homme, une femme et une petite fille. Cette dernière est un peu floue mais on voit qu'elle rigole. Sur la photo, elle est normale. De taille normale, je veux dire.

La cuisine est comme toutes les cuisines. Intacte, sous une fine couche de poussière de plâtre. Je vais d'abord voir dans le frigo, je ne peux pas m'en empêcher. Je m'attends à trouver un banquet digne de Henry VIII, mais il y a juste les trucs habituels – œufs, lait, viande sous plastique, fromage, sodas sans sucre, jus de fruit. Sur la porte, un magnet claironne : « Bienvenue en Ohio ».

Je fais le tour de la maison. C'est plus petit que chez nous. Je trouve facilement sa chambre. C'est celle qui a un grand trou dans le mur. Je n'ose pas entrer. Je reste sur le pas de la porte. Les murs – ceux qui restent – sont peints en mauve, couverts d'étagères du sol au plafond. Ça déborde de livres, des livres qui menacent d'envahir toute la pièce, peut-être même la maison entière.

Le lit occupe une position centrale. Il a dû être fait sur mesure. Un lit gigantesque qui prend presque toute la place avec son piétement métallique (en acier?), et des chaussons à côté. Ce sont ses chaussons qui me frappent. Ils sont si délicats... comme s'ils étaient à une petite fille de l'âge de Dusty. On dirait qu'une violente tornade a soufflé les draps à fleurs. Un des oreillers est tombé par terre. Il y a une pile de livres au pied du lit. Je me rends compte qu'il s'agit de six exemplaires du même roman, *Nous avons toujours vécu au château*, de Shirley Jackson, sous différentes couvertures. *Elle doit vraiment adorer ce bouquin.*

En partant, j'essaie de ne toucher à rien, sauf un exemplaire du Shirley Jackson et l'aimant de l'Ohio que je subtilise. Je ne sais pas pourquoi. Peut-être pour me sentir plus proche de la fille qui vit ici. Dehors, le vigile dort toujours; je cogne à la vitre pour le réveiller. Tandis qu'il la baisse, je lui glisse :

– Ouvre l'œil, mon pote. Imagine tout ce qu'il y a dans cette maison. Ils ont déjà assez morflé pour ne pas se faire tout piquer par des pillards.

Bien sûr, le livre et le magnet ne comptent pas.

Je frappe à la porte de la chambre de Marcus, puis j'entre. Les murs sont couverts de posters – surtout des joueurs de basket. Il a même un panier fixé sur la porte de son placard. Un type dégingandé aux cheveux en pétard est vautré par terre devant son ordi. Il joue à un jeu vidéo – du genre « Tire pour exploser tout le monde ».

Comme d'hab, je cherche les signes distinctifs : menton pointu, cheveux en bataille, air blasé. Je repère les détails et je les assemble, mon seul moyen de le reconnaître.

– Je peux te poser une question ?

– Quoi ? marmonne-t-il sans lever les yeux de l'écran.

– Comment fais-tu pour te rappeler les gens ? Pour les distinguer les uns des autres ?

– *Quoi ?*

– Prends Quilouche, par exemple.

– Elle s'appelle Patricia.

– Peu importe. Patricia. Comment tu fais pour la repérer dans la foule ?

– C'est ma petite amie.

– Je sais bien que c'est ta petite amie.

– Tu sais ce qu'elle me ferait si je n'arrivais pas à la repérer dans la foule ?

– Ouais, mais... qu'est-ce qui fait que tu te dis que c'est bien elle ?

Il met le jeu sur pause. Me dévisage pendant une minute entière.

– Je la regarde, c'est tout. Et je sais. Qu'est-ce qui te prend ? Tu perds la boule ou quoi ?

Je scrute le mur de joueurs de basket. J'aimerais lui demander s'il arriverait à les distinguer sans le numéro sur leur maillot. Quand je repose les yeux sur lui, il me dévisage toujours, mais ses traits ont changé et, pour moi, c'est un nouveau visage. Je soupire :

– Laisse tomber. Je blague.

Je retourne dans ma chambre prendre le vieux carnet que j'ai caché dans un tiroir. Je le feuillette. C'est là que je griffonne tous mes projets de construction. Je fais des croquis, des plans.

Mais entre les esquisses et les listes de matériel, il y a des passages comme celui-ci :

On est allés à la pizzeria Clara en famille. Je me suis perdu en revenant des toilettes. J'ai mis une éternité à les retrouver. Papa a dû me faire signe.

J'étais tellement crevé après le match de samedi (on a gagné) que je n'ai même pas reconnu Damario Raines quand il est venu me féliciter.

Et ainsi de suite, page après page. Rien d'extraordinaire au départ, sauf que mis bout à bout… En relisant tout ça, une étrange sensation m'enveloppe, comme une couverture. Mais pas chaude et réconfortante, plutôt le genre épais et qui gratte qu'on te met sur la tête avant de t'enfermer dans le coffre d'une voiture.

Il y a un truc qui cloche chez moi.

Et parmi toutes les personnes qui peuplent cette terre, j'ai l'impression que seule cette fille pourrait me comprendre. Je reste debout toute la nuit à me répéter : *J'espère qu'elle va s'en sortir.* Et même si les infos n'ont pas divulgué son identité et que je ne connais que son nom de famille, je lui écris une lettre pour le lui dire, je la glisse dans son livre préféré et je cherche l'adresse de l'hôpital sur Internet.

LIBBY
13 ANS

Le Dr Weiss est grand, maigre, et il ne pourrait sans doute pas prendre un gramme, même s'il le voulait. Il croit que j'ai essayé de me tuer. Je lui réponds :

– Si je voulais me suicider, il y a des moyens plus rapides.

Il reste planté devant mon lit d'hôpital, les bras croisés. Son expression est difficile à déchiffrer parce qu'il fronce les sourcils en même temps qu'il sourit.

– D'après votre père, ça fait six mois que vous êtes recluse chez vous, reprend-il.

– Ça dépend comment on compte. Depuis cinq mois et vingt-quatre jours, je suis trop grosse pour passer la porte. Mais la dernière fois que je suis allée à l'école, c'était il y a deux ans.

– Il faut qu'on éclaircisse deux points capitaux : pourquoi vous avez eu cette crise d'angoisse et pourquoi vous avez pris tant de poids. C'est ça, notre objectif. Ça va être tout un processus, ça prendra du temps, mais on va vous remettre sur pied.

Je jette un coup d'œil à mon père, assis dans un fauteuil à

mon chevet. Il sait aussi bien que moi quel est le pourquoi. C'est le grand choc de mes dix ans. La violence, la peur. Peur de tout, mais surtout de la mort. La mort soudaine, imprévisible. Et aussi de la vie qui me terrifie. Ce vide dans ma poitrine. Ne rien ressentir quand je touche mon visage, ma peau. Voilà pourquoi je me suis enfermée à la maison au départ. Et pourquoi je me suis mise à manger. Et pourquoi j'ai atterri ici. Mais ça ne veut pas dire que je veux mourir.

La veille de ma sortie de l'hôpital, l'infirmière m'apporte un paquet, sans adresse d'expéditeur. J'ai reçu beaucoup de lettres, mais aucun paquet. Alors je l'ouvre. Surtout que mon père n'est pas là pour me l'arracher des mains.

À l'intérieur, il y a une note manuscrite, sans nom ni signature et un exemplaire de mon livre préféré. Un exemplaire qui m'appartient, avec mes initiales sur la page de garde et les passages que j'ai surlignés.

J'ai pensé que tu aimerais avoir ça.

Contrairement aux autres, ce message est amical.

Je veux que tu saches que je suis avec toi.

Pour la première fois depuis très longtemps, quand je touche ma peau, je sens quelque chose.

Lorsque Rachel Mendez, ma coach et aide-soignante, arrive, je pose le livre et lui confie ce que j'ai envie de dire depuis si longtemps mais que personne ne veut entendre. Je cherche un article de presse sur mon téléphone. Mon premier portable, celui que mon père m'a acheté pour que je puisse l'appeler si j'ai besoin de quoi que ce soit.

J'agrandis la photo de moi, prise le jour de mon évacuation.

– Cette fille, dis-je, ce n'est pas moi. Je ne ressemble pas à ça.

Je pense que Rachel peut comprendre parce qu'elle a fait mine d'être hétéro durant tout le lycée alors qu'elle savait depuis la quatrième qu'elle était lesbienne.

– Ce n'est pas moi.

Son regard s'éclaire.

– Super. On va voir si on peut trouver qui tu es vraiment.

MAINTENANT

LIBBY

Lorsque j'ouvre mon casier avant ma première heure de cours, quelque chose en tombe et atterrit sur ma chaussure. C'est une feuille pliée en trois. Je la regarde un moment parce que je sais d'expérience qu'une feuille pliée ainsi, ce n'est jamais bon signe.

Je finis par la ramasser pour la déplier à l'intérieur de mon casier, hors de la vue des autres.

La plus grosse ado d'Amérique évacuée de chez elle.

C'est un article pris sur Internet. On me voit en photo, toute floue, tractée à travers mon jardin par les secouristes.

Au verso, il y a un cliché pris hier à la cafèt. À côté de mon visage écarlate en gros plan, quelqu'un a écrit : Félicitations ! Vous avez été élue plus grosse élève du lycée !

Je ferme la porte et appuie mon front contre le métal du casier. J'ai chaud, la tête qui tourne. C'est toujours comme ça que ça commence.

C'est sans doute ce qu'elle a ressenti le jour où elle a filé à l'hôpital, non? C'est comme ça que ça a commencé…

Le métal me rafraîchit juste un instant, mais il devient vite plus chaud que ma peau et j'ai peur de me brûler. Je me concentre pour relever la tête jusqu'à ce qu'elle soit à nouveau bien droite sur mon cou. Le couloir tangue. Je rouvre mon casier, je fixe le portemanteau, mes livres, mon petit coin à moi, mon univers. Je respire.

En première heure, Mick de Copenhague bavarde avec moi, mais j'ai du mal à l'écouter parce que je suis en train d'écrire ma lettre de démission à la proviseure.

Chère madame Wasserman,
Merci de m'avoir donné ma chance. Hélas, je me trouve dans l'impossibilité de poursuivre ma scolarité à Martin Van Buren parce que ce lycée est plein d'imbéciles.

Je barre tout ça et je réécris :

à cause d'une invasion massive d'imbéciles.

Ou une infortunée épidémie d'imbécillité ?

Je demande son avis à Mick de Copenhague.

– Qu'est-ce qui sonne mieux? Une invasion massive d'imbéciles ou une infortunée épidémie d'imbécillité ?

Il rit et les coins de ses yeux se plissent comme des rayons de soleil.

– Libby Groby. T'es incroyable. Je suis complètement dingue de toi.

Ça en fait au moins un.

JACK

Dans la catégorie « journées pourries », celle-ci se classe en tête de liste.

« Tu trouves ça drôle de t'en prendre aux femmes ? »

« Ça te fait rire, le harcèlement ? »

« Les troubles du comportement alimentaire, c'est pas de la rigolade, connard. »

J'ai envie de leur répondre : « J'ai pas fait ça pour vous énerver, putain. »

J'entends aussi beaucoup de :

« C'était dément. T'es un génie, mec ! »

« Bien joué, mon pote. T'assures grave. »

Et quelques :

« Jolies lèvres, Masselin. Et l'autre mec, il est dans quel état ? Oh, non, attends, l'autre FILLE ! »

« Hé, Mass ! Évite de brancher [insérez le prénom d'une petite élève de seconde toute frêle], elle risque de t'éclater la tête ! »

La seule bonne nouvelle, c'est que je n'ai aucune idée de qui me crie quoi.

Caroline Lushamp me donne la main entre la première et la deuxième heure et, quand on m'insulte, elle me glisse : « Ignore-les. » Tout à coup, elle est redevenue la douce Caroline d'autrefois et je me concentre sur la sensation de sa main dans la mienne.

LIBBY

Au fil de la journée, d'autres articles atterrissent dans mon casier. J'essaie de voir les choses du bon côté : au moins, mes camarades se servent d'Internet pour autre chose que les réseaux sociaux et le porno. Mais, pour être honnête, ce n'est pas vraiment réconfortant. En fin de matinée il devient évident que tout le monde, même le personnel d'entretien, sait que je suis la fille-qu'on-a-dû-sortir-de-chez-elle-avec-une-grue. La version moderne de Mary Typhoïde. À chaque cours, je me retrouve toute seule dans mon coin, à croire que les kilos en trop sont contagieux.

Il y a des lustres, quand je recevais plein de lettres d'insultes, mon père a contacté un avocat qui nous a dit de tout conserver au cas où ça dégénérerait et que le pire se produise – comprendre : si j'étais assassinée. Comme ça on aurait une liste de suspects potentiels.

Journaliste : Vous êtes inquiète ? Craignez-vous pour votre sécurité ?

Moi : Je suis contente que vous me posiez la question. Je devrais sans doute avoir peur, mais sincèrement je pense que ceux qui écrivent ces lettres sont plus à plaindre qu'à craindre. D'après mon expérience, les gens qui ont le plus peur sont ceux qui se cachent derrière des mots haineux et menaçants.

Je fourre les articles dans mon sac à dos. Je ne pense pas que quiconque dans ce lycée ait l'intention de me tuer, mais on ne sait jamais.

Je retourne à la cafétéria même si c'est bien le dernier endroit au monde où j'ai envie de traîner. J'ai à peine franchi le seuil que six cents têtes se tournent vers moi d'un seul mouvement. Six cents bouches se mettent à murmurer. Mille deux cents yeux me suivent. Je sens mon souffle quitter le navire, style : « Chacun pour soi. Bonne chance, t'es toute seule sur ce coup-là ! » Je continue quand même, un pas, deux pas, trois pas. Je les compte comme me l'ont appris mes coachs et mes thérapeutes.

Trente-sept pas jusqu'à la table ronde près de la fenêtre, où sont installées Iris, Bailey et Jayvee de Castro. J'agrippe le dossier de la chaise, il est si solide et réconfortant sous mes doigts que j'ai envie de rester debout et de m'y cramponner de toutes mes forces. Mais je m'assieds quand même en disant :

– Quelle bonne blague, hein ?

Bailey répond, tout bas, à cause des oreilles qui traînent :

– Je connais Jack depuis la cinquième et je ne l'aurais jamais cru capable de faire un truc pareil. Bon, d'accord, ce n'est pas un élève modèle : l'an dernier, Dave Kaminski et lui ont kidnappé un seconde et l'ont enfermé sur le toit, près des toilettes du premier.

– Walt Casey…

Jayvee secoue la tête et ses cheveux au carré émettent un petit froufrou soyeux.

– Le pauvre…

Iris lève les yeux.

– Pourquoi ? Qu'est-ce qu'il a ?

– Il est… à côté de la plaque.

Jayvee se tourne vers un garçon, assis tout seul à l'autre bout de la cafèt, qui doit être ce pauvre Walt. Comme pour illustrer son propos, il met justement un doigt dans son nez.

Bailey poursuit :

– Mais, franchement, si tu m'avais raconté l'histoire et demandé qui était derrière, je n'aurais jamais soupçonné Jack Masselin. Jamais. Il y a des tas d'autres gars que j'aurais mis en tête de liste avant lui. Dave Kaminski, Seth Powell. Les frères Hunt, évidemment. Reed Young, Shan Oguz et Sterling Emery…

Et ainsi de suite, elle cite un par un tous les garçons de l'univers.

– Je pense qu'il est sincèrement désolé d'avoir fait ça.

Elles se tournent toutes vers moi.

– Il n'a pas réfléchi. Il a fait un truc stupide et il s'en veut vraiment.

– Tu es en train de le défendre ? s'étonne Iris.

– Non, j'essaie de me mettre à sa place.

– Ah, je te reconnais bien là, Atticus Finch !

Jayvee lève le bras pour me taper dans la main.

– Mais s'il m'avait fait ça à moi, je l'aurais massacré.

Faut pas la chercher, Jayvee.

– Vous n'avez jamais fait quelque chose que vous avez regretté ensuite ?

Je pose la question en regardant Bailey.

– Euh… ça compte, la photo de classe de l'an dernier ? demande Jayvee.

Je picore le déjeuner que mon père m'a si tendrement préparé, avant de le repousser carrément. Je ne peux rien avaler. Pas là, avec tous ces gens qui me fixent.

– Et vous savez que Terri Collins déménage ? Elle part dans le Minnesota, annonce Iris.

Le carré de Jayvee froufroute.

– Pauvre Terri.

– C'est une Damsels, non ?

Jayvee lève un doigt pour corriger :

– *C'était.*

JACK

À la cafèt, Kam, Seth et les autres idiots que j'appelle mes amis ne parlent que de ça. Seth rejoue même la scène pour ceux qui l'auraient manquée.

– Putain, Mass ! s'exclame l'un des idiots.

Il y a une note d'admiration dans sa voix. Il est impressionné, ça se lit sur son visage.

J'esquisse un demi-sourire, comme si j'étais trop cool pour sourire vraiment, en levant la main, style : « Et ouais, t'as vu ça ? La classe. »

– C'est pour ça que tu es toi et que je suis moi, mon pote.

Je tape dans la main de Seth avant de me replonger dans la contemplation de la grosse fille près de la fenêtre, qui doit être Libby Groby.

À un moment, je sens les yeux de Kam posés sur moi.

– Qu'est-ce que tu regardes ?

– Rien.

Il se tourne vers la fenêtre, reste planté là un instant, puis se retourne vers moi.

– Tu sais, des fois, je ne te comprends vraiment pas. Je me

demande si tu es aussi salaud que nous autres ou s'il y a un cœur qui bat dans cette cage thoracique rachitique…

Je lui adresse un sourire forcé.

– Je ne peux pas être aussi salaud que vous, impossible.

C'est pour ça que j'aime Kam malgré tout. Il n'est pas si con et, un jour, dans quinze ou vingt ans, ce pourrait même être un mec bien. On ne peut pas en dire autant de toute la bande.

Plus Seth et les autres me félicitent, me disent que je suis trop génial et éclatant, plus je me sens minable. C'est là qu'une bande de filles s'approche. Elles se ressemblent toutes. Même coiffure, même rouge à lèvres, mêmes vêtements, même corps. Leur chef me lance :

– Pourquoi tu ne t'attaques pas à quelqu'un de ta taille, Jack Masselin ?

Et elle me vide sa canette de soda sur la tête.

Quelqu'un crie :

– Non, pas les cheveux ! Tout sauf les cheveux.

Hilarité générale.

Je me lève d'un bond, tout dégoulinant, sous les applaudissements, tandis que la fille tourne les talons.

Kam me glisse alors :

– Si tu ne t'en prenais qu'à des gens de ta taille, tu devrais te limiter aux secondes, j'en ai bien peur.

Puis il tire sa flasque, ôte le bouchon et – pour la première fois – m'en propose.

– J'espère que c'est du jus d'orange, fait une voix de femme dans mon dos.

Je me tourne vers Kam qui répond :

– Évidemment, madame Chapman. La vitamine C est non seulement essentielle pour notre croissance, mais elle nous protège également du scorbut.

Monica Chapman secoue la tête, puis, devant tout le monde, elle se penche vers moi en disant :

– Je voulais m'assurer que tu allais bien.

Elle me toise, tout trempé, au milieu d'une mare de soda.

– Ça va impec, merci.

– Ça ne va sûrement pas être une journée facile pour toi.

Elle baisse d'un ton, mais hélas, c'est encore pire. Comme si elle complotait avec moi. Comme si on partageait un secret.

– C'est toujours facile de se liguer contre quelqu'un en le jugeant. Mais même quand on a fait quelque chose de mal, on ne mérite pas forcément ce jugement…

Là, brusquement, il est question d'elle, et non plus de moi. L'élastique qui comprimait mon vieux cœur glacé claque et, sans un mot, je lève le camp.

LIBBY

Je sors prendre l'air. Respirer enfin alors que je retiens mon souffle depuis plus d'une heure. *Tu es retournée sur le lieu du crime et tu as survécu.* Maintenant que je respire à nouveau, c'est goulûment. Ce soudain afflux d'oxygène dans mes poumons et mon cerveau me fait tourner la tête. Il faut que je surveille ma tension. C'est une question de vie ou de mort. Sérieusement. De vie. Ou de mort. Parce que ça peut commencer comme ça. La tension qui monte en flèche, des vertiges, puis adieu, Libby.

Ça arrive dans certaines familles.

Et hop, la machine à remonter le temps que j'ai dans la tête me ramène à ce jour funeste.

Je suis au chevet de ma mère à me demander comment on a pu en arriver à cette situation : elle, inconsciente dans un lit.

– Elle a l'air paisible, me dit mon père sur le trajet de l'hôpital. Comme si elle dormait.

En soins intensifs, elle est connectée à tout un tas de tubes et de fils, avec une machine qui la fait respirer. Je ne sais pas quoi faire, alors je m'assieds à côté d'elle et je lui prends la main. Elle est encore chaude mais pas autant que d'habitude. Je la serre dans la mienne. Pas trop fort, de peur de lui faire mal. Elle a la tête en arrière, les yeux ouverts, comme si elle venait de se réveiller. Elle n'a pas l'air paisible. Elle a l'air vide.

Je dis :

– Je suis là. Je t'en prie, ne pars pas. Je t'en prie, reste. Réveille-toi. Je t'en supplie. Ne m'abandonne pas. Je t'en prie, je t'en prie, je t'en prie. Si quelqu'un est capable de revenir, c'est bien toi. Je t'en prie, reviens. Je t'en prie, ne pars pas. Ne me laisse pas toute seule, je t'en supplie.

Parce que si elle part, je serai si seule.

Devant le lycée, le ciel est bleu et blanc, mais l'air frais est doux comme un baiser contre ma peau brûlante.

Je sors un marqueur de mon sac, je cherche une petite place sur mes baskets et j'écris :

Garde la tête haute et les poings baissés[1].

J'ordonne à mon cerveau de se concentrer sur le bon côté des choses. Personne n'a essayé de me chevaucher comme un taureau furieux à la cafèt aujourd'hui. On dirait bien que j'ai trois vraies amies, et Terri Collins part dans le Minnesota. *Les Damsels vont chercher une remplaçante*. Malgré tout, je ne peux chasser de mon esprit l'impression persistante que je n'ai pas ma place ici.

Je pense à Mary Katherine Blackwood de *Nous avons toujours vécu au château*. J'ai toujours adoré ce personnage, j'avais de la peine pour elle parce qu'elle est décalée et bizarre, comme moi… et, je pense, incomprise. Mais soudain, j'ai le sentiment étrange de m'être trompée. Peut-être vaut-il mieux qu'elle se soit retirée du monde. Peut-être n'était-elle pas taillée pour vivre parmi les autres. Peut-être est-il préférable pour elle de rester recluse dans cette maison à jamais.

---

1. Ouvrage déjà cité page 9. (*N.d.T.*)

JACK

Dans la marée humaine, je vois une fille gigantesque venir vers moi. C'est elle, Libby Groby. Sur son passage, des pestes échangent des coups de coude et murmurent – je saisis juste les mots « Rodéo Grosso ». Elles la fixent et voilà que je réalise : c'est ma faute. J'ai peint une énorme cible rouge dans son dos.

Sous leurs yeux écarquillés, elle s'arrête devant moi et me tend un papier.

– Tiens.

Les commères sont prises d'un fou rire et j'entends déjà radio ragots se mettre en marche.

LIBBY

Après les cours, je descends l'escalier qui mène au sous-sol sinistre où se trouve le vieux terrain de basket, qu'on utilisait avant la construction du gymnase à un million de dollars pouvant accueillir dix mille spectateurs. Jack Masselin est affalé dans les gradins, en train de bavarder avec Travis Kearns, de mon cours d'éducation routière, une fille aux longs cheveux bruns et un garçon au crâne rasé, qui doit être Keshawn Price, notre basketteur vedette. Tous les trois sont suspendus à ses lèvres. Il lève les yeux, me voit mais continue à parler.

Ou alors il ne m'a pas vue, même si on peut difficilement me rater.

Je m'assieds à l'écart, au premier rang. Ce gymnase doit faire six cents places, et une sorte de mélancolie s'en dégage, parce qu'il est à l'abandon. À chaque rire qui monte du petit groupe au-dessus de moi, je me sens de plus en plus invisible. Deux autres élèves arrivent, mais je ne connais pas leurs noms. La fille s'installe à côté de moi et le garçon dans la rangée du dessus.

– Moi, c'est Maddy, dit-elle en se penchant vers moi.

– Libby.

– Tu es là pour le groupe de parole ?

Mais juste à ce moment-là, M. Levine rapplique.

– Bonjour, bonjour ! Merci à tous d'être là aujourd'hui.

Il se plante devant les gradins, les mains sur les hanches. Il porte un nœud papillon orange et des baskets assorties. Mis à part ses cheveux gris, on pourrait le prendre pour un élève.

– Bon, que ce soit bien clair. Je ne vais pas vous faire un petit discours sur l'importance de la tolérance, l'égalité et le fait que vous êtes tous dans la même galère, parce que je sais que vous n'êtes pas des crétins sans aucun sens moral. Je pense que vous êtes des individus intelligents, mais qui ont fait des choses stupides. Qui veut commencer ?

Nous restons muets. Même Jack Masselin ne la ramène pas. M. Levine poursuit :

– Si on commençait par : « Pourquoi êtes-vous ici ? » La vraie raison, pas « c'est Mme Wasserman qui m'envoie ».

J'attends que quelqu'un réponde, mais comme personne ne dit mot, je me lance :

– Je suis ici à cause de lui, dis-je en désignant Jack.

M. Levine secoue la tête.

– Non, en réalité, vous êtes ici parce que vous avez vandalisé les locaux de l'établissement et que vous l'avez frappé.

– Bravo, commente l'un des garçons.

– La ferme, l'interrompt Jack.

– Messieurs… et j'emploie ce terme au sens large.

M. Levine pose les yeux sur moi.

– Vous auriez pu vous contenter de partir.

– Vous seriez parti, vous ?

– Ce n'est pas moi qu'il a agressé.

– OK…

Je prends une profonde inspiration.

– Alors si je vous dis que je suis ici parce que j'ai perdu mon sang-froid. Parce que, quand on vous saute dessus comme ça, on panique, surtout s'il y a des tas de témoins et que personne ne fait un geste pour vous secourir et que tout le monde a l'air de trouver ça drôle. Je suis là parce que je me suis demandé si ça allait s'arrêter là ou s'il allait me faire autre chose.

Les autres nous regardent tour à tour, Jack et moi.

M. Levine hoche la tête.

– Jack, mon cher, voulez-vous réagir ?

– Non, non, ça va.

Voilà ce qu'il répond : « Ça va. » Affalé là, avec son air blasé et sa grosse touffe de cheveux, trop imbu de lui-même pour participer.

– S'il n'a rien à dire, alors je continue.

Si je suis douée pour un truc en ce bas monde, c'est bien les groupes de parole et les thérapies. Je pratique depuis des années, je sais parler de moi et manier le comment du pourquoi. Même devant une bande de parfaits inconnus.

M. Levine approuve :

– Pas de problème. La parole est à vous, Libby.

– Après l'évacuation de ma maison, je suis allée à l'hôpital, mais même lorsque ma santé s'est améliorée, le médecin a refusé de me laisser sortir. Il disait que je ne pouvais pas partir tant que je n'avais pas compris le pourquoi. Pourquoi j'avais atterri là. Pourquoi j'avais pris autant de poids.

M. Levine ne m'interrompt pas, il écoute attentivement. Et les autres aussi, même Travis Kearns. Je continue à parler, parce que j'ai fait ça des centaines de fois. À tel point que ça ne fait presque plus partie de moi ; c'est une vérité extérieure à moi. « Libby a trop grossi. Libby a dû être évacuée de chez elle. Libby s'est fait soigner. Libby a guéri. » S'il y a quelque chose que j'ai appris de la mort de ma mère et de ces années de thérapie, c'est qu'il vaut toujours mieux dire ce qu'on a sur le cœur. Quand on essaie de tout garder pour soi, on finit terrassé par le fardeau, cloué au lit, incapable de se relever ou même de se retourner.

– Le pourquoi, c'était tout un tas de choses. D'abord, avoir hérité du métabolisme très lent de mon père et de sa forte carrure. Et puis avoir passé toutes mes récrés de primaire à me faire maltraiter. Puis la mort de ma mère, si soudaine, et la peur, et la solitude et l'angoisse, toujours l'angoisse. Et la tristesse de mon père. Mon père qui aimait tant manger et cuisiner. Et moi qui voulais lui faire plaisir et lui qui voulait me faire plaisir.

J'entends un « putain, miss » de la part de Keshawn avant que M. Levine ne conclue :

– Très bien, Libby.

Quelques élèves applaudissent.

– Merci.

Bizarrement, ça me touche, pas les applaudissements, mais l'approbation de M. Levine. Je me soucie de ce qu'il pense de moi.

– Comme je suis restée pas mal enfermée chez moi, j'ai eu le temps de réfléchir à tout ça. Beaucoup de temps.

Nous regardons tous Jack, mais il ne dit rien.

Alors M. Levine se retourne vers moi.

– Et sinon, pourquoi l'avez-vous frappé ?

J'ai envie de répliquer : « Non, mais regardez-le ! Il se croit parfait. Il n'a jamais eu un souci de sa vie. D'accord, il a ce trouble qui l'empêche de reconnaître les gens, mais personne ne lui a jamais dit qu'il était gros, immonde ou répugnant. Personne ne lui a jamais envoyé de messages haineux ni conseillé de se suicider. Ses parents n'ont jamais reçu de lettres d'insultes à cause de lui. Et il a ses deux parents. Je doute qu'il sache ce que c'est de perdre quelqu'un qu'on aime. Les gens comme nous, on ne peut pas l'atteindre, il est trop bien pour nous, pour moi, pour les autres, pour cette punition. Sans compter que ses amis sont d'absolus crétins. »

J'ai envie de répondre : « Et pourquoi je ne l'aurais pas frappé ? »

Mais je n'ai pas d'autre réponse que :

– Parce que j'étais en colère.

Et je vois bien à l'expression de M. Levine que ça ne suffit pas. Je la connais, cette expression. C'est la tête que font les thérapeutes lorsqu'ils vous analysent, lorsqu'ils connaissent la réponse avant vous, mais qu'ils ne veulent pas vous la donner parce que vous devez la trouver vous-même.

JACK

Quand vient mon tour, je dis :

– Si je suis là, c'est parce que je suis le roi des connards, le plus salaud de tout l'univers.

Le gars au nœud pap, qui doit être M. Levine, réplique :

– En langage civilisé, s'il te plaît, Jack.

Je me penche en avant, fixant le sol. Comme si je cherchais les mots justes. Et c'est vrai. Mais c'est surtout parce que je ne peux pas le regarder dans les yeux. Parfois, j'ai envie de les fermer pour ne plus voir. Parce que, parfois, ne pas voir les visages, c'est presque comme ne pas voir du tout.

– C'est quoi, ton pourquoi ? insiste M. Levine.

– Je n'ai pas de pourquoi, seulement un : « Oh, putain, mais qu'est-ce qui m'a pris ? »

Je le gratifie de mon plus beau sourire, mais soudain je croise le regard de Libby. On se regarde droit dans les yeux. *Elle a lu ma lettre. Elle peut me démasquer, là, maintenant si elle veut.*

J'attends qu'elle dise quelque chose. Mais comme ça ne vient pas, je m'éclaircis la voix.

– Franchement, je regrette.

Et là, je suis sincère.

Après le groupe de parole, elle me rejoint sur le parking, alors que je suis en train de monter dans le Land Rover, portable à l'oreille.

– Quand est-ce que tu l'as glissée là ?

– Quoi ?

– La lettre.

Je dis dans le téléphone :

– Je te rappelle.

Et je raccroche au nez de Caroline alors qu'elle braille :

– À qui tu parles ?

Puis je me tourne vers Libby afin de répondre :

– Quand je t'ai sauté dessus.

– Tu pensais vraiment que ça allait tout arranger comme par magie ?

– Pourquoi ? Ça n'a pas marché ?

– À ton avis ?

– Ça ne coûte rien d'essayer.

Je lui souris, mais elle secoue la tête en agitant son index sous mon nez.

– Arrête ça tout de suite.

– D'accord. Restons terre à terre alors. Tu as dit que tu avais des questions à me poser. Vas-y. Tu peux me demander ce que tu veux.

Mon portable vibre dans ma poche.

– Depuis combien de temps sais-tu que tu as ce problème de reconnaissance des visages ?

– Je m'en suis aperçu vers quatorze ans. Je n'ai pas eu la révélation du jour au lendemain, attention. C'est plutôt l'aboutissement d'un processus. J'ai dû rassembler les indices, ça m'a pris du temps.

– Donc tu vois mon visage, mais tu ne peux pas te le rappeler.

– Oui, en quelque sorte. Ce n'est pas que tous les visages se confondent… je repère les yeux, les nez, les bouches. Mais je n'arrive pas à les associer avec une personne en particulier. Toi, tu peux prendre une photo mentale de quelqu'un et la garder en mémoire pour une prochaine fois. Alors que moi, si je prends ce cliché, il va directement dans la corbeille. Là où il te faut une ou deux rencontres pour mémoriser quelqu'un, il m'en faudra une centaine… et peut-être même que je n'y arriverai jamais. C'est comme une sorte d'amnésie. Ou comme si tu essayais de distinguer les gens d'après leurs mains.

Elle regarde ses mains, puis les miennes.

– Alors il suffit que tu détournes les yeux un instant, quand tu te retournes, tu ne me reconnais plus ?

– Je sais bien que c'est toi, mais je n'arrive pas à m'en convaincre… Je dois recommencer le processus, me dire : Ça*, c'est Libby.* Je sais, ça paraît dingue.

Ce qui est dingue, c'est d'être là en train de discuter de ça avec quelqu'un d'autre que moi-même.

– C'est vrai que tu as du mal à regarder la télé ou même un film parce que tu n'arrives pas à distinguer les personnages ?

– C'est comme pour les gens, certaines émissions me donnent plus de fil à retordre que d'autres. Les films d'horreur et les dessins animés, c'est facile. Les policiers pas trop. Je suis sans arrêt en train de me demander : *C'est qui le méchant?* Et *D'où il sort, celui-là ?*

Je la regarde, j'ai le cœur battant, je suis chargé d'adrénaline à bloc. C'est un peu comme si elle m'interviewait, mais ça ne me dérange pas parce que c'est la première fois que j'aborde le sujet avec quelqu'un… et en réalité, j'éprouve un vrai sentiment de liberté ! Enfin quelqu'un va peut-être comprendre qui je suis vraiment.

– Mais ça fait quoi… d'être comme ça ?

– C'est comme si j'avais un cirque dans la tête et que je devais sauter d'un cerceau dans l'autre. Comme entrer dans une pièce bondée où tu ne connais personne… à chaque fois que tu franchis une porte.

Ses yeux étincellent.

– Comme lorsque tu reviens en cours après cinq ans d'absence et que tu essaies de voir si tu connais untel ou trucmuche, mais tout le monde a tellement changé que même les gens que tu connaissais te sont étrangers.

– Tu ignores ce qui leur est arrivé entre-temps, ce qui fait ce qu'ils sont maintenant. Et tu es la seule personne dans ce cas.

– Alors que le reste de la classe est cool. Ils se connaissent tous depuis toujours, et voilà.

– Ouais.

Elle a de longs cils, de grands yeux marron très clair. Couleur ambre ou whisky. J'ai du mal à me dire que c'est la fille de la grue. Même si celle qui se tient devant moi est grosse, elle me semble beaucoup plus délicate.

– Est-ce que tu t'es déjà demandé si, au fond, ce n'était pas tous les autres qui voyaient le monde différemment ? Et que finalement, toi, tu voyais peut-être les gens tels qu'on était censés les voir ?

– Moi, je me raccroche aux signes distinctifs. Tout le monde en a au moins un.

– C'est pour ça que tu as une telle touffe de cheveux ?

– Pas du tout, c'est parce que c'est trop la classe, miss.

Elle marmonne un petit *mmm* pas convaincu, puis penche la tête, plisse le front et déclare :

– J'ai l'impression qu'on se connaît. D'avant, je veux dire.

Mon pouls s'emballe. Il se met à vibrer à la manière de mon portable. Je supplie intérieurement : *Non, on se connaît pas, on ne se connaît pas...* comme si je pouvais contrôler son esprit et l'empêcher de découvrir que j'étais là quand elle a été évacuée de chez elle. Si elle l'apprend, elle risque de penser que je me moque d'elle parce que je l'ai vue ce jour-là et que c'est pour ça que je lui ai sauté dessus.

– En élémentaire, tu étais à Westview ?

– Non, miss.

Avant que je puisse poursuivre, mon portable vibre à nouveau.

– Il faut peut-être que tu décroches. Il y a quelqu'un qui veut vraiment te parler.

– Non, ça peut attendre.

Elle me dévisage encore un peu, puis enfin, elle secoue la tête comme pour passer à autre chose.

– J'ai souvent l'impression de croiser des visages familiers ces derniers temps.

– C'est parce que tu es bien entourée. Ou pas, ça dépend comment on voit les choses.

Je souris.

Elle me rend presque mon sourire mais se reprend.

– Moi, avec ce problème, j'ai l'impression de perdre en permanence les gens que j'aime.

Elle reste silencieuse un instant.

– Je sais ce que c'est, déclare-t-elle avant de s'en aller.

En rentrant à la maison, je vais chercher mon frère et nous fouillons le garage à la recherche de pièces pour le robot. C'est là que je stocke les restes de tout ce que j'ai fabriqué puis démonté.

– Alors, ta journée de cours, ça a été ? je demande.

– Ouais.

– Ouais ouais, ou ouais bof ?

– Entre les deux.

LIBBY

Je retrouve Rachel au parc. Une fois assise à côté de moi sur notre banc habituel, elle me demande :

– Alors... pourquoi tu l'as frappé ?

Parce que je veux être normale. Je veux vivre ma vie comme les autres sans qu'on me saute dessus dans la cafèt comme si j'étais un taureau de rodéo.

Je me raisonne : *Vas-y, c'est la seule à qui tu peux tout dire. Elle te connaît mieux que personne.*

Mais je ne réussis à articuler qu'un :

– Parce que j'étais en colère.

Puis je pense à trois autres questions que j'aimerais poser à Jack.

Le lendemain, M. Levine est en train de marquer des paniers lorsque nous arrivons dans le gymnase.

– Ah, vous voilà ! s'exclame-t-il. Parfait. Keshawn, Travis, Jack et Libby, vous jouez contre Natasha, Andy, Maddy et moi.

– On joue à quoi ?

– Au basket, monsieur Thornburg.

Il lance le ballon à Keshawn qui la rattrape d'une seule main.

– On ferait peut-être mieux de se mettre tous contre Keshawn, suggère Jack. Ce serait plus équitable.

– La ferme, Mass.

Sans grande surprise, Keshawn marque un panier de l'autre bout du gymnase.

Pendant que la Libby au Bois Dormant sommeillait, il est devenu l'imbattable champion de basket du lycée.

– Ce qui compte, ce n'est pas de gagner ou de perdre. On ne compte pas les points. L'important, c'est le travail d'équipe.

M. Levine sautille sur place comme sur un ring de boxe.

– Tout le monde dans cette pièce doit apprendre à mieux interagir avec les autres.

Évidemment, c'est Keshawn qui remporte l'entre-deux. Nous courons d'un bout à l'autre du terrain car, mis à part lui, nous sommes tous nuls, même les plus sportifs d'entre nous. C'est vraiment la misère et la honte, et la seule chose que nous apprenons, c'est à nous faire humilier en public.

Chaque fois que Keshawn marque un panier, c'est comme s'il avait remporté un championnat. Il aboie sur les joueurs de son équipe, il dribble dans son dos, entre ses jambes, saute, tire... Franchement, c'est impossible. M. Levine finit par lui prendre le ballon en disant :

– Pas la peine de nous faire une démonstration, Keshawn. L'idée, c'est de jouer en équipe. S'entraider, se serrer les coudes. Comprendre qu'on est tous ensemble dans la même galère, OK ?

Et il marque un panier à trois points.

– Tu vas sur la touche, champion.

– Quoi ?

– Tu peux rester assis dans les gradins cinq minutes, ça ne va pas te tuer.

– Putain…

Keshawn s'éloigne en traînant les pieds.

Nous attendons qu'il quitte le terrain, puis qu'il s'asseye, une éternité plus tard.

Natasha lève les yeux au ciel. Secoue la tête.

– Si ça peut te consoler, je vais sortir du jeu aussi, décide M. Levine. Comme ça, ils seront à égalité. Faut savoir se sacrifier, pas vrai ?

Keshawn le regarde, puis il jette un coup d'œil à Natasha qui hausse un sourcil.

– Bien sûr, m'sieur.

Nous sommes donc trois contre trois désormais. Nous gardons la main jusqu'à ce que Jack fasse une passe à Andy, qui est dans l'équipe adverse. Celui-ci tire et marque. Keshawn se lève d'un bond.

– Tu déconnes ou quoi, Mass ?

– Attention au langage, lui rappelle M. Levine.

Jack marmonne que le ballon lui a échappé.

Quand ça se reproduit quelques minutes plus tard, j'ai bien peur que Keshawn explose.

– C'est pour la bonne cause, se vante Jack.

– Qu'est-ce que tu veux dire par là ? s'emporte Andy.

Jack hausse les épaules. Fait son petit sourire en coin.

– Je trouvais juste que ton équipe avait besoin d'un coup de pouce.

Andy lui jette le ballon, un peu trop fort. Ils se toisent, hérissés comme deux chats de gouttière dans une ruelle.

– Tu sais quoi ? T'as qu'à garder le ballon, Masselin. Je le reprendrai dans moins d'une minute.

– Ça suffit, tous les deux, les coupe M. Levine.

Après ça, Andy et Jack essaient de gagner le match chacun de leur côté. Andy crie sur Natasha et Maddy. Jack ne passe plus le ballon, il le trimballe simplement d'un bout à l'autre du terrain pour tirer dès qu'il peut. Mais à un moment, Natasha le bloque dans un coin et Jack est bien obligé de se débarrasser du ballon. Et il le passe… à Andy. *À nouveau!* Dans les trente secondes suivantes, Andy marque un panier dément. Et bouscule Jack au passage.

– De rien, lui lance celui-ci, sarcastique.

Andy se plante devant lui, prêt à lui mettre son poing dans la figure. Jack reste là, comme s'il n'attendait que ça. Du coup, M. Levine s'interpose et nous sort son discours sur l'entente cordiale, le fair-play et les émotions.

C'est le moment que je choisis pour regarder Jack. Il me regarde aussi. Et je comprends ce qui se passe : il confond Andy avec Travis. Même carrure, même taille, même coupe de cheveux, même couleur de T-shirt.

J'essaie de m'imaginer que je ne connais ni Travis ni Andy, que chaque fois que je détourne les yeux, j'oublie qui est qui…

En même temps, je me dis : *Laisse faire la nature, Libby. Après tout, il a bien mérité de se payer la honte devant ses potes, et même devant l'univers tout entier, non?*

Pourtant, quand le jeu reprend, je me retrouve à lui crier :

– Hé, Jack! Passe-moi le ballon!

Alors que je suis la pire joueuse de basket du lycée, et peut-être même du monde.

Mais au lieu de me la passer, il traverse le terrain tout seul. Lorsqu'il a de nouveau le ballon entre les mains, je saute en l'air en lui faisant signe.

– Je suis là!

Il me jette un de ces regards…

Très bien, si tu ne veux pas de mon aide.

Mais il commet une faute. Alors que nous sommes côte à côte à regarder Maddy faire des lancers francs, je lui glisse :

– Allez, passe-moi ce ballon avant que M. Levine décide de nous garder une heure de plus.

Une minute plus tard, il me lance le ballon. Dès que je commence à dribbler, Maddy me le prend, mais lorsqu'il me le relance, je tire… et miracle, je marque un panier !

JACK

Je tiens la porte tandis que tout le groupe sort sur le parking. On leur a mis treize points dans la vue et Keshawn porte Natasha en triomphe comme une coupe de la NBA.

Lorsque Libby me frôle, ça me fait penser au soleil. C'est peut-être son shampooing ou son parfum, ou tout simplement son odeur à elle. Je me demande si elle sentait le soleil avant d'être évacuée de chez elle ou si c'est venu après, une fois de retour dans le monde.

Elle lève les yeux vers moi en disant :

– Tu devrais vraiment parler de ton problème à quelqu'un.

– C'est fait.

Je suis agacé parce qu'elle m'a sauvé la mise. Comme si j'étais une demoiselle en détresse. Visiblement, c'est le cas.

– À quelqu'un d'autre que moi. Tu ne doit pas être le seul dans ce cas. Je sais que tu as sûrement l'impression que si, mais statistiquement, ce n'est pas si rare que ça. En tout cas, pas aussi rare que d'être obèse au point de se retrouver prisonnier de sa maison. Tu es allé sur le site des centres de recherche sur la prosopagnosie ?

Ils proposent une carte à avoir toujours sur toi pour la tendre aux gens et expliquer ce dont tu souffres. Je ne dis pas que ça va résoudre tous tes problèmes, mais c'est un début.

Dans la voiture, en quittant le lycée, j'appelle Caroline :

– Salut, beauté !

– Tu viens chez moi ?

– J'peux pas.

– Pourquoi ?

– J'ai du boulot.

– Plus tard, alors…

– J'ai des tas de trucs à faire ce soir. Mais demain, on sort. Une super-soirée. Mémorable.

– Qu'est-ce qui t'occupe tant que ça ? Ou devrais-je dire « qui » ?

– Je suis en train de construire le cadeau de Noël de Dusty.

– En *septembre* ?

– Je le *fabrique* moi-même.

Elle se tait.

– Caro ? Bébé ?

– T'aurais jamais dû sauter sur cette fille. Libby Groby.

– Je regrette aussi, crois-moi. Je me plais à croire que je suis au-dessus de toutes ces conneries. Alors imagine ma déception.

– Et avec toutes ces heures de retenue, on ne peut presque plus se voir. Ça me gâche la vie.

Ah…

J'ai envie de lui demander : « Tu peux me passer la gentille Caro, s'te plaît ? », mais à la place je soupire :

– Désolé, bébé. Je te promets qu'on va rattraper ça.

LIBBY

Nous sommes sur la nationale, au niveau de la fac, quand soudain une vague d'angoisse me submerge et je ressens ce vide dans mon cœur, ce vide qui est apparu à la mort de ma mère. C'est ça, le deuil, ça vous prend par surprise. Vous êtes là, tranquille, en voiture, en cours ou au cinéma, à rire, à passer un bon moment et, soudain, c'est comme si quelqu'un fourrait son poing dans la blessure pour vous serrer le cœur de toutes ses forces. Je nous revois, mon père et moi, rentrer à la maison par cette même route, le soir où on l'a perdue. Nos voitures se croisent et, au passage, j'aperçois nos visages à travers le pare-brise. Nos visages de fantômes.

Je jette un regard à mon père.

– Qu'est-ce qu'il y a, Libbs ?

Je me retiens de répondre : « C'est elle. Toujours. Le fait de savoir que la vie peut basculer d'un instant à l'autre. Cette angoisse qui m'étreint au moment de dormir, la nuit. Qui fait que je dois me forcer à respirer, le jour. »

– Rien, rien.

Je pose mes mains sur mes genoux, les doigts sur le poignet, l'air de rien, alors qu'en réalité je prends mon pouls.

Respire. Calmement. Y a pas de quoi s'affoler.

– C'est sympa de la part de Bailey d'être passée. Elle a toujours été très gentille.

– Oui.

– Tu sais, tu peux inviter des amis à la maison quand tu veux.

– Toi aussi. Maman n'aurait pas voulu que tu restes tout seul.

Je l'entends presque : « Pleure-moi le temps qu'il faut, Will, mais n'arrête pas de vivre. »

– Je ne suis pas seul, réplique-t-il avec son sourire un peu forcé.

– Je ne vais pas rester à la maison éternellement.

– Je suis très bien comme ça.

Je ne le crois pas vraiment, mais je préfère dissiper le malaise.

– Tu as déjà entendu parler de l'agnosie visuelle ?

– Quoi ?

– La prosopagnosie, c'est quand tu n'arrives pas à reconnaître les visages, même ceux de ta famille ou de tes amis.

– Tu étudies ça au lycée ?

Jack Masselin m'a demandé de n'en parler à personne, et même si ça me coûte, j'entends tenir cette promesse.

– Oui, j'ai un exposé à faire.

JACK

Au lieu de vérifier l'inventaire ou de m'occuper des commandes, comme je suis censé le faire sur l'ordinateur du magasin, je consulte le site des centres de recherche sur la prosopagnosie. Il y en a trois : un à Dartmouth, un à Harvard et l'autre à l'université de Londres, dirigés par un certain Brad Duchaine. J'ai déjà entendu parler de lui, mais je n'ai jamais vraiment exploré le site. Je passe donc un long moment à lire leurs explications sur ce trouble, dont je suis presque sûr de souffrir.

Comme on peut s'y attendre, la prosopagnosie peut susciter d'importantes difficultés relationnelles…

Les premiers cas remonteraient à l'Antiquité…

L'un des symptômes de la prosopagnosie est de se fier aux signes distinctifs autres que les traits du visage tels que la coiffure, la carrure, les vêtements, la voix…

Tout ça, je le sais déjà. Je parcours *Face à face*, leur lettre d'infos, puis je fais le test de reconnaissance des célébrités. Le président, Madonna, Oprah Winfrey. Ce n'est pas la première fois que je fais ce genre d'exercice, pourtant ma seule réponse correcte est Martin Luther King Jr. Et encore, j'ai répondu un peu au hasard.

Je clique sur l'onglet «contacts».

Si vous pensez être atteint de prosopagnosie ou d'autres troubles de la reconnaissance et souhaitez intégrer un programme de recherche scientifique, merci de nous contacter via notre formulaire en ligne. Nous essaierons de vous intégrer à l'une de nos études ou de vous mettre en relation avec des chercheurs de votre secteur.

Je lance la messagerie, qui est connectée sur le compte de mon père. Et là, au grand jour, au vu et au su de n'importe qui, je tombe sur un mail de Monica Chapman. Envoyé onze minutes plus tôt. Alors que j'étais en train de faire des recherches sur mon cerveau endommagé. Sujet : Jack. Moi. Genre, mon père discute de mon cas avec Monica Chapman.

Je fixe tour à tour mon nom, le sien, celui de mon père.

Si je l'ouvre, voilà ce qui va se passer : j'en saurai plus que je n'en sais déjà, ce qui veut dire que j'aurai encore plus de secrets à garder que maintenant.

Pourtant, je l'ouvre.

Et je le regrette aussitôt.

J'ai vu Jack, il a l'air tellement plein de colère. Est-ce qu'il voit quelqu'un ? Je sais qu'il va au groupe de parole de Levine après les cours, mais tu devrais peut-être lui trouver un praticien qui puisse le recevoir individuellement. Je peux te fournir une liste. Les psys du lycée sont très bien, mais j'en connais d'autres. On va arranger ça. Tu n'es pas seul. Je t'aime. M.

Je baisse les yeux. J'ai les mains qui tremblent. Là, je suis au bord de la combustion spontanée, comme Polonus Vorstius, ce chevalier italien, qui a pris feu après avoir bu trop de vin.

Je tape furieusement :

Chère M., si Jack est en colère, c'est à cause de toi et de moi. La seule chose qui pourrait l'aider, c'est qu'on stoppe tout net cette relation. Peut-être que je devrais arrêter d'être aussi égoïste. Si je t'aimais vraiment, je demanderais le divorce, ou du moins j'avouerais tout à ma femme, je lui dois bien la vérité. Et à toi aussi. Sans doute notre amour est-il plus fort que tout, même si j'en doute, mais peu importe. Il faut que j'arrête de jouer les gros lâches. Pas étonnant qu'il soit furieux. Tendrement, N.

Je ne l'envoie pas, mais je le laisse ouvert, comme ça, mon père le verra.

Ensuite, je cherche quelques livres sur la prosopagnosie et le cerveau, et je les commande, en payant avec sa carte. Puis je me connecte sur ma messagerie pour écrire un mail à Brad Duchaine.

Je m'appelle Jack, je suis en terminale, et je suis presque sûr d'être atteint de prosopagnosie. J'ai peur de ne pas arriver à continuer à vivre ainsi. Tous les gens qui m'entourent sont des étrangers à mes yeux, même moi. Je vous en prie, aidez-moi.

Et je l'envoie. Je le regrette immédiatement, mais ça y est, il est parti. Je n'ai plus qu'à attendre en espérant que, peut-être, peut-être, cet homme puisse me dire quoi faire.

LIBBY

J'ai conservé l'exemplaire de *Nous avons toujours vécu au château* qu'un Bon Samaritain m'avait envoyé à l'hôpital. Il est dans ma table de nuit. Je me sers de la lettre qui l'accompagnait comme marque-page.

Je veux que tu saches que je suis avec toi.

Parfois, c'est tout ce qu'on a besoin d'entendre, même de la bouche d'un parfait inconnu. Je pense à tous les gens à qui je pourrais dire cela : mon père, Rachel, Bailey, Iris, Jayvee, M. Levine, Mme Wasserman, M. Dominguez, mes camarades du groupe de parole, peut-être même Jack.

Puis je sors mon formulaire de candidature des Damsels, je le relis pour vérifier que j'ai bien répondu à toutes les questions et rempli toutes les cases. Je le range soigneusement dans mon sac à dos. Et je me mets à danser.

JACK

Personne n'ouvre la bouche de tout le dîner à part Dusty, qui veut passer l'audition pour jouer *Peter Pan* à l'école. Marcus tripote son portable sous la table, pourtant maman ne lui dit rien. Je suis occupé à faire comme si tout allait bien, comme si je n'avais pas du tout envie de coller mon poing dans la figure de mon père tandis que lui est occupé à faire genre : « Une maîtresse ? Quelle maîtresse ? »

Il vient me voir plus tard, dans la salle de bains, alors que je suis en train de me brosser les dents.

Il me lance à voix basse :

– Tu n'aurais pas dû lire mes mails. Je suis désolé que tu sois tombé là-dessus, mais tu dois respecter mon intimité. Tu ne peux pas comprendre, comme ça, hors contexte, c'est plus compliqué que ça en a l'air… mais je suis désolé.

Je prends tout mon temps. Je me rince la bouche, je m'essuie sur une serviette. Et enfin, je me tourne vers lui. Je le dépasse de deux ou trois centimètres, sans compter ma crinière de lion.

– Tu ne peux pas te servir de la maladie pour excuser l'inexcusable.

Bien sûr, c'est valable pour moi aussi. Mais ça, il l'ignore.

Je rêve que je vais d'aéroport en aéroport, perdu dans une véritable marée humaine. À tel point que je n'arrive plus à respirer ni même à bouger. Tous les visages qui m'entourent se confondent – pas de nez, de bouche ni de sourcils pour les distinguer. Je cherche un visage familier, n'importe qui, et plus je cherche, plus ma gorge se serre, moins je peux respirer.

Et soudain je la vois. *Libby Groby*. C'est une grue qui la descend du plafond, énorme, incontournable. Je ne vois plus qu'elle. Et c'est la seule qui ait un visage.

SAMEDI

JACK

Les vestiaires sont immenses. Ça sent la pisse et les pieds. Un peu comme Travis Kearns, dont le signe distinctif est sa puanteur de putois, à cause de toute l'herbe qu'il fume. C'est clairement le dernier endroit où on aurait envie de passer son samedi. Pourtant, on est là, tous les sept, avec M. Sweeney (grosse bedaine, coupe de footballeur des années 80, favoris, un peu boiteux). Chacun part avec son pinceau et je m'installe dans un coin parce que je n'ai pas envie de faire la conversation.

À midi, on fait une pause déjeuner. Sweeney nous accorde trois quarts d'heure pour manger sur les gradins, qu'on doit repeindre le week-end prochain. Je m'assieds à l'écart. Ces gradins sont tellement vieux et écaillés que ça me coupe l'appétit… Franchement, à quoi bon les repeindre ?

J'ouvre ma canette de soda en fermant les yeux. Le soleil est chaud. *Profites-en, petit soldat, je me dis. Tant que tu peux encore.*

Je me suis presque assoupi quand j'entends hurler encore et encore :

– Laissez-moi tranquille !

C'est une voix que je connais. Qui hurle et tempête comme une corne de brume. J'ouvre les yeux et j'aperçois un grand gars qui s'enfuit en boitillant, poursuivi par une horde de mecs. Ils ont tous à peu près mon âge, sont blancs, interchangeables. Je n'en reconnais aucun, mais cette voix rauque, je crois bien que c'est Jonny Rumsford.

On est ensemble depuis la maternelle ; à l'époque, on le surnommait Rum. Il a toujours été plus grand que les autres, une sorte de gentil géant. Depuis que je le connais, juste parce qu'il est un peu lent, un peu maladroit, un peu simplet, les gamins s'en prennent à lui comme une meute de hyènes attaquant un buffle.

Je les vois, ils sont en train de lui crier dessus, même si je n'entends pas ce qu'ils disent. Et le gars-qui-m'a-bien-l'air-d'être-Rum fait le dos rond, comme s'il essayait de rentrer sa tête dans les épaules. Un des mecs lui lance un truc, qui l'atteint à l'arrière du crâne. Soudain, je me vois à travers les yeux des autres : je suis l'une de ces hyènes ricanantes, balançant des trucs sur des gens qui ne l'ont pas mérité.

Je pose mon sandwich et je décolle comme une fusée. Au début, croyant que je me rue sur lui, Peut-être-Rum se fige, complètement terrifié. Les gars lui jettent tout ce qui leur tombe sous la main – pierres, canettes, n'importe quoi. Je fonce dans le tas. Ils n'ont même pas le temps de me voir venir. L'un d'eux tombe à la renverse. Brusquement, ils ne rigolent plus du tout.

– Qu'est-ce qu'il vous a fait ? je demande en désignant Rum. Hein ?

– Qu'est-ce qui te prend, Mass ?

Évidemment, ils me connaissent. Ces crétins sont sans doute mes potes.

– Dites-moi. Qu'est-ce qu'il vous a fait ?

L'un des types se plante devant moi. Il est aussi grand et un peu plus large que moi. Mais je ne recule pas parce que je suis beaucoup plus énervé.

– Sérieux, Mass ? C'est toi qui nous donnes des leçons ? Qu'est-ce qu'elle t'avait fait, la grosse ? Hein ? Dis-moi ce qu'elle t'avait fait !

Un autre me lance :

– Alors, c'est cool, les travaux d'intérêt général, Ducon ?

Je ne réfléchis pas un seul instant. Je passe direct à l'action. Peut-être parce que je suis en colère. Contre tout le monde. Et surtout contre moi. Je me sens de taille à affronter l'univers tout entier, là, maintenant.

Je m'adresse à Rum :

– Rentre chez toi, Jonny. File.

Puis je me retourne et je frappe le premier type que j'aperçois. Il tombe par terre. Un autre s'approche de moi, j'enchaîne. Même quand je ne sens plus mes poings, je cogne encore et encore. J'ai l'impression que mon esprit a quitté mon corps pour flotter au-dessus et que je regarde la bagarre de l'extérieur, comme si je n'étais pas concerné.

Je me dis : *Si ça se trouve, le dysfonctionnement cérébral qui m'empêche de reconnaître les visages s'est propagé et je ne sais même plus ce que je fais ni où je suis… Si ça se trouve, mon cerveau est foutu et je ne serai plus jamais moi-même…*

J'ignore combien de temps s'est écoulé, mais à un moment, je sens qu'on me tire par le bras. Je me retourne et voilà que je redescends sur terre. C'est Libby Groby qui m'entraîne en arrière.

L'un des gars se met à crier :

– Pitié, ne me fais pas de mal, Libby Grobide ! Ne me touche pas !

Il fait mine de pleurer, le visage dans les mains.

– Ne m'appelle pas comme ça, réplique-t-elle.

– Comment ça ? Grobide ?

J'interviens froidement :

– C'est pas à elle que tu t'adresses, j'en suis sûr.

– Elle sait très bien à qui je m'adresse.

Son ton me déplaît, je lui colle mon poing dans la figure. Puis un grand mec noir à la tête rasée me rejoint et toise la meute de hyènes.

– Vous feriez mieux de vous casser, parce que mon pote là, il va vous tuer. Et si c'est pas lui, ce sera moi.

Ça ne peut être que Keshawn Price.

Tandis qu'ils se dispersent, le mec-qui-doit-être-Keshawn les regarde s'éloigner.

– Hé, mec, t'es aussi bête que t'en as l'air.

C'est à moi qu'il parle.

– Si Sweeney t'avait vu, qu'est-ce qu'il aurait fait, à ton avis ?

– Il est à l'intérieur. Il a rien vu. Allez, venez.

Libby m'entraîne vers les gradins.

– Ta lèvre, elle s'est remise à saigner.

Je ne me rappelle même pas avoir reçu un coup. Je jette un coup d'œil dans la rue. Au loin, Rum est en train de traverser le pont qui le ramènera chez lui.

LIBBY

Il nous reste un quart d'heure de pause. Jack Masselin se laisse tomber sur les gradins, avec sa lèvre qui saigne sur sa chemise. Il a le regard dans le vide, perdu au loin. Je le dévisage, essayant à nouveau de me mettre à sa place.

Je m'imagine à la maison, que mon père rentre, et que je ne le reconnaisse pas. Ou bien que ma mère revienne miraculeusement à la vie et que je ne sache même pas que c'est elle. À la place de Jack Masselin, je me sentirais carrément seule. Et paniquée. Comment savoir à qui je peux me fier ?

Je m'assieds à côté de lui en disant :

– C'est encore moi, Libby.

Ce n'est sans doute pas la peine, car je sors du lot, même pour quelqu'un qui ne distingue pas les visages.

Il fixe la rue, comme s'il cherchait la bagarre. Le sang coule sur son menton et sur sa chemise. Comme il ne fait pas un geste pour l'essuyer, je lui tends une serviette en papier.

– Non merci.

– Prends-la. Vaut mieux pas que Sweeney te pose des questions.

Il se tamponne le menton avec la serviette en retenant un gémissement, puis plaque sa canette dessus comme un pain de glace. Il me glisse un regard.

– C'est à cause de moi ?

– Quoi ?

– Libby Grobide ? C'est ma faute ? À cause du rodéo ? J'aimerais savoir si je dois m'en vouloir encore plus.

– Non, ce n'est pas toi. C'est Moses Hunt qui n'a pas changé depuis le CM2. C'est toujours le même.

– Moses Hunt. Super.

Les frères Hunt sont aussi célèbres que les Dalton. Ils sont au moins cinq, peut-être plus, leurs parents n'arrêtent pas de se reproduire. Par ordre de naissance, Moses est parmi les derniers, bien qu'il ait l'air d'avoir quarante ans grâce à sa vie de gros dur, ses dents en moins et sa méchanceté crasse.

– Ça va ? me demande Jack.

– Disons qu'on a des comptes à régler, tous les deux. Je regrette un peu de ne pas t'avoir laissé le tuer, mais sinon… ça va.

Juste un peu secouée.

Le cœur qui bat la chamade, la gorge serrée, mais ça va.

– Merci de m'avoir défendue.

Jack secoue la tête en jetant un nouveau regard vers la rue. Nous restons assis là quelques instants. Il regarde la rue, et moi, je le regarde. Au bout d'un moment, je dis :

– Fais attention ou tu risques de te heurter à plus en colère que toi.

– Je doute que ça existe.

Ce n'est pas Jack le charmeur qui parle. C'est un garçon écrasé par le poids de la vie. Une fois de plus, j'essaie de me mettre à sa place. Je fais ça pour Atticus et pour ma mère.

– Si tu ne fais pas attention, tu vas trop manger et te retrouver coincé chez toi. Crois-moi. Tu penses que personne ne te comprend et ça t'énerve encore plus. Tu te demandes : « Pourquoi ils ne voient rien ? Pourquoi personne ne me dit : "Hé, tu as l'air de porter toute la misère du monde sur ton dos. Laisse-moi porter ce fardeau à ta place un moment." » Mais c'est à toi d'appeler au secours.

Et brusquement je mets à crier :

– Allez, vas-y ! Ouvre-la si tu as quelque chose à dire !

Les autres délinquants se retournent vers moi, surpris. Je leur adresse un petit signe de la main.

– Tu es d'une grande sagesse, miss.

– Oui, tout à fait. Plus que tu ne l'imagines. J'ai eu énormément de temps pour lire, regarder des talk-shows et réfléchir. BEAUCOUP. Tellement de temps pour réfléchir… Parfois je passais ma journée à me triturer l'esprit.

– Et toi, qu'est-ce qui te met en colère ?

– Les gens bêtes. Les gens faux. Les gens méchants. Mes cuisses. Toi. La mort. Les cours de sport. J'ai tout le temps peur de mourir. En permanence.

Il se penche pour mieux me regarder.

– Ma mère est morte quand j'avais dix ans. Elle s'est levée un matin, comme tous les matins, je suis partie à l'école, mon père au travail. Et je lui ai juste dit que je l'aimais parce qu'elle me l'avait dit la première. Elle est allée à l'hôpital parce qu'elle avait des vertiges. Le temps qu'elle arrive, ça allait mieux, mais les médecins lui ont quand même fait passer des examens.

Il pose sa canette mais ne dit rien.

– Elle était en train de leur parler quand soudain… plus rien. C'est arrivé en un clin d'œil. Consciente…

Je claque des doigts.

– … Inconsciente. Les médecins ont dit que c'était une

hémorragie cérébrale dans l'hémisphère droit du cerveau. Quelque chose qui a pété.

– Comme un anévrisme ?

– Oui. Mon père est venu me chercher à l'école. On est allés à l'hôpital pour que je puisse lui dire au revoir. Mon père leur a dit de débrancher les machines et, une demi-heure plus tard, elle est morte. L'une des infirmières m'a dit : « Ça arrive dans certaines familles. » Du coup, j'ai eu peur que ça m'arrive. Et j'ai encore peur.

Je vérifie mon pouls.

Ça a l'air d'aller.

– Ce soir-là, je me suis couchée en me disant : « Hier soir, elle était là. Ce matin, elle était là. Et maintenant, elle est partie. Pas juste pour quelques jours, pour toujours. Comment quelque chose d'aussi irréversible peut arriver aussi soudainement ? Sans prévenir. Sans aucun signe précurseur. Pas le temps de finir ce qu'on a à faire. Même pas le temps de dire au revoir. »

Ses sourcils sont froncés, formant un *V* sur son front. Il me regarde comme s'il voyait au fond de mon cœur, de mon âme.

– Voilà, désormais toi aussi, tu sais un truc que je n'ai jamais dit à personne.

– Je suis désolé, pour ta mère.

– Moi aussi.

Je fixe mon déjeuner. Je n'ai pas faim du tout. Autrefois, je mangeais tout ce que j'avais sous le nez sans me poser de questions.

– Comme ça, on est quittes.

– Tu crois ?

– Pas question que tu me rendes mon coup de poing si c'est que tu espérais.

Il rit.

– Pas du tout.

Puis une minute plus tard, il reprend :

– Qu'est-ce qui est écrit sur tes baskets ?

Je tends la jambe pour lui montrer.

– Des citations que j'aime bien.

Il désigne la plus récente, au feutre violet : Encore plus de poids.

– Ça vient d'où ?

– Ce sont les derniers mots de Giles Corey dans *Les Sorcières de Salem*, quand il a été jugé puis torturé, écrasé sous le poids des pierres qu'on posait sur sa poitrine. C'était une forme de provoc.

M. Sweeney rapplique pour nous crier de retourner à l'intérieur.

Alors que nous ramassons nos affaires avant de nous diriger vers la porte, Jack demande :

– Moses Hunt et qui d'autre ?

– Ceux qui s'en sont pris à Jonny Rumsford ?

Il acquiesce.

– Son frère Malcolm et aussi Reed Young.

– Malcolm ?

Cette fois, c'est moi qui hoche la tête.

– Putain, c'est le pire de tous.

– Et je crois que les deux autres sont en terminale.

– Merci.

Il fourre ses mains dans ses poches.

– Y a pas de quoi.

Le soleil fait scintiller son incroyable tignasse et là, *vlan !*

Tout à coup.

Sans prévenir.

Je prends brutalement conscience du fait que c'est un garçon et qu'il est tout près de moi. Ses longues jambes. Sa démarche fluide, aisée, comme s'il marchait sur l'eau. Et en même temps décidée, ce qui lui donne l'air encore plus grand qu'il ne l'est. Rares sont les garçons de son âge qui marchent comme ça. *Avec un tel style.*

C'est comme si je m'apercevais seulement maintenant que c'est un homme. J'ai chaud, le dos qui ruisselle de sueur. Je pense à Pauline Potter qui s'est débarrassée de ses kilos en trop en faisant l'amour. Je regarde ses mains tout en me disant : *Stop! Arrête de regarder ses mains. Qu'est-ce qui te prend? C'est ton ennemi. Bon, peut-être pas un ennemi, mais il est hors de question que tu l'envisages sous cet angle.*

Je réalise alors qu'il est en train de me parler. Je me concentre sur ce qu'il dit :

– Tu me plais, Libby Groby. J'ai toujours eu envie de toi. C'est pour ça que je t'ai sauté dessus.

Ou alors peut-être qu'en fait, il a dit :

– Ça ne se voit pas, mais je souris de l'intérieur.

– Je te rends ton sourire intérieurement, dis-je.

J'essaie de rester impassible, même si ce n'est pas moi qui ai la lèvre fendue... mais je n'y arrive pas. Bizarrement, j'ai envie de sourire au monde entier.

JACK

Il est minuit lorsque je raccompagne Caroline chez elle. Sur le pas de la porte, je la prends par la taille et l'attire contre moi. Mais elle est toute raide, comme un manche à balai ou une statue de marbre. J'ai envie de lui demander pourquoi elle est comme ça, si dure, coincée et méchante. Et où est passée Caro la geekette d'autrefois, et si l'autre jour, c'était bien réel ou juste une passade, et si cette Caroline flambant neuve a avalé tout rond l'ancienne. Je crierais bien : « Hé, ho ? Y a quelqu'un là-dedans ? » Mais à la place, je la serre dans mes bras, fort, très fort, pour essayer de faire sortir la Caro sympa, timide et geek.

– Ouille ! proteste-t-elle. T'es toujours trop brusque.

Elle me repousse.

– Elle aurait plus d'amis si elle n'était pas aussi soupe au lait.

– Qui ?

– Libby Groby.

Elle a passé la soirée à me parler de Libby – pendant le dîner, au ciné, dans la voiture.

Je m'esclaffe, parce que venant de Caroline, c'est à mourir de rire.

– Je ne vois pas ce qu'il y a de drôle.

– Non, ce n'est pas drôle. Mais c'est un peu l'hôpital qui se fout de la charité…

– Non, pas du tout.

Elle croise les bras.

– Vas-y, raconte.

Laisse tomber. Dis-lui ce qu'elle a envie d'entendre.

Sauf que je n'en peux plus. Elle est épuisante, je suis épuisant, on est épuisants. Ça fait quatre ans que je lui dis ce qu'elle a envie d'entendre.

– Tu sais quoi ? Je t'appelle plus tard.

– Si tu t'en vas maintenant, Jack, ce n'est pas la peine de revenir. Tu ne peux pas me planter et me rappeler comme si de rien n'était.

– OK. Compris.

Je suis chargé d'énergie, sur les nerfs, comme si j'étais en train de faire quelque chose d'essentiel, qui allait changer le cours de ma vie. Je me dis *tu as besoin d'elle*, pourtant je monte dans le Land Rover et je démarre.

Je file directement à la décharge publique. Je saute par-dessus la clôture et je m'aventure entre les montagnes de déchets, mais personne ne me dit rien parce qu'il est tard, qu'il fait noir et que, de toute façon, je suis seul. C'est dingue, tout ce qu'on peut trouver : de vieilles plaques d'immatriculation, des tonnes de vis et de boulons, un pare-chocs en métal. Pour moi, le trésor suprême, ce sont les engrenages. Petits ou grands, peu m'importe – les engrenages sont la source d'énergie de presque toutes les machines, ce qui leur donne force et vitesse.

Je farfouille un moment, tranquille, comme si j'étais la seule âme à des kilomètres à la ronde. Mais le cœur n'y est pas. Ni la tête. Ma vie ressemble déjà trop à cela – faire du neuf avec du vieux, recycler les restes des autres pour en tirer un truc nouveau et tout frais.

Dans l'allée devant chez moi, je sors mon portable. Treize textos et un message vocal de Caroline en une heure. Un texto de Kam. Un autre de Seth. J'ouvre ma boîte mail et j'attends que ça charge. Je suis en train de penser à Libby lorsque je le vois. Cet e-mail. Reçu à dix-huit heures trente-cinq.

Une réponse de Brad Duchaine du centre de recherche sur la prosopagnosie de Dartmouth.

LUNDI

LIBBY

Heather Alpern et les Damsels s'entraînent sur le terrain de foot avant la première heure de cours. Debout sur la touche, je les regarde. Pétrifiée. Les voilà ! Les Damsels auront soixante-cinq ans cette année. L'équipe a été fondée par deux élèves qui adoraient danser. Au départ, il y avait vingt filles, en jupe aux genoux – ça en a choqué certains à l'époque – et gants blancs. Elles dansaient en agitant des drapeaux et des pompons. Désormais, elles sont quarante – trente-neuf sans Terri Collins. À la fin de l'année scolaire, tout Amos assistera à leur représentation, dans l'auditorium municipal. Et je veux être sur scène avec elles.

Je suis de bonne humeur jusqu'en troisième heure. Après tout, j'ai affronté Moses Hunt, et le ciel ne m'est pas tombé sur la tête. Je suis déterminée à faire partie des Damsels. Je me suis glissée dans la peau de Jack Masselin et j'ai réagi en adulte.

Je sifflote presque en arrivant devant mon casier. Iris me suit, curieuse de savoir pourquoi je suis si guillerette. C'est là que j'ouvre la porte.

Les lettres tombent comme des confettis. Il y en a partout, elles jonchent le couloir comme un tapis. Les gens marchent dessus en passant. Je me jette à genoux pour les ramasser avant que quelqu'un puisse les voir et faire le rapprochement avec moi.

Iris se penche pour m'aider. Elle en ouvre une et lit : On ne veut pas de toi. Elle en ouvre une autre : On ne veut pas de toi. Je les lui arrache des mains afin d'éviter qu'elle les lise toutes une à une. Il doit y en avoir une bonne centaine.

– C'est pour toi ?

– Ça me semble évident, mon cher Watson.

– Mais qui a bien pu faire ça ?

Je devine qu'il s'agit d'une question rhétorique car Iris Engelbrecht plus que tout autre sait parfaitement de quoi les gens sont capables.

Comme je ne réponds pas, elle prend sa voix abattue de Bourriquet :

– Il faut que tu le dises. Montre-les à la proviseure. Allez, viens. Je t'accompagne. On y va tout de suite. Ils nous feront un bon de retard pour le prochain cours.

Je fourre les lettres dans mon sac à dos.

– Pas question que j'aille voir la proviseure avec ça.

Ma voix vibre de toute ma colère, ma peine et mon émotion.

– Ce n'est pas toi qui m'as dit qu'il fallait être courageuse ?

– Je ne t'ai jamais dit ça.

– Tu m'as dit que si je ne l'ouvrais pas, Dave Kaminski penserait qu'il peut continuer à me faire ce qu'il veut.

– C'est différent.

– Non, c'est exactement pareil. Tu dois leur montrer qu'ils n'ont pas le droit de te faire ça. Allez, viens.

Je sens mon cœur palpitant se calmer petit à petit. Voilà l'effet qu'Iris a sur les gens. C'est l'équivalent humain du Valium.

Je claque la porte de mon casier, hisse mon sac sur mon épaule et je me mets en marche, le poids de toutes ces lettres me rivant au sol. Iris me suit sans cesser de parler :

– OK, j'ai compris. Tu peux aussi essayer de voir les choses du bon côté. Te dire que ça ne va pas durer. Qu'ils vont trouver un autre bouc émissaire et que cette histoire de Rodéo Grosso sera bientôt oubliée.

Comme un fait exprès, une bande de garçons passe en beuglant dans ma direction des trucs du style :

– En selle !

– Qui veut faire un tour ?

– Les connards.

Ça, c'est Iris, parce que moi, au lieu de parler, je fais comme quand j'étais enfant – j'essaie de me faire toute petite, comme si en me concentrant vraiment, vraiment très fort, je pouvais rétrécir jusqu'à être de la même taille que tout le monde. D'une taille acceptable, quoi. Qui ne gêne pas les autres.

Iris me donne un petit coup de coude à chaque pas, sans doute pour me rappeler qu'elle est là, que je ne suis pas seule, mais ça m'agace prodigieusement. Je n'ai jamais demandé à devenir sa sauveuse et protectrice. Je ne sais même pas me défendre moi, alors... Elle se met à fredonner la chanson du Lion poltron dans *Le Magicien d'Oz, If Only I Had The Nerve,* « Si seulement j'avais le cran ». Et même si c'est exaspérant, je dois admettre qu'elle a une très belle voix.

Coude.

Coude.

Coude.

Je me fige brusquement.

– Pourquoi tu tiens tant à être mon amie, d'abord ? je lui demande, couvrant sa chanson. C'est parce que je t'ai défendue, l'autre jour ? C'est parce que, à côté de moi, tu parais plus normale ? Ou parce que, quand tu es avec moi, on te lâche un peu les baskets pour se concentrer sur moi ?

Elle ouvre de grands yeux, puis les plisse, horrifiée. Iris Engelbrecht me regarde comme si j'étais la dernière des salopes moi aussi.

– Non. C'est parce que, quand tu n'es pas odieuse comme en ce moment, je t'apprécie. Parce que, à part ça… j'aimerais être comme toi.

Et sur ces mots, elle tourne les talons.

– Tu devrais pas faire la difficile ! me glisse Kendra Wu en passant avec Caroline Lushamp.

Plantée là, la main sur la poignée de la porte de la salle de cours, je hurle :

– Et qu'est-ce que c'est censé vouloir dire ?

Sans s'arrêter de marcher, Caroline se retourne vers moi.

– Ce qu'elle essaie de te dire, c'est que quand on est grosse à ce point, on n'a pas intérêt à faire la fine bouche en matière d'amitié.

Puis elle me gratifie du sourire le plus fielleux que j'aie jamais vu.

En éducation routière, M. Dominguez me lance :

– Libby ? Tu reviens avec nous ?

– Désolée, je marmonne en cessant de fixer le vide.

Bailey me passe un mot :

Ça va ?

Au lieu de répondre, je m'efforce d'avoir l'air captivée par le cours et même quand le prof annonce « on va commencer l'apprentissage pratique de la conduite la semaine prochaine » – le moment que j'ai attendu toute ma misérable et courte vie –, c'est comme si j'étais dans une autre salle, dans un autre lycée, très, très loin d'ici.

JACK

Je passe aux toilettes entre la troisième et la quatrième heure lorsque deux types entrent – blancs, ordinaires, sauf que l'un est une vraie montagne alors que l'autre fait ma taille. Ils ferment la porte derrière eux. Ce n'est pas bon signe car depuis que je suis dans ce lycée, je n'ai jamais vu cette porte fermée.

– Salut.

Je hoche vaguement la tête, genre cool, mais bien que je ne reconnaisse pas leurs visages, je sais décrypter leur expression. Ils sont furax. Je me dirige vers la sortie, avec l'air aussi détaché que possible dans une telle situation, mais le plus petit me bloque le passage.

– Quand tu as déconné avec ma petite amie, j'ai laissé passer, mais maintenant tu nous agresses sans raison, mes potes et moi, et tu essaies de nous casser la gueule ? Faut pas faire ça, mec. Faut que t'arrêtes de chercher les gens que j'aime.

Ceci m'indique qu'il s'agit indéniablement (ou pas) de Reed Young et que derrière lui se tient indéniablement (ou pas) Moses Hunt. Je me sens d'humeur assez provocatrice pour lancer :

– Tu viens de lui déclarer publiquement ta flamme ?

Et en disant cela, je désigne Moses du menton.

Ils se jettent sur moi comme un seul homme. Je ne peux pas me battre à nouveau, alors j'esquive et Peut-Être-Reed s'étale par terre tandis que Peut-Être-Moses se prend le mur. Puis j'ouvre la porte à la volée et je décampe. Je ne cours pas. Ça non. Je brûle le lino sur mon passage jusqu'à la sortie.

Depuis que l'humanité existe, les humains survivent parce qu'ils se reconnaissent entre eux. Déjà au temps des cavernes, la survie de l'Homme dépendait de sa capacité à distinguer un ami d'un ennemi. Et puis il y a moi, qui réchappe de justesse d'une embuscade dans les toilettes du lycée.

LIBBY

M. Levine (nœud pap bleu électrique et baskets assorties) nous attend, assis sur les marches, lorsque nous entrons dans le vieux gymnase. Dès que nous sommes installés dans les gradins, comme d'habitude, il se lève d'un bond en annonçant :

– On va essayer un nouveau truc.

Il dit ça tous les jours.

Jusque-là, on a chanté, fait une sorte de course d'obstacles (où on devait s'arrêter à chaque étape pour exprimer nos émotions ou dire ce qu'on aimerait changer dans notre vie) et rejoué un épisode de *Star Trek* (une scène où deux ennemis doivent s'entraider pour survivre). M. Levine dit que ça développe notre esprit d'équipe.

Mais cette fois, il sort du gymnase.

Nous attendons. Ne le voyant pas revenir, Travis Kearns demande :

– On peut s'en aller ?

Et soudain, le gymnase se retrouve plongé dans l'obscurité. La seule lumière provient des étroites lucarnes près du plafond. Une seconde plus tard, des ronds lumineux roses, orange, verts, jaunes et bleus se mettent à tournoyer dans la pièce. Exactement comme dans les discothèques des seventies, j'imagine.

– Mais qu'est-ce… ?

Travis ne finit pas sa phrase parce qu'une chanson retentit dans les haut-parleurs, si fort que j'ai envie de me boucher les oreilles. C'est un vieux slow dégoulinant des années 80, il ne manque plus qu'un DJ et une fleur accrochée à ma boutonnière.

M. Levine réapparaît en claironnant :

– Allez, debout !

Il agite les mains tel un chef d'orchestre (et les musiciens, c'est nous).

– Debout, debout ! Pas de temps à perdre. On va renforcer votre confiance en vous !

Un par un, nous nous levons. Keshawn et Natasha dansent ensemble pour rigoler. Lorsqu'ils s'arrêtent, M. Levine les encourage :

– Continuez. Oui, c'est aussi simple que ça. Allez, les autres, on se lance !

Travis Kearns entraîne Maddy, qui est jolie, mais timide. Elle garde les yeux rivés au sol. Il n'y a pas assez de filles pour tous les garçons, et pourtant, personne ne m'invite à danser. Andy Thornburg valse avec une cavalière invisible parce que, visiblement, mieux vaut être seul qu'avec moi. Mon cœur s'emballe, la crise d'angoisse guette.

– Invite-la à danser, Jack, l'encourage M. Levine.

– Quoi ?

– Tu as très bien entendu.

Jack me regarde. Je le regarde.

– Avant la fin du morceau, s'il te plaît.

Nous restons plantés là. J'ai les mains moites – deuxième symptôme de la crise d'angoisse. Ensuite, je vais commencer à avoir du mal à respirer et mal à la tête, comme si un boa géant tentait de m'étouffer. Petit à petit, le monde va sombrer dans les ténèbres, de plus en plus lointain. Je vais rétrécir jusqu'à une taille normale, puis rétrécir encore jusqu'à disparaître sous la semelle de mon voisin.

Finalement, M. Levine sort une télécommande de sa poche, et hop, il remet la chanson. Grognement général.

– Je peux continuer toute la journée; mon portable est chargé à bloc, j'ai des tas d'autres musiques du même style sur ma playlist. Et même pire encore.

Je regarde Jack, il me regarde. Les spots dansent sur son visage et ses yeux sont verts, marron, bleus, dorés, comme un caméléon qui change de couleur.

Il me tend la main. Je la prends. Parce qu'on n'a pas le choix.

Ce n'est pas comme ça que j'avais imaginé mon premier bal du lycée.

Nous nous tenons aussi loin l'un de l'autre que possible, comme si quelqu'un brandissait une règle – ou plutôt un mètre – entre nous. Nous avançons et reculons, raides comme deux pantins de bois, fixant le plafond, le sol, les murs, les autres, n'importe quoi pour éviter que nos regards se croisent.

La chanson est de plus en plus nunuche, les lumières clignotent et tourbillonnent, ses yeux passent du vert au marron au bleu au doré. Et soudain, je pense à mes paumes de main. Toutes moites. J'entends déjà Jack raconter la scène à ses potes en disant que j'avais les mains collantes et que c'était l'horreur de danser avec une grosse.

– Cette expérience risque de me dégoûter à jamais des bals de lycée.

Croyant qu'il parle de moi ou de mes mains moites, je réplique :

– Je ne m'éclate pas vraiment non plus.

– Je n'ai pas dit que c'était *toi* qui me dégoûtais. Enfin, là, tu m'as fait un peu flipper.

– Désolée.

Je comprends qu'il faisait référence à la musique, aux lumières et à M. Levine planté au milieu du gymnase comme un chaperon survolté.

Nous tanguons légèrement, maintenant, et ce n'est pas si mal. C'est la première fois que nous nous touchons hors d'un contexte de bagarre.

– C'est mon premier bal, dis-je.

– Ah…

– Enfin… ce qui y ressemble le plus, tout du moins. Mais je ne veux pas te mettre la pression.

– Pas de problème. Juste l'angoisse de la performance. Le cauchemar de tous les mecs.

– Tu ne danses pas si mal.

– Je sens ma confiance en moi qui remonte.

– C'est juste que… ce n'est pas comme ça que je l'avais imaginé.

– D'accord… alors que puis-je faire pour remédier à cela ?

– Euh…

– Tu es vraiment jolie ce soir.

Le temps que je réalise qu'il plaisante, je me fige comme si j'avais pris racine. Jack me serre un peu plus fort pour me remettre en mouvement.

– Surtout dans cette robe, poursuit-il, cette couleur fait ressortir tes yeux.

– Hum…

Trouve quelque chose.

Je marmonne :

– Le vendeur a dit que c'était un brun caramel.

Quoi ? Argh.

– Je dirais plus ambre doré, corrige-t-il.

Il a plongé ses yeux dans les miens comme si on était seuls au monde.

C'est vraiment un bon acteur, me dis-je tandis qu'un frisson monte le long de ma colonne vertébrale, se propage à mes épaules et le long de mes bras. J'en ai la chair de poule.

Nous dansons beaucoup plus près l'un de l'autre, maintenant, et je sens non seulement ses mains, mais le contact de chacun de ses doigts et ses jambes qui frottent contre les miennes. J'aimerais me laisser aller pour inspirer son odeur, poser ma tête sur son épaule ou me blottir au creux de son cou. Et après, il me raccompagnerait à la maison et il m'embrasserait sur le perron, tout doucement au début, puis de plus en plus fougueusement jusqu'à ce qu'on tombe à la renverse dans les fourrés et qu'on roule sur la pelouse.

Mais voilà que le slow se termine et c'est une chanson plus rapide qui commence. Je rouvre les yeux. On se sépare immédiatement et Jack s'essuie les mains sur son jean. ARGH.

– Non, ne vous arrêtez pas. Dansez, dansez, dansez! ordonne M. Levine.

Et il danse comme un possédé. Sur le coup, on reste tous plantés là, à le regarder, les yeux ronds. Sincèrement, c'est un sacré numéro, cet homme-là. Tout en jambes, bras et cheveux mouvants.

– Plus vous attendez pour danser, plus longtemps on va rester ici. Je veux que vous vous bougiez sur au moins trois morceaux, dit-il en continuant à se trémousser.

– Putain, marmonne Jack.

Et il s'y met.

Évidemment. Évidemment, il danse bien.

Et comme c'est leur chef, les autres s'y mettent aussi. D'abord Andy. Puis Keshawn, Natasha, Travis et même Maddy. Mais Jack Masselin n'est pas mon chef, alors je reste plantée là.

Une fois de plus, M. Levine remet la chanson au début.

– Je continuerai jusqu'à ce que vous soyez tous en mouvement.

C'est une chose de tournoyer au beau milieu d'un parc presque désert avec Rachel. C'en est une autre de bouger et de se secouer en plein lycée, devant mon psy et mes camarades de classe – même si ce sont des délinquants. Soudain, mon rêve d'intégrer les Damsels vacille, car l'audition, ce sera encore pire. Heather Alpern et ses capitaines – dont Caroline Lushamp – me toiseront, alignées derrière une table. Et si je survis à cette épreuve, ce sera pour danser en costume devant tout le lycée. La ville entière.

Mais quand même… cette chanson. C'est… Je m'aperçois que je tape du pied et que je bouge la tête en rythme. *Non. Non, Libby, arrête.* Mais cette chanson… Oh, là là, je sens mes hanches onduler. *Non, non, non, ne fais pas ça !*

Mais je suis en vie.

On ne peut pas savoir combien de temps il nous reste. Demain n'est jamais garanti. Je pourrais mourir ici, maintenant.

Ça pourrait être fini en un éclair.

Elle s'est réveillée comme tous les matins, comme moi, comme papa. On pensait tous que c'était une journée ordinaire, un jour comme les autres. Si on avait su, qu'est-ce qu'on aurait fait ? Est-ce qu'on l'aurait serrée dans nos bras pour tenter de la retenir ?

La chanson recommence du début.

– Allez, Libby. Putain, supplie Keshawn.

Qu'est-ce que maman voudrait que je fasse là, maintenant ? Si elle me voyait, qu'est-ce qu'elle dirait ?

Jack se lance dans des mouvements de *break dance*. Keshawn et Natasha improvisent une sorte de choré et M. Levine lance ses jambes en l'air à la Heather Alpern, ancienne Rockette. Même la timide petite Maddy remue les épaules.

Reste tranquille. Attends la fin de la chanson. Ne fais pas ça, Libby.

Mais je sens que mon corps prend le contrôle, et c'est parti !

La danse est en moi.

Tout à coup, me voilà qui lève les bras en l'air, qui roule des fesses, qui fais danser mes cheveux. Je me risque à sautiller légèrement puis, comme le gymnase ne s'écroule pas, je saute encore.

Jack se met à sauter aussi et, sans réfléchir, je fais une pirouette dans les airs.

– Elle a un nom, ta danse ? me demande-t-il.

Je dis le premier truc qui me passe par la tête.

– Oui, « le manège fou ».

Je tourbillonne, encore et encore, et M. Levine m'imite. Puis Jack et les autres se mettent à tourbillonner aussi, comme les spots, jusqu'à ce que tout le gymnase soit à l'envers.

Heather Alpern est encore dans son bureau.

– C'est Libby, n'est-ce pas ? me demande-t-elle de sa voix chaude comme du miel.

– J'ai entendu dire que Terri Collins déménageait, alors je me demandais si vous alliez faire des auditions pour les Damsels.

Je suis encore un peu rouge, et complètement électrisée, d'avoir dansé. J'ai envie de monter sur son bureau comme sur une scène et de passer mon audition ici et maintenant. Mais je me contente de lui tendre mon formulaire de candidature.

– Merci beaucoup.

Elle sourit. Je dois détourner la tête tant elle est jolie.

– J'annoncerai la date de l'audition la semaine prochaine.

Dehors, il commence à pleuvoir. Le parking est désert et mon père n'est pas là, je me plaque contre le mur du lycée pour éviter d'être trempée. J'ai l'impression de me retrouver en CM2, à raser les murs parce qu'on m'a chassée de la cour de récré.

Une minute plus tard, un genre de vieux Land Rover s'arrête devant moi. Le conducteur baisse sa vitre. Jack Masselin.

– Tu veux que je te dépose quelque part ? me propose-t-il.

– Non.

– Tu ne veux pas monter, au moins, pour attendre à l'intérieur ?

– Non, ça va.

Mais tout à coup, le ciel se déchire, déversant des trombes d'eau. Je cours jusqu'à la voiture, il m'ouvre la portière et je grimpe à l'intérieur aussi gracieusement que possible – en clair, je glisse, je m'étale et mets de l'eau partout, patinant sur les tapis de sol. Je claque la portière et me voilà, hors d'haleine, énorme et trempée jusqu'aux os à l'avant du Land Rover de Jack Masselin. Je sens que je dégouline de partout. Mes cheveux, mes mains, mon jean. C'est un de ces instants où j'ai conscience de prendre trop de place.

– Chouette voiture.

L'intérieur est orange-rouille, plutôt basique et abîmé. Mais une chose est claire : « Je suis en voiture avec un mec hype. »

– On dirait que tu vas partir en safari.

– Merci.

– C'est quoi exactement ? Une voiture ? Un quatre-quatre ?

– Mm… la caisse la plus sévèrement cool d'Amos ?

– Ne nous emballons pas.

JACK

J'ai mis le chauffage, les vitres se couvrent de buée.

Elle soupire :

– Je croyais que tout le monde était parti.

– Je m'en allais quand je t'ai vue sortir. Je me suis dit que tu avais peut-être besoin qu'on te dépose quelque part ou tout du moins d'un endroit où t'abriter.

– Mon père est à l'heure, d'habitude.

Elle sort son portable pour vérifier, je sens l'inquiétude la gagner malgré ses efforts pour la maîtriser.

– Il va arriver.

Nous restons assis là, à regarder la pluie tomber. La musique joue tout bas, la buée nous protège des regards. Si j'étais avec Caroline, on en profiterait.

Et voilà que je m'imagine en train de sortir avec Libby Groby.

Non, mais qu'est-ce qui me prend ?

Je me dis : *Tu as vu cette fille être évacuée de chez elle par une GRUE.*

Mais l'idée de sortir avec elle me chatouille quand même.

Arrête de penser à ça !

– Tiens, je voulais te poser une question. S'il y avait un examen médical permettant de savoir si tu as la même chose que ta mère, tu le ferais ?

Elle penche la tête sur le côté, scrute le tableau de bord.

– Après sa mort, mon père m'a emmenée consulter un neurologue. Il m'a dit : «Je peux vous faire passer une batterie d'examens pour voir si vous avez des anévrismes dans le cerveau. Si c'est le cas, on pourra éventuellement intervenir pour éviter qu'ils ne posent problème plus tard. Mais ce n'est pas garanti car ils sont peut-être inopérables.» En rentrant à la maison, mon père et moi, on en a discuté. J'étais trop jeune pour bien comprendre, alors c'est lui qui a pris la décision.

– Et tu as passé les examens ?

– Non.

– Et maintenant ? Tu le ferais, maintenant ?

– Je ne sais pas.

On a beau parler d'anévrisme cérébral, j'ai toujours cette idée de sortir avec elle qui me trotte dans la tête. Alors, je m'exclame :

– Hé, putain, tu danses super bien !

Elle sourit.

Je souris.

Elle me confie :

– Je viens de poser ma candidature pour les Damsels.

– C'est vrai ?

Elle hausse un sourcil.

– Pourquoi ? Ça te choque ?

– Non, simplement je ne t'imagine pas danser en groupe. Je ne suis pas trop fan des numéros du genre «on agite des drapeaux et on se trémousse en rythme avec trente autres filles». Je te vois plutôt faire ton truc à toi, toute seule. Si tu veux mon avis, tu vaux mieux que les Damsels.

– Merci.

Elle ouvre son sac à dos et en tire un truc. Ça a l'air innocent, juste une feuille froissée. Mais plus du tout quand je lis ce qui est écrit : On ne veut pas de toi.

– Où tu as dégotté ça ?

– Dans mon casier.

– Tu sais qui l'a déposé ?

– Non, mais quelle importance ?

Je vois ce qu'elle veut dire. Non, ça n'a pas d'importance. Pas vraiment. Le problème, si elle l'a reçu, c'est que n'importe qui peut penser ça d'elle.

– Y a des gens géniaux, y a des gens minables. Je suis souvent minable. Mais pas tout le temps. Et toi, Libby Groby, t'es une fille géniale.

– Je ne sais pas, mais en tout cas, ce mot, ça me pousse à passer l'audition.

Elle l'agite sous mon nez.

– Ils peuvent m'insulter tant qu'ils veulent, ça ne m'atteint pas.

Elle le roule en boule et le fourre dans son sac.

– J'ai un truc à te montrer, moi aussi.

J'allume mon portable, je cherche un instant avant de le lui tendre.

Elle lit le mail à haute voix :

– Cher Jack…

J'adore quand elle dit mon nom. Je veux dire, ça me plaît de l'entendre dans sa bouche.

– Merci de nous avoir contactés. Nous sommes tout à fait disposés à vous faire passer des tests. Si vous ne pouvez vous rendre à Hanover, nous vous suggérons de contacter le Dr Amber Klein du département de neurologie cognitive, de l'université d'Indiana à Bloomington. Cordialement, Brad Duchaine.

Elle lève les yeux de l'écran.

– C'est pour la prosopagnosie ?

– Oui, je ne lui aurais jamais écrit sans toi.

– Et tu vas le faire ?

– Je ne sais pas.

Si !

– Tu n'as pas besoin de l'autorisation de tes parents ?

– Je vais bientôt avoir dix-huit ans.

– Quand ?

– Le 1er octobre.

Elle me rend mon portable, scrute à nouveau le tableau de bord, puis me fixe de ses grands yeux d'ambre.

– Alors allons-y.

– Quoi ?

– Sitôt que tu as dix-huit ans, on va à Bloomington.

– Tu crois ?

– Pourquoi pas ?

Avant que je comprenne ce qui est en train de se passer, nos regards se croisent. Et là, dans le Land Rover, nos regards se tiennent la main. On reste comme ça jusqu'à ce qu'un coup de Klaxon nous fasse sursauter.

J'attends que leur voiture s'éloigne avant de rentrer au magasin. Je suis de tellement bonne humeur que je suis même aimable avec mon père. Ça me fait un pincement au cœur de le voir si surpris, alors je fais un pas de plus vers lui et je lui parle du robot que je construis pour Dusty. Il sera aussi grand que lui, peut-être même plus. Et il parlera. Ce sera le plus chouette robot de l'univers.

Mon père se montre poli, il me pose des questions. Nous n'abordons pas le sujet Monica Chapman. Ni celui du mail. Et l'espace d'une minute, je me dis : *Peut-être qu'il faut s'en tenir à ça.*

À cette petite zone de confort. Peut-être qu'on peut rester là, tranquilles, à jamais.

Deux heures plus tard, quand je remonte dans le Land Rover, ça sent toujours Libby, son parfum.

Un rayon de soleil.

LIBBY

Après le dîner, mon père et moi, on regarde la télé avec George. Papa mange du raisin, grain par grain, en les lançant en l'air pour les gober tandis que George leur donne des coups de patte. Je penche la tête en arrière pour en choper un au vol. Je le savoure, comme je suis censée savourer la nourriture saine. Quand je croque dedans, c'est une véritable explosion de bien-être sur ma langue.

– J'étais déchaînée aujourd'hui. J'ai mis le feu à ce vieux gymnase. Si tu m'avais vue ! Je rattrape tout le temps où je suis restée sans bouger, sans même pouvoir faire un pas hors de mon lit. La danse est en moi ! Attends de voir, à l'audition des Damsels. Je vais leur clouer le bec. Je vais tout donner dans la danse. Devant tout le monde.

– Et avec Masselin, ça va ? Il te laisse tranquille ?

– Il ne m'embête plus.

Pas dans le sens où tu l'entends en tout cas.

– Tu sais que tu peux tout me dire, Libby.

Je me sens devenir écarlate.

Et si mon père lisait dans les pensées ? Et s'il savait que, tout en grignotant du raisin, je m'imagine Jack Masselin tout nu ?

– Je sais, papa.

Pour la première fois de ma vie, je n'ai pas envie de me confier à lui. Ni pour Jack, ni pour les lettres. Parce que sinon, il va encore s'inquiéter, et il s'inquiète pour moi depuis trop longtemps.

– Je pense sécher les cours le 1er octobre.

L'une des premières choses que mon père m'a fait promettre à la mort de ma mère, c'est de toujours lui dire où je suis. Alors ça, au moins, je peux le faire.

– Je vais accompagner un ami qui doit participer à une étude scientifique à l'université d'Indiana.

– Et c'est qui, cet ami ?

– Quelqu'un du lycée.

Pas la peine de préciser que c'est Jack. Je lui annonce déjà que je vais sécher les cours, ça suffit.

– Il a des problèmes et je veux le soutenir.

– Tu n'as pas de contrôles, ce jour-là ? Tu ne rateras rien d'important ?

– Pas que je sache.

– C'est… c'est…

– Une sortie en amoureux ? Non.

Je ne crois pas. Enfin, non, c'est sûr. Mais je me demande si ça pourrait le devenir.

– Non, non, c'est moi qui lui ai proposé d'y aller.

J'ai envie d'ajouter : « Moi aussi, j'envisage de passer des examens. Je sais qu'on en a parlé à la mort de maman, mais maintenant que je suis plus grande, je crois que je voudrais. Peut-être que j'angoisserais moins après. »

Je lance un raisin en l'air, mais je le rate.

Ou alors, j'angoisserais encore plus, selon le résultat.

Je ramasse le grain, sourcils froncés.

– On pourrait aller faire du shopping ? je demande.

– Pour ce rendez-vous pas en amoureux ?

– Tu n'es pas obligé de m'accompagner. Juste de m'avancer les sous. Ou alors, il faut que je trouve un petit boulot.

– Non, pas de petit boulot. Pas question. Une étape à la fois.

– Alors tu peux me prêter de l'argent ?

– Tu te rends compte que tu m'as demandé de pouvoir sécher les cours et de te donner de l'argent dans la même conversation ? Tu es consciente que je suis le père le plus cool du monde ?

– Oui, j'en suis consciente.

Il penche la tête en arrière et je lui lance un raisin. Puis j'en lance un à George qui part à sa poursuite dans toute la pièce. J'en lance un grain pour moi et, cette fois, je le rattrape comme une pro.

Dans ma chambre, assise sur mon lit, j'appelle Bailey, parce que c'est ce qu'on fait avec les vrais amis qui ne sont pas imaginaires. Quand elle décroche, je demande :

– Qu'est-ce que tu penses de Jack Masselin ?

– En tant que personne ou en tant que garçon ?

– Les deux.

– Je pense que c'est quelqu'un de bien, qui parfois manque un peu de jugeote. En tant que mec, il est mignon et drôle, et il le sait, mais il n'est pas aussi relou que certains. Pourquoi ?

– Non, rien, je me posais juste la question…

– Je ne veux pas te décourager, Libbs, mais avec Caroline, c'est un couple éternel. Je veux dire, même quand ils se séparent, ils sont encore ensemble. Et si j'étais toi, je ne m'approcherais pas de lui. C'est le chagrin d'amour assuré.

– Je n'ai pas dit qu'il m'intéressait.

Oui, mais est-ce le cas?

Je passe au dossier Terri Collins et Damsels pour changer de sujet. Bailey me confie qu'elle est amoureuse d'un garçon de New Castle. Nous bavardons un moment, et après avoir raccroché, je vais sur le compte Instagram d'Iris liker tous ses posts les plus récents. J'en choisis un au hasard pour poster un commentaire. Et voilà. Puis je me ravise et je décide de l'appeler. Comme je tombe sur sa boîte vocale, je lui laisse un interminable message d'excuse. Elle me rappelle immédiatement, et même si je n'en ai pas vraiment envie, je réponds. Je ne vais pas faire la fine bouche, moi.

JACK

À la maison, je trouve maman-aux-cheveux-relevés dans son bureau, concentrée sur son travail, ses codes de loi ouverts, son portable qui bourdonne.

– Fils aîné au rapport, dis-je.

Elle me lance un de ses regards de maman.

– Tu as réussi à passer la journée sans agresser personne ou être envoyé dans le bureau du proviseur ?

– Oui, j'ai réussi !

Je lève les bras en signe de victoire, comme si je venais de franchir la ligne d'arrivée.

– Bravo. J'espère que tu pourras réitérer ton exploit.

Elle croise les doigts d'une main, tout en marquant une page dans un de ses livres de l'autre.

– Au fait, on a reçu un paquet qui t'est adressé. Je l'ai laissé sur le bar, dans la cuisine. Tu as commandé quoi ?

– Des bouquins pour l'école.

J'espère qu'elle interprétera ça comme une preuve de ma bonne volonté de devenir un fils exemplaire.

Son téléphone sonne, elle secoue la tête.

– Vas-y, fais-toi une pizza ou un truc pour le dîner, à moins que ton père puisse improviser quelque chose.

– Je crois qu'il n'est pas encore rentré.

Elle pâlit légèrement. Et avant qu'elle puisse souligner à quel point elle travaille dur alors que c'est un minable, et parce que je ne veux pas qu'elle culpabilise pour quoi que ce soit, je fais le tour du bureau pour lui coller un baiser sur la joue.

– Tu as bien mérité un petit bisou. Et puis, j'ai tellement d'amour à donner ! En voilà un peu plus pour t'aider dans ton dossier.

Et je la serre dans mes bras. Ce n'est pas grand-chose, mais ça la fait rire, même si elle me repousse.

J'ouvre le colis dans ma chambre. Deux bouquins d'Oliver Sacks, une sorte de manuel sur la perception visuelle sobrement intitulé *Esprit et visage*, et une biographie du peintre Chuck Close, atteint de prosopagnosie, qui est devenu célèbre pour ses portraits – un mec trop cool. Il est en fauteuil roulant, avec une main foutue, il ne reconnaît personne, pourtant il peint des tableaux déments. Voici comment il procède :

Il prend le visage en photo.

Il crée un genre de cartographie du visage en appliquant un quadrillage sur la photographie.

Puis il reconstruit le visage carré par carré sur la toile, à l'huile, à l'acrylique, à l'encre, au fusain ou aux crayons de couleur.

Selon lui, tout tourne autour du visage.
Rien que le visage.
Parce que le visage est une sorte de carte routière de la vie.

LIBBY

Je discute par texto avec Jayvee. Comme d'habitude la conversation s'engage sur Atticus Finch.

Moi : Imaginons qu'Atticus Finch est ton père…

Jayvee : Je suis Scout ou Jem ?

Moi : Peu importe. Tu es Jayvee. Jayvee Finch.

Jayvee : De la branche philippine des Finch. OK…

Moi : La famille est atteinte par une maladie héréditaire mais, quand tu étais petite, Atticus a décidé de ne pas te faire tester.

Jayvee : En général, Atticus a toujours raison. Il existe un traitement ?

Moi : Pas vraiment.

Jayvee : Et maintenant que je suis grande, je remets sa décision en question.

Moi : Peut-être.

Jayvee : J'ai quel âge ?

Moi : Notre âge.

Jayvee : Je suppose que ce bon vieil Atticus avait ses raisons. On parle d'Atticus Finch, quand même.

Cinq secondes plus tard

Jayvee : Mais chacun est libre de faire ses propres choix.

Comment construire un robot

Jack Masselin

1) Rassembler le plus de briques de Lego possible et tout un tas de matériel.

2) Dessiner un croquis de l'engin.

3) Ne pas consulter les sites du style « comment construire un robot en Lego » parce que ce robot est pour Dusty et que mon petit frère mérite une authentique création qui n'a encore jamais existé.

4) Se repasser *Le jour où la Terre s'arrêta* (l'original, pas le remake) pour procrastiner un peu tout en cherchant l'inspiration.

5) Récupérer tout ce qu'on trouve à la décharge publique.

6) Commander les pièces manquantes (si introuvables à la décharge) – microcontrôleur, platine de testage, circuit imprimé, batterie, câbles de raccordement, moteur à engrenages, câble d'alimentation, haut-parleurs, récepteur infrarouge, servos à rotation, divers supports de montage et quincaillerie, scie à découper électrique, etc.

7) Créer des schémas pour indiquer au robot ce qu'il devra faire. Programmer son cerveau, en fait.

Quand j'avais six ans, je suis monté sur le toit de la maison pour jouer au super-héros. J'étais Iron Man dans son armure, sauf qu'en réalité, j'étais en T-shirt et short. Du coup, au lieu de voler, je suis tombé la tête la première par terre et je me suis ouvert le crâne. Soixante-dix-sept points de suture. Est-ce qu'avant cet accident je reconnaissais les gens ? Je ne m'en souviens pas.

8) Le doter d'un bon cerveau. Un cerveau complet, normal, en parfait état de marche.

UNE SEMAINE PLUS TARD

JACK

Le 1er octobre est un mardi. J'ai fait semblant d'être malade et j'ai caché la clé du Land Rover pour que Marcus ne puisse pas aller au lycée avec. Lorsqu'un grand gars avec la tignasse en pétard débarque dans ma chambre en me hurlant dessus, je suppose que c'est lui.

– Je sais que t'as les clés, tricheur.

Je tousse bruyamment.

Il fouille dans mes affaires – étagères, tiroirs, placard. Il ramasse mon jean par terre et vide les poches.

Je crache mes poumons comme si j'avais la tuberculose jusqu'à ce qu'une femme se pointe à la porte. Elle veut savoir ce que c'est que ce bazar.

En guise de réponse, je lance une dernière quinte de toux, elle désigne la porte et ordonne au grand type ébouriffé de décamper et de descendre. IMMÉDIATEMENT.

Elle me demande :

– Tu as besoin de quelque chose avant qu'on parte ?

– Non, ça va aller.

Sans le vouloir, j'ai pris une petite voix souffreteuse. Et je rajoute deux ou trois toussotements.

Une fois qu'elle est partie, je reste immobile sur mon lit, guettant les bruits qui montent du rez-de-chaussée.

J'entends claquer la porte d'entrée. Je reste allongé une minute de plus. Une voiture démarre… je me lève pour aller à la fenêtre compter les personnes qui s'agitent en bas. La femme monte en voiture avec un gamin. Un homme aux cheveux bruns épais grimpe dans un autre véhicule avec le grand gars ébouriffé. Je les regarde s'éloigner et tourner dans des directions opposées au bout de la rue. Et là, je me mets en mouvement. Je repêche les clés sous mon matelas, m'habille en vitesse, dévale l'escalier, fourre un bagel dans ma bouche, saute dans le Land Rover et je fonce à l'autre bout de la ville chercher Libby.

Son quartier est une suite de rues similaires où s'alignent des maisons identiques. Rien ne distingue la sienne des autres, à part la fille qui y vit. Elle m'attend sur le trottoir, dans une robe violette. Une vraie robe de femme, moulante ici, flottante là. Ses cheveux lâchés brillent au soleil.

Je sais reconnaître la beauté. Mais plus les traits sont réguliers, symétriques, plus la personne me paraît banale, même si pour les autres, elle est canon. À mes yeux, ce qui fait la beauté, c'est un détail unique. Libby a des traits réguliers, mais sa beauté est loin d'être ordinaire. Je le note lorsqu'elle ouvre la portière et monte dans la voiture. Elle a une forme de grâce, surprenante pour quelqu'un de si costaud. Elle saute à bord comme Tarzan, ôte ses chaussures d'un coup de pied et remue les orteils. Elle a les ongles violets.

– Tu es splendide, dis-je.

Elle penche la tête sur le côté.

– Tu ne serais pas en train de me draguer, Jack Masselin ?

– Je me contente de constater les faits.

Quand elle relève ses cheveux d'une main, j'ai envie de crier : « Non, ne fais pas ça, tu vas disparaître sous mes yeux ! » Mais soudain, elle se ravise – peut-être qu'elle se rappelle ce que je lui ai expliqué –, et les laisse retomber sur ses épaules.

Puis elle me tend un paquet enveloppé dans du papier cadeau de Noël, avec au moins cinquante petits nœuds.

– Joyeux anniversaire. Au cas où tu n'aurais pas remarqué, j'adore le papier cadeau de Noël.

– Fallait pas.

– Ça me fait plaisir. Ouvre-le.

Je déchire le papier, les nœuds se détachent. Elle en ramasse un pour le mettre dans ses cheveux, juste au-dessus de l'oreille gauche. Puis elle en prend un autre et le colle sur mon genou. J'en récupère deux pour les coller au bout de son nez et du mien.

Sans le retirer, elle dit :

– Allez, ouvre !

C'est un livre. *Nous avons toujours vécu au château*, de Shirley Jackson. Sur le moment, je panique. Je me demande si elle sait. Elle doit savoir que c'est moi qui le lui ai envoyé à l'hôpital. Je la regarde mais elle arbore un sourire radieux, et je vois bien que non, elle l'ignore.

Je feuillette le livre. Ce n'est pas l'exemplaire que je lui ai envoyé à l'époque, mais il a quand même vécu.

– Je ne savais pas trop quoi t'offrir ; sincèrement, tu as tout, même un trouble cognitif hyper-rare. Alors je me suis dit que j'allais prendre un truc que j'aime. Mon livre préféré. Tu n'es pas obligé de le lire, mais je m'identifie pas mal à l'héroïne, Mary Katherine – Merricat, comme ils la surnomment –, et euh… je ne sais pas, mais elle me fait aussi un peu penser à toi.

– Je le lirai.

Je souris.

– Merci.

Elle me rend mon sourire.

– De rien.

Et là, il y a comme un blanc. Dans cette voiture pleine de rubans, il y a comme de l'électricité dans l'air. Un courant qui relie son siège au mien.

Elle commet l'irréparable – elle le rompt en prenant la parole :

– Alors, tu es prêt ?

– Si on veut.

Je suis branché sur cent mille volts. Je parle sans arrêt, de tous les tests que j'ai passés sur Internet, et de ce type atteint de prosopagnosie qui vit à San Francisco, Bill Choisser, un vieux barbu qui a écrit un livre sur le sujet et l'a mis en ligne. De l'impact que ce problème a sur la scolarité, le travail, les relations sociales, la vie.

Mais à mesure qu'on approche de Bloomington, je me replie dans le silence. Le souffle me manque. *Qu'est-ce que je vais découvrir ? Cette fameuse Amber Klein va-t-elle pouvoir m'aider ? Est-ce que je n'aurais pas mieux fait d'aller jusque dans le New Hampshire pour voir Brad Duchaine ? Si ça se trouve, on perd notre temps. Et s'ils me disent que je suis atteint d'une grave maladie ? Et si ce n'est pas la prosopagnosie mais une tumeur au cerveau ?*

– Je t'entends presque penser.

Je la regarde.

– Tu as oublié que j'étais dans la voiture avec toi ?

J'étais tellement plongé dans mes pensées que oui, j'ai failli oublier.

– Désolé.

On passe un panneau : BLOOMINGTON... 15 KILOMÈTRES. Mon cœur se décroche et tombe quelque part entre la pédale d'accélérateur et le frein.

– Y a un autoradio dans cet engin ?

– Oui, tout à fait. Qu'est-ce que tu t'imagines ? Non, mais c'est pas vrai...

J'appuie sur un bouton. La musique résonne dans l'habitacle, occupant tout l'espace autour de nous. J'essaie de me concentrer sur les paroles, la mélodie, mais ensuite elle passe d'un morceau à l'autre et j'ai l'impression d'entendre mon cerveau : des fragments de mots, des fragments de mélodie, des fragments d'instant, des fragments de tout et de rien.

Quand enfin elle trouve un truc qui lui plaît, elle chante à pleins poumons.

– Du disco ? Non, mais tu plaisantes ?

Je tends la main vers l'autoradio mais elle me donne une tape. J'essaie de lui attraper la main mais elle me redonne une tape. Le jeu n'est plus d'éteindre la radio, mais de la toucher. Nos mains se frôlent. Soudain, elle prend l'avantage, elle agrippe mes doigts et s'y cramponne. Le courant électrise mon pouce, mon petit doigt et tous les autres entre. Je tousse parce que : *Non, mais qu'est-ce qui se passe, là ?*

Je m'adresse à la voiture :

– Je suis désolé de t'avoir fait subir ça, ma pauvre. Je suis désolé que tu aies dû écouter cette horreur. Je suis désolé d'avoir dû l'écouter. Et de la subir encore...

– Quoi ? hurle-t-elle. Je ne t'entends pas entre ma voix et ce rythme de dingue.

Maintenant, elle chante à tue-tête ET elle danse en même temps. Elle me lâche la main pour annoncer :

– Miniboum improvisée !

Elle continue à chanter en dansant de plus en plus énergiquement, comme si elle était sur scène.

– *I love to love, but my baby juste loves to dance, he wants to dance, he loves to dance, he's got to dance…*

– Non, mais *what the f… ?*

– *The minute the band begins to swing it, he's on his feet to dig it, and dance the night away. Stop ! I'm spinning like a top, we'll dance until we drop*[1]…

C'est la chanson la plus cucul que j'aie jamais entendue, mais Libby est *à fond*. Elle se balance sur son siège, ondule des épaules, avance et recule. Elle me fait un clin d'œil et monte encore d'un ton, et franchement, elle chante comme une casserole. Je me mets à chanter avec elle presque par réflexe, pour protéger mes oreilles.

Et nous chantons en chœur, secouant la tête, à droite à gauche, les épaules en avant, en arrière. Nous hurlons en cadence, je tambourine sur le volant, elle agite les bras en l'air, c'est la chanson la plus cool que j'aie jamais entendue et je lui souris.

Et elle me sourit.

Et il y a encore un blanc. Un moment hors du temps.

– Hé, regarde la route, Casanova ! dit-elle, mais d'une voix douce que je ne lui connaissais pas encore. Surtout, n'oublie pas : je ne sais pas ce qu'on découvrira aujourd'hui, mais ces tests ne changeront rien à ce que tu es.

J'apprécie qu'elle dise « on », elle est avec moi.

– Tu es toujours Jack Masselin. Tu es toujours un gros relou. Tu es toujours toi.

1. *I Love to Love*, Tina Charles. (*N.d.T.*)

LIBBY

Y a un truc qui se passe entre nous. Jack et moi. Si on m'avait dit ça, il y a quelques semaines ou même deux jours, j'aurais ri à perdre haleine. C'est ça qui est dingue avec la vie dans ce vaste monde : on ne sait jamais ce qui peut se passer.

Je crois qu'il le sent aussi, mais je n'en suis pas sûre.

Il a plutôt intérêt.

Y a plutôt intérêt à ce que je ne me retrouve pas toute seule en train de me faire un film sur Jack Masselin et non avec lui.

Je continue à me la jouer détachée : «Tra la la, on va à Bloomington, voir si tu as vraiment un problème.» Mais dans ma poitrine, mon cœur s'emballe, manque des battements, et cogne comme s'il allait sortir de là pour voleter dans l'habitacle de la voiture. J'accroche un sourire à ma face et je regarde par la fenêtre en pensant : *Espèce de traître de cœur!*

JACK

Il y a beaucoup de monde qui s'affaire dans ce labo. Une assistante nous conduit au Dr Amber Klein (cheveux châtain clair, pommettes saillantes, lunettes). Elle est habillée tout en noir, les manches roulées jusqu'aux coudes, avec un chignon improvisé. Elle doit avoir la quarantaine. Le labo est également tout noir – sol, murs, plafond. La pièce est divisée en box par des rideaux – noirs, bien entendu –, j'ai l'impression de m'aventurer dans un décor de clip vidéo. Libby est en violet, moi en vert, et on détonne grave.

Le Dr Klein nous propose de nous asseoir derrière l'un des rideaux, c'est comme si nous étions dans une petite pièce. Elle démarre son ordinateur portable en disant :

– Je crois savoir que vous devez être rentrés en fin d'après-midi ?

Elle a une vraie montre au poignet, qu'elle consulte. Il est neuf heures cinquante-quatre.

– Une sorte de couvre-feu.

Je souris à Libby et elle me sourit.

Elle a toujours le petit nœud au-dessus de l'oreille, mais

son sourire me rappelle celui de ma mère pendant les séances de chimio de mon père. Comme si elle était déterminée à tout prendre du bon côté pour son/mon bien, alors qu'elle sait parfaitement que ça craint grave.

– Je vais te faire passer une série de tests.

Elle s'assied et se met à pianoter sur son clavier.

– Je vais attendre dehors, me glisse Libby. J'ai vu un Starbucks pas loin. Envoie-moi un texto quand tu auras fini.

Elle prend mon portable pour y entrer son numéro. Lorsqu'elle me le rend, bizarrement, je panique.

Elle hésite un instant.

– À moins que... je veux dire, je peux rester...

Mais je sens bien qu'elle n'en a pas envie. Je me demande si c'est la combinaison docteur-problème cérébral qui la tracasse.

– Nan, ça va.

Je la regarde s'éloigner, cheveux flottant dans le dos.

Le Dr Klein me questionne :

– Est-ce qu'un membre de ta famille souffre de prosopagnosie ?

– Je ne sais pas. Pourquoi ?

– C'est souvent génétique, mais il y a trois types de prosopagnosie : acquise, dégénérative et congénitale. Cela peut également être le signe d'un autre trouble, comme l'autisme. As-tu souffert d'un traumatisme crânien ou d'une affection cérébrale durant l'enfance ?

– Je suis tombé du toit quand j'avais six ans.

– Tu t'es cogné la tête ?

– Ce genre de choc peut causer la prosopagnosie ?

– Oui, ce n'est pas aussi courant que les deux autres formes, mais ça arrive parfois.

– Je me suis cogné très fort. On a dû me recoudre.

Instinctivement, j'effleure la cicatrice sur mon cuir chevelu.

Tandis qu'elle tape sur son clavier, brusquement, je réalise : *Cette femme va fouiller dans ton cerveau. Tu ne pourras rien lui cacher.*

Elle veut savoir quel genre d'examens j'ai subis après ma chute, et si j'étais capable de reconnaître des visages avant l'âge de six ans.

La vérité, c'est que je n'en sais rien. Oui, on m'a infligé toutes sortes d'examens pour voir si mon cerveau avait été endommagé. Mais est-ce que j'identifiais les gens à l'époque ? Je n'en suis pas sûr.

– Tes parents l'auraient sûrement remarqué si, soudainement, tu avais eu des difficultés à reconnaître ton entourage.

– Je crois que je me suis toujours débrouillé pour compenser et cacher le problème. Peut-être qu'avant je reconnaissais les gens, mais j'étais si jeune…

– Tes parents ont-ils noté un changement de comportement ?

– Ma mère pensait que j'allais être plus prudent, après ça, mais au contraire, je suis devenu encore plus casse-cou. Elle dit que c'est à ce moment-là qu'elle a commencé à se faire des cheveux blancs.

Je lui souris, mais elle est penchée sur son clavier. Je reste là, à regarder autour de moi, en me répétant : *Hé, grandis un peu, mec. Arrête de flipper.* Une minute plus tard, elle croise les bras et m'explique :

– Je ne sais pas si tu as fait beaucoup de recherches, Jack, mais l'un des premiers cas de prosopagnosie qui ait été étudié date de 1883… On raconte que Lewis Carroll en souffrait. Si tu relis *Alice au pays des merveilles,* tu y trouveras peut-être des indices. Je suis sûre que tu es très doué pour relever les signes distinctifs. Mais les gens changent quotidiennement de vêtements et parfois de coiffure. Nous avons rencontré une femme qui identifie les gens grâce à leur alliance car c'est un signe distinctif qui varie rarement…

Elle va voir tout ce que tu caches.

Soudain, je me sens nu. Je dois jeter un coup d'œil pour vérifier que je suis toujours habillé.

Le premier test est celui des célébrités. Le même genre que celui que j'ai fait sur Internet – des photos de personnalités sans cheveux ni oreilles. Le Dr Klein me rassure :

– Prends tout ton temps, Jack. Ce n'est pas chronométré.

Elle tourne son ordinateur vers moi. Un visage apparaît sur l'écran. Juste un ovale avec des yeux, un nez, une bouche. Si je le fixe trop longtemps, je ne vois même plus un visage, mais une planète creusée d'ombres et de cratères. Je tape des noms, un à un, mais pour être honnête, je fais ça au hasard.

Quand j'ai fini, nous passons au test suivant.

– Le processus de décryptage des expressions du visage est différent de celui qui analyse les traits. Parviens-tu à savoir en général si une personne est en colère ou triste ?

– Presque toujours. Je n'identifie pas les gens, mais les émotions, oui.

– C'est parce qu'il existe un système mental de traitement des informations spécialisé dans la reconnaissance des visages humains, m'explique le Dr Klein. De fait, le cerveau traite un chat ou un chien comme un objet. Ce processus permet aux gens de considérer le visage comme un tout et non comme des parties distinctes.

Pour ce test, il s'agit d'identifier des émotions. J'espère que j'ai tout bon, mais en réalité, je n'en suis pas certain.

Ensuite défile une série de visages à l'envers. Je suis censé les relier au visage correspondant à l'endroit, mais je n'y arriverai pas. Je sais que j'en suis incapable.

Plus je me décourage, plus, au contraire, le Dr Klein s'enthousiasme. Elle se penche au-dessus de son ordinateur portable.

– Les gens qui n'ont aucun problème à différencier les visages ne sont pas doués du tout pour identifier ceux qui sont à l'envers car, dans ce cas, le processus de reconnaissance global ne fonctionne plus. Il faut procéder trait par trait, de la manière dont nous procédons pour les objets. Ils se retrouvent donc dans la même situation que toi, contrairement aux singes, qui peuvent reconnaître un autre singe dans n'importe quel sens.

Ce que j'en retiens, moi, c'est que même les singes arrivent à se reconnaître entre eux.

Tandis que je relie des maisons, des voitures, des armes, des paysages, des animaux, soudain, je panique : *Et si un jour, je mélange aussi toutes ces choses que je n'ai jamais eu de mal à identifier? Et si j'ai toujours cru que j'arrivais à reconnaître un chat, un chien ou une maison, mais qu'en fait je ne me débrouillais pas mieux que pour les visages?*

Je me laisse aller contre le dossier de ma chaise, fermant les yeux un instant. J'ai envie de fuir – cet ordi, ce labo, ce campus, mon propre esprit.

Le Dr Klein reprend :

– Je tiens à préciser que personne n'obtient toutes les bonnes réponses à ce genre de test. C'est normal.

Ça ne me rassure pas. Pourtant, je rouvre les yeux et je continue.

Le suivant est encore pire : c'est le test des femmes chauves. Des photos de femmes ordinaires, pas des stars, sans les cheveux ni les oreilles. Je suis censé cliquer quand j'en vois une qui me semble différente mais, à mes yeux, elles se ressemblent toutes. Je n'essaie même pas. Je clique sans arrêt sur « identique », « identique », « identique ».

Le dernier ressemble aux tests pour la vue. Je pose mon menton et mon front contre un appareil un peu comme un masque. Le

Dr Klein me demande de regarder l'écran tandis qu'une petite caméra filme mes pupilles afin d'analyser ma manière de procéder pour reconnaître un visage.

– D'ordinaire, les gens se basent sur les traits internes du visage en une séquence triangulaire, circulant entre les yeux, le nez et la bouche. Les personnes atteintes de prosopagnosie, à l'inverse, commencent par les traits extérieurs comme les oreilles et les cheveux. Elles évitent en général la région des yeux.

Ça me semble exact. Mais soudain, je me demande où est Libby et ce qu'elle fait.

LIBBY

Je me trouve dans le département d'étude du cerveau et de neurologie cognitive de l'université d'Indiana à Bloomington. J'étais jeune quand ma mère est morte et que mon père et moi, nous avons parlé d'éventuels examens avec les médecins. J'ai laissé mon père prendre la décision pour moi. Mais maintenant, me voilà avec toutes les réponses à portée de main. Je peux demander à voir l'un de ces docteurs ou chercheurs en blouse blanche. *Ma mère est morte d'une hémorragie cérébrale, j'aimerais savoir si je vais en mourir également.*

Je fais les cent pas dans le hall. Si je subis les examens, ils verront si j'ai des anévrismes cérébraux ou pas. Ils pourront les atteindre pour les résorber ou les contenir… ou pas.

Mais le problème, c'est que, même si je n'ai aucun anévrisme, ça n'y changera rien : je serai toujours sur le qui-vive, toujours à guetter, parce que la terre peut s'arrêter de tourner à tout instant. J'ai survécu à la pire chose qui pouvait m'arriver et je sais mieux que quiconque de quoi le monde est capable.

Un homme en blouse blanche passe en m'adressant un signe de tête. Je le lui rends en pensant *: Il a peut-être les réponses.*

Je le regarde s'éloigner.

Je me demande ce que dirait ma mère si elle était là, avec moi.

Mon portable vibre, je n'ai pas envie de regarder qui c'est, sauf que ça pourrait être Jack.

C'est un texto de Jayvee.

Libby + absence en cours = Atticus mis en cause ? J'ai pensé à autre chose. Je me suis dit que même si c'était terrible de ne pas savoir, c'est aussi un atout. Tu peux en tirer parti.

Puis dans un autre message, elle ajoute :

Dans la mesure de tes moyens d'élève de première en Indiana.

JACK

J'attends que le Dr Klein analyse les résultats. Je me répète que c'est bon, ce n'est pas une affaire d'État. *Ce n'est pas comme si tu n'étais pas au courant. T'es infichu de distinguer les gens les uns des autres, tu le sais. Mais quoi qu'il en soit, tu fais avec, tu t'en sors bien. Tu es doué pour repérer les signes distinctifs. Tu t'es débrouillé toute ta vie sans aide d'aucune sorte.*

Je suis en train de répéter ce petit discours intérieur lorsque le Dr Klein revient. Elle s'assied en face de moi et annonce :

– Tu souffres bien de prosopagnosie. On peut être atteint à des degrés divers : de très légèrement à très profondément. Tu as une agnosie profonde. En fait, c'est même l'un des cas les plus sévères que j'aie jamais vus.

Voilà, c'est officiel.

Est-ce que je suis censé me sentir mieux ou plus mal maintenant que c'est confirmé ?

– Et qu'est-ce qu'on fait, alors ? Il y a un traitement ?

Aucun des articles que j'ai consultés en ligne ne mentionnait de traitement, mais le Dr Amber Klein, spécialiste du cerveau, en a peut-être un dans sa manche.

Elle m'adresse un sourire contrit.

– Malgré les énormes avancées de nos recherches, malheureusement, nous n'avons pas de traitement à proposer. Nous avons mis en place un parcours expérimental pour apprendre aux gens à mieux vivre avec leur prosopagnosie – par exemple, en leur proposant un entraînement intensif à la reconnaissance des visages. Les participants s'exercent une heure par semaine et progressent selon dix niveaux de difficulté. L'un d'eux, un adolescent un peu plus jeune que toi, travaille avec nous depuis cinq mois et ses mouvements oculaires se sont standardisés…

– Il reconnaît les gens ?

– Non, mais nous espérons que ce programme facilitera sa vie quotidienne.

Elle m'a perdu, et elle s'en rend compte. Elle se retourne pour prendre quelque chose et, quand elle me fait face de nouveau, c'est comme si je ne l'avais jamais vue. L'ardoise a été effacée, si l'on peut dire.

Elle a pris une maquette du cerveau humain qu'elle désigne tout en expliquant :

– À l'arrière de ton crâne, au-dessus de ton oreille droite, juste ici, se trouve la zone spécialisée dans la reconnaissance des visages… Le gyrus fusiforme 12…

Je porte à nouveau la main à ma cicatrice, juste au-dessus de l'oreille droite.

– Une IRM nous fournirait davantage d'informations. De nombreuses personnes atteintes de prosopagnosie ont aussi du mal à reconnaître les voitures et les endroits. Elles souffrent d'agnosie topographique, c'est-à-dire qu'elles se perdent facilement et ne reconnaissent ni leur maison ni leur lieu de travail. Elles peuvent également présenter des troubles de l'audition. Nous pensons que la prosopagnosie peut nous permettre de découvrir comment le cerveau traite l'information en général. Pendant très longtemps, nous avons considéré le cerveau comme une entité, mais désormais nous découvrons différents systèmes qui fonctionnent parfois séparément, sans interaction entre eux.

– Donc, pour résumer, la zone de mon cerveau dédiée à la reconnaissance des visages est endommagée, débranchée ou carrément absente ? Mais même si je passe l'IRM, ça ne nous donnera pas de traitement.

– Exactement.

Elle ne peut rien pour moi, je le sais et elle le sait également.

– Je te conseille d'avertir ton entourage, tout du moins ta famille. Leur expliquer de quoi tu souffres te facilitera la vie sur le long terme.

Je prends mon portable pour envoyer un texto à Libby :

J'ai fini.

Et je *suis* fini.

– Encore une chose, Jack. Les personnes atteintes d'une prosopagnosie congénitale ne se réfèrent généralement pas aux visages, elles n'en attendent rien, contrairement à celles dont la prosopagnosie a été acquise. Exactement comme une personne aveugle de naissance ignore ce que c'est que de voir et ne ressent pas le manque d'en être privée. Si la prosopagnosie est acquise, il n'est pas rare que le sujet continue à vouloir se référer au visage pour reconnaître les gens. C'est instinctif.

Comme si j'avais reçu un coup de poing, j'en ai le souffle coupé. *Alors, c'est ma faute, je me suis fait ça tout seul. Si je n'étais pas monté sur le toit ce jour-là… si je n'étais pas tombé… je ne serais pas assis là, à discuter avec une spécialiste du cerveau.*

Je devrais plaindre ce gamin de six ans gisant sur la pelouse, son avenir brisé à jamais, mais en réalité, j'ai juste envie de filer loin d'ici.

– Merci, docteur Klein. Il faut que je rentre, maintenant.

Elle me serre la main, me remercie de lui avoir accordé de mon temps, s'excuse de ne pas pouvoir faire plus, comme si c'était sa faute. J'ai envie de lui dire de ne pas s'en vouloir, ce n'est pas elle qui m'a poussé du toit, mais je me contente de marmonner :

– Au revoir. Bonne chance pour vos recherches.

– Jack?

Je me retourne. Je vois une femme avec des lunettes, des pommettes hautes et les cheveux relevés.

– La prosopagnosie touche une personne sur cinquante. Ça veut dire que tu n'es pas seul au monde. Ne l'oublie pas.

LIBBY

Dans la voiture, lorsque je lui pose des questions sur le test, il me répond laconiquement. Oui, non. Oui, non. Puis nous nous taisons. Il est loin. Je connais cette sensation, ce besoin de se replier sur soi. Je ne le force donc pas à parler. Nous faisons le trajet en silence.

Quinze kilomètres sans un mot. Le silence nous enveloppe comme une couverture. Je fixe la route à l'horizon, mais au bout d'un moment, cette couverture de silence m'étouffe, elle me coupe la circulation.

J'ai envie de lui raconter que j'ai failli passer les tests moi aussi, mais tout ce qui sort de ma bouche, c'est :

– J'aimerais devenir danseuse. Pas juste une Damsel, une vraie danseuse pro.

Il ne quitte pas de la route, c'est tout à son honneur. Il se contente de répéter :

– Danseuse ?

Il est toujours loin, mais je sens qu'il revient un peu à la réalité.

– Quand j'étais petite, vraiment petite, j'ai fait de la danse classique. Et j'étais douée. J'ai une photo de moi en justaucorps noir, debout, en cinquième position. Parfaite. Elle a été prise à la fin de notre spectacle. Mon tout premier spectacle, j'étais tellement heureuse. Puis ma prof m'a dit : « Tu ne seras jamais une danseuse. Tu peux continuer les cours, mais c'est une perte de temps et d'argent. Tu as de trop gros os. Tu n'as pas le physique pour. Mieux vaut que tu le saches. »

– Waouh. La salope.

– J'étais dévastée. Pendant longtemps, j'ai refusé de danser, malgré les encouragements de ma mère. Elle a proposé de me trouver un autre cours, mais quelque chose s'était brisé. J'ai laissé cette femme briser mes rêves.

Je regarde son profil qui se découpe sur fond de route.

– Mais elle ne peut pas m'empêcher de danser. Personne n'a le droit de te dicter ce que tu peux faire ou ne pas faire. Même pas toi.

Le silence retombe, mais il est moins lourd. L'atmosphère a changé, il est revenu sur terre.

– Mon père trompe ma mère.

– Comment tu le sais ?

– Je le sais. C'est Mme Chapman.

– Mme Chapman, genre… la prof de chimie ?

– Elle-même.

– *Sans blague ?*

Bon, d'accord, elle est jeune, mais je ne voyais vraiment pas Mme Chapman dans le rôle de la maîtresse.

– Et tu la croises tous les jours au lycée…

– Ouais.

– Le salaud.

– Je suis désolée que les gens t'embêtent au sujet de ton poids. Je suis désolé d'avoir empiré les choses.

– Je suis désolée que tu sois obligé de sortir avec Caroline Lushamp.

Il éclate de rire et, soudain, l'atmosphère devient électrique.

– Je ne sors plus avec elle.

Ces six mots flottent dans les airs et emplissent l'espace autour de nous jusqu'à ce qu'il reprenne :

– Je suis désolé que mes potes soient de tels connards parfois.

– Je suis désolée que tu ne reconnaisses pas les gens qui t'entourent. Si c'était le cas, tu choisirais peut-être mieux tes amis.

Il rit à nouveau mais pas aussi fort.

– Faut voir le côté positif de la chose, dis-je. Si tu rencontres quelqu'un qui te tape sur les nerfs, c'est pas grave. Le lendemain, pour toi, c'est comme si c'était quelqu'un d'autre. Une nouvelle personne.

– Ouais, j'imagine…

Sauf que là, il ne rit plus du tout.

Nous croisons un panneau : AMOS… 8 KILOMÈTRES.

Il dit :

– On pourrait continuer…

– Jusqu'à ce que le soleil se couche ?

– Pourquoi pas ?

Et soudain, c'est comme si je nous regardais d'en haut – deux rebelles, Jack Masselin et Libby Groby, assis à l'avant d'une putain de caisse, côte à côte, leurs jambes se touchant presque, respirant le même air, partageant les mêmes pensées et des secrets que les autres ne soupçonnent pas.

Il me jette un regard.

– En tant que sujet récemment diagnostiqué comme atteint de prosopagnosie, il paraît que je n'aborde pas les visages comme les autres personnes. Par exemple, j'évite les yeux. Pourtant, je n'ai aucun mal à te regarder dans les yeux. En fait, j'adore ça. Vraiment.

Je plonge mes yeux dans les siens et lui dans les miens. Et j'ai l'impression qu'on ne pourra plus jamais se quitter des yeux.

– La route, dis-je dans un murmure imperceptible.

JACK

Je pourrais lui sauter dessus. Ce serait si facile – garer la voiture, se pencher, lui caresser la joue, se pencher un peu plus (assez pour qu'elle sente mon souffle dans son cou), croiser son regard, plonger mes yeux dans les siens, peut-être écarter une mèche de son visage. Tout ce que j'ai appris à faire pour être le mec-que-les-filles-s'arrachent.

Elle tourne la tête, je ne vois que ses cheveux. Lorsqu'elle reprend la parole, sa voix est un peu rauque, un peu chargée, chargée d'émotion.

Et cette émotion, c'est :

Peut-être que tu lui plais.

Ce qui veut dire que peut-être elle te plaît aussi.

Parce qu'il y a une certaine réciprocité dans ces choses-là.

Libby Groby craque sur toi.

Tu craques sur Libby Groby.

Oh, putain, c'est pas vrai !

Et tout à coup, je pense au cancer et à ce vieux bonhomme atteint de prosopagnosie à San Francisco et au Dr Amber Klein et aux anévrismes, et quand on y pense, tant de choses nous échappent dans la vie. Ça me donne envie de reprendre le contrôle.

Littéralement. Je me penche et je lui prends la main. Elle est douce, chaude, elle tient parfaitement dans la mienne, et, soudain, mon corps entier s'électrise, à croire que je me suis branché direct sur le soleil.

Tous les deux, on contemple nos mains, comme si on les voyait pour la première fois.

Et, brusquement, je me souviens que je suis au volant, alors je reporte mes yeux sur la route, mais sans lui lâcher la main. Je la caresse du pouce, je sens presque la décharge électrostatique, ce passage de courant entre deux objets électriquement chargés mis en contact. La DES, comme on dit en physique, peut générer des étincelles, mais aussi causer des dégâts, comme des explosions de gaz ou de poussière de charbon. Contrairement à Caroline, qui n'est que gaz ou poussière explosive, là, il n'y a aucun risque.

Libby est solide. Elle est bien réelle. Tant que je lui tiens la main, elle ne se volatilisera pas sous mes yeux.

LIBBY

Il quitte l'autoroute à la sortie Amos. Nous passons devant l'office du tourisme, la concession Ford, le centre commercial et toutes les chaînes de restauration. Nous longeons les vieilles demeures victoriennes qui bordent la rue principale, le petit Muséum d'histoire, les quatre pâtés de maisons du centre et le tribunal. Puis après le lycée, le collège, les pompes funèbres et, enfin, nous arrivons dans mon quartier.

Est-ce que Jack Masselin me plaît ? Genre, j'ai un faible pour lui ?

À un moment, je vais devoir descendre de cette voiture, remonter l'allée, ouvrir la porte et rentrer chez moi. Je vais devoir refermer la porte, avec moi d'un côté et lui de l'autre, et il va redescendre l'allée, s'éloigner de la maison, remonter dans sa voiture et partir. J'irai dans ma chambre m'allonger sur mon lit et me demander si tout ça s'est réellement passé ou si je l'ai rêvé, et – surtout – ce que j'en pense.

Il s'arrête le long du trottoir, coupe le moteur et nous fixons à nouveau nos mains. Je ne relève pas la tête parce que sinon il va la relever aussi… et s'il m'embrasse ?

Je risque d'exploser en un million d'éclats scintillants de lumière.

JACK

Je veux qu'elle lève la tête. Je la supplie intérieurement : *Lève la tête. Allez, allez, relève la tête.*

Mon portable vibre, ça nous fait sursauter. C'est l'alarme que j'avais programmée pour me prévenir que, dans trente minutes, tout le monde sera à la maison.

Sans même attendre que je la coupe, elle me lâche la main comme si c'était une patate chaude et bondit hors de la voiture. Ça rompt le charme.

Je me retrouve là, à me demander : *Qu'est-ce que je fous, putain ?*

J'allais redémarrer, mais finalement, je sors du Land Rover alors qu'elle est déjà sur le pas de sa porte. Pour la première fois cette année, je sens l'automne arriver. La fraîcheur du soir me donne envie d'un bon feu, pourtant ma main est encore chaude. Je la fourre dans ma poche, elle me brûle la peau à travers mon jean.

– Merci de m'avoir raccompagnée, dit-elle, toute nerveuse.

Je la regarde droit dans les yeux.

– Je n'ai jamais rencontré quelqu'un comme toi. Tu es différente. Tu es toi. En toutes circonstances. Qui d'autre peut en dire autant, à part peut-être Seth Powell, mais c'est un idiot. Toi, Libby Groby, tu n'es pas une idiote.

Elle pointe le doigt sur sa poitrine.

– Je te plais vraiment, alors.

– Quoi ?

– Jack Masselin a un faible pour la grosse, mais il ne l'a pas encore complètement accepté.

Là, je me dis : *OK, voyons où ça mène.*

– Je ne confirme pas l'hypothèse, mais… et s'il l'avait complètement accepté ?

– Bah, alors, il faudrait qu'on passe à l'action, j'imagine, répond-elle.

Et sur ces mots, elle rentre dans la maison et referme la porte derrière elle.

LIBBY

Je reste adossée à la porte, le cœur battant. Je l'entends de l'autre côté. Je sens qu'il est encore là. Je sais quand il s'en va, deux minutes plus tard, parce que, autour de moi, l'air redevient normal – et non plus chargé d'électricité. Ce n'est plus cette atmosphère d'orage qui risque de péter à tout moment. Mon cœur cogne encore comme un fou tandis qu'il s'éloigne dans sa voiture.

JACK

J'envisage de le leur annoncer alors que maman fait passer la salade, que Dusty récite son texte de *Peter Pan*, et que papa fait tourner le gratin de pâtes : *Je suis atteint de prosopagnosie. C'est officiel. Une spécialiste du cerveau m'a fait passer les tests aujourd'hui.*

Personne ne se doute que je n'ai pas été à la maison de la journée, à part Marcus qui me tend des pièges du genre : «J'ai appelé aujourd'hui, mais ça ne répondait pas. Tu dormais, Jack? Tu devais faire la sieste, hein? Sinon tu aurais répondu.» Dans le dos des parents, je lui fais un doigt.

Mon père me surprend et proteste :

– Pas de ça à table, Jack.

J'ai envie de répliquer qu'il n'a pas à me parler comme ça. Que c'est bien la dernière personne au monde à pouvoir me faire la leçon.

Mais, bizarrement, malgré les révélations du Dr Amber Klein et malgré mon cerveau bousillé, je suis d'excellente humeur. Je ne réponds donc ni à mon père ni à Marcus – bien qu'ils n'aient pas mérité ma clémence. Je reste plongé dans mes pensées, je me repasse le trajet de retour, nos mains entrelacées, le sourire de Libby et sa façon de me dire : « Bah, alors, il faudrait qu'on passe à l'action, j'imagine. »

Après le dîner, je descends au sous-sol travailler sur mon robot en Lego. J'ai beau essayer de m'absorber dans la construction, la seule chose que je construis pour le moment, c'est la plus grande pile de pièces détachées du monde. La phase la plus délicate de tout projet, c'est la vision. Une fois que je saurai exactement ce que je veux fabriquer, je n'aurai plus qu'à dénicher les pièces qu'il me faut pour les assembler dans le bon ordre. Mais là, je n'y arrive pas. J'ai cinquante images en tête pour cinquante robots différents, mais aucune ne me semble assez extraordinaire.

J'entends des pas et, dans l'escalier, une voix résonne :

– T'étais vraiment malade, aujourd'hui ?

Dusty.

– Oui, d'une certaine façon, mais pas comme tu te l'imagines.

– Tu as envie d'en parler ?

– Non, ça va.

Il s'approche de moi, scrutant les pièces éparpillées sur le sol et la table.

– Et toi ? je lui demande. Tu as envie de parler de quelque chose ? Y en a qui t'embêtent ?

– Non, ça va. Je suis Peter Pan.

Je le comprends, il veut rester dans la peau du personnage. Les ennuis finissent toujours par nous rattraper bien assez tôt.

Une fois dans ma chambre, je sors par la fenêtre, je grimpe dans l'arbre puis sur le toit. Je m'allonge pour contempler le ciel. Je me dis que c'est le même ciel que j'ai contemplé quand j'avais six ans, avant de tomber, et le reste. Franchement, ça ne devrait pas être le même ciel, vu tout ce qui s'est passé entre-temps. Il devrait avoir complètement changé.

Marcus jouait dans la cour. Je suis monté sur le toit pour être tranquille, loin de lui, loin de ma mère qui m'avait demandé de le surveiller. J'ai eu plus de mal à monter que je ne m'y attendais. Ça m'a surpris. Et c'était plus sale aussi – fientes d'oiseaux, brindilles et une vieille balle qui devait être là depuis vingt ans. Notre toit n'est pas plat, il est en pente. Je me suis accroupi au bord pour regarder la rue, le quartier. Je me tenais d'une main. Marcus a levé la tête juste à ce moment, alors je me suis lâché pour lui montrer que j'étais grand, fort, et plus courageux qu'il ne le serait jamais.

Il faut moins d'une seconde pour tomber de quatre mètres de haut, mais ça a duré une éternité. On dit que, durant la chute, les souvenirs défilent. On se remémore des choses, des détails qu'on avait complètement oubliés. Pour moi, c'était le visage de ma mère – ses yeux, plus précisément. Je ne me rappelle pas à quoi ils ressemblaient, mais je me souviens de les avoir vus.

LIBBY

– Allô ?

– C'est Jack. J'ai réfléchi à ce que tu m'as dit.

– Je dis tellement de choses. Tu peux être plus précis ?

– Je repensais à ta proposition de passer à l'action pour régler cette affaire de tu-me-plais-je-te-plais.

– Je n'ai jamais dit que tu me plaisais.

Silence.

– Jack ?

– Ce que tu viens d'entendre, c'est mon cœur qui vient de lâcher aussi soudainement que violemment.

– Hypothétiquement, si… – et je ne dis pas que c'est vrai –, mais si tu me plaisais, qu'est-ce que tu voudrais faire à ce propos ?

– Je voudrais vraisemblablement te prendre la main.

– Vraisemblablement ?

– Hypothétiquement, oui. Je voudrais hypothétiquement indubitablement te prendre la main.

– Dans ce cas, je voudrais vraisemblablement hypothétiquement faire pareil.

– Je voudrais aussi hypothétiquement t'inviter au cinéma, même si je n'aime pas vraiment ça à cause de ce problème de reconnaissance des visages.

– Voir quoi ?

– Quel film ?

– Pour que je te dise si j'ai envie d'aller le voir.

– Ça ne te suffirait pas d'être avec moi et de me tenir hypothétiquement la main dans le noir ?

– J'aimerais au moins savoir quel genre de film on irait voir.

– Euh... Il nous faudrait un film qui mélange un peu tout : comédie, drame, action, suspense, romantisme...

– Alors, ce serait vraiment un très bon film.

– Et tu voudrais bien qu'on se tienne la main en le regardant ?

– Vraisemblablement.

– OK. Je me contenterai de « vraisemblablement » pour le moment. J'aimerais également t'inviter à dîner, soit avant, soit après le film, selon, et ensuite je te raccompagnerais indubitablement d'un pas guilleret chez toi.

– Et si je préfère que tu me raccompagnes en dansant ?

– Je suis l'homme de la situation.

C'est vrai ? Tu en es bien sûr ?

Mon cœur sort de ma chambre en sautant à cloche-pied, il descend l'escalier, bondit dans l'entrée et jaillit dans la rue.

– Mais après t'avoir raccompagnée en dansant, je voudrais t'embrasser.

– Ah oui ?

– Oui, oui.

Mon cœur a quitté la surface de la terre. Je le vois qui traverse l'espace, passe devant la lune et les étoiles pour filer dans une autre galaxie.

– Hypothétiquement...

– Bon, alors, je te laisserais m'embrasser.

– Hypothétiquement ?

– Non, indubitablement.

Quand nous raccrochons, il est presque deux heures du matin. Je reste toute la nuit les yeux grands ouverts dans le noir, à attendre que mon cœur redescende dans ma poitrine.

LES HUIT JOURS SUIVANTS

JACK

Lundi midi, je m'assieds face à Kam et Seth, qui sont côte à côte. Je fais des croquis pour le robot de Dusty, je suis à fond. Je le vois enfin et, pour la première fois, je sais où je vais. Mon cœur bat comme si je venais de courir le marathon en sprintant dans la dernière ligne droite. Rien, rien ne peut arrêter le flot de mes pensées jusqu'à ce que Seth lance :

– Tu sais, Kam et moi, on a un truc qui pourrait t'aider à régler ton problème.

Je lève la tête, un peu dans le brouillard, parce que je suis avec mon robot, et non pas ici, dans la cafèt de MVB. Seth a un sourire de chacal et je n'ai aucune envie d'entendre sa suggestion.

Pourtant, je laisse échapper un soupir las.

– Quel problème ?

Seth donne un grand coup de coude à Kam qui laisse tomber la poignée de frites qu'il s'apprêtait à engloutir.

– Fais gaffe, Powell !

Seth poursuit :

– J'ai fait des recherches hier soir.

Il sort un bout de papier de sa poche.

– Mon Dieu ! Du porno ?

J'aurais dû m'en douter. Je retourne à mes croquis.

– Non, pas du porno ! Bon sang !

Et il ose prendre un air outragé alors que, pour autant que je sache, Seth s'imagine qu'Internet a été inventé pour deux choses seulement : le poker et le porno.

– Premièrement : elles se laissent facilement approcher.

– Qui ça ? Qui se laisse facilement approcher ?

Je continue à griffonner.

– Les grosses.

Je redresse si brusquement la tête que je manque me faire le coup du lapin.

Il s'efforce de rester impassible, mais c'est plus fort que lui, il ricane déjà.

– Deuxièmement : les belles femmes ne sont pas toujours très sympas.

– Ça, c'est vrai, intervient Kam.

– Qu'est-ce que tu es en train de me lire ?

– *Dix Bonnes Raisons de sortir avec une grosse*, un article que j'ai trouvé sur le Net.

Il agite la feuille sous mon nez, puis l'approche à nouveau de ses yeux, lit un truc et se met à hurler de rire.

Je tente de la lui prendre, mais il la tient à bout de bras, hors de ma portée.

– Troisièmement…

Kam lui arrache le papier des mains et me le tend. Je le roule en boule pour le lancer dans la poubelle à travers le réfectoire, mais je ne voudrais pas que quelqu'un le repêche, alors, à la place, je le glisse dans la poche arrière de mon jean. Puis je me penche par-dessus la table pour flanquer une tape sur la tête de Seth.

Il continue à glousser.

– Quel crétin, marmonne Kam avant de fourrer le reste de ses frites dans sa bouche.

Je sais que Seth se trouve trop drôle, mais je bous de rage.

– Arrête ça tout de suite, mec. Je suis sérieux.

– Waouh. OK, OK, Mass. Comme tu veux.

Il s'essuie les yeux en s'efforçant de reprendre son souffle. Il reste tranquille une minute puis, soudain, il laisse échapper un ricanement et repart dans une nouvelle crise de fou rire.

Il ne faut pas que ça m'atteigne. *Qu'est-ce que ça peut me faire, ce qu'ils pensent?* Je me dis que ce n'est pas parce qu'elle est grosse. Que ce n'est pas ce qui m'inquiète. D'ailleurs, je ne suis pas inquiet du tout. Je veux juste qu'ils me laissent tranquille. Qu'ils nous laissent tranquilles. Mais au fond de moi, une petite voix résonne : *Et si tu étais simplement superficiel? Et si c'était ça, ton signe distinctif?*

– T'es vraiment un sale crétin, Seth Powell.

Je remballe mes idées et ce qui reste de mon déjeuner avant de quitter la pièce.

LIBBY

La feuille d'inscription pour l'audition des Damsels est punaisée sur la porte du bureau d'Heather Alpern. Pour l'instant, il y a sept candidates. Je suis la huitième. Jayvee me tend un stylo et je me penche pour écrire mon nom quand j'entends dans mon dos :

– C'est pas vrai ! Tu veux passer l'audition ?

Caroline Lushamp me toise avec cet étrange sourire forcé qui lui donne un air de Barbie serial killeuse.

– C'est pas vrai ! Comment tu as deviné ? je lui lance.

Les yeux écarquillés, elle nous fixe tour à tour, moi, mon nom sur la liste, Jayvee, puis moi à nouveau.

– Tu imagines ? On sera dans la même équipe ! dis-je avec enthousiasme.

Puis je la serre fort dans mes bras en lançant gaiement :

– On se voit à l'audition !

Pliée de rire, Jayvee n'arrive même plus à marcher droit. Elle titube dans les couloirs comme si elle avait trop bu. Finalement, elle se redresse et arrête de pouffer assez longtemps pour me demander :

– Alors, pour notre affaire d'Atticus, tu as décidé quoi ? Test ou pas test ?

– Pas test. Je me suis dit qu'il avait sûrement raison.

– C'est pas faux.

En éducation routière, nous sommes trois par voiture. Vu que les autres sont tous en seconde et que nous sommes les seuls en première, nous sommes d'office ensemble : Bailey, Travis Kearns et moi.

Je parie que Travis est défoncé. Il commente en permanence les événements, en bredouillant depuis la banquette arrière :

– Allez ! Pédale au plancher, ma grande !... File comme le vent... On va voir ce qu'elle a sous le capot !... Montre à tout le monde ce dont t'es capable... Enfonce la pédale avec tes belles grosses jambes... Emmène-nous sur la lune, ma belle... ou tout du moins jusqu'à Indianapolis... Indy... Indy (plusieurs mots inintelligibles suivis d'un fou rire hystérique)...

Bailey est également à l'arrière, plaquée contre la portière, aussi loin de lui que possible. Mais en bonne Bailey qu'elle est, elle affiche un sourire déterminé. M. Dominguez, toujours aussi viril, a pris la place du passager. Je suis au volant et, c'est plus fort que moi, je suis surexcitée ! J'ai les mains qui picotent, les pieds qui me chatouillent, ça me remonte dans les jambes, et jusque dans la poitrine. Je suis à fond, je me sens pleinement VIVANTE !

Il faut comprendre que, pendant longtemps, j'ai cru que jamais je ne pourrais conduire, ni courir, ni faire tout ce que font les gens de mon âge. Mon univers se réduisait à mon lit et au canapé, et même, au bout d'un moment, comme je n'arrivais plus à me déplacer de l'un à l'autre, j'ai fini par rester au lit nuit et jour, à lire, à regarder la télé, à surfer sur le Net et, oui, à manger. Parfois, j'entendais Dean, Sam et Castiel dehors et, en me redressant sur mon oreiller, je pouvais les voir jouer au tennis, au foot ou à chat dans la rue. Dean et Sam sortaient en soirées ou en amoureux (je rêvais que c'était avec moi), tandis que le plus jeune, Castiel, grimpait dans un arbre collé à la maison. J'étais témoin de leurs conversations téléphoniques, de leurs séances de câlins avec des filles et de leurs disputes. Parfois, je surprenais Castiel dans mon jardin, qui fixait ma fenêtre. Alors je ne bougeais plus en attendant qu'il parte, parce que être espionnée, ce n'est pas aussi cool qu'espionner.

Enfin bref, maintenant je conduis et je me moque de ce que marmonne Travis et des questions que Bailey me pose au sujet de Jack et moi : est-ce qu'il y a quelque chose entre nous ? Est-ce que c'est sérieux ? Est-ce qu'on est en couple ? M. Dominguez me donne ses instructions en aboyant et, à un moment, il se retourne pour leur beugler de se taire.

Et même si c'est la première fois que je prends le volant, je suis douée. C'est naturel pour moi. Je me sens parfaitement à l'aise. Dans mon élément. Et soudain, je réalise : *Ça y est ! C'est moi qui conduis !*

Je conduis une voiture comme une personne normale, comme celle que je croise dans la voiture d'en face. Comme le conducteur qui est devant moi. Et celui qui est derrière moi. Comme tous ces gens autour de moi dans la rue qui ont sans doute une voiture et le permis. *C'EST MOI QUI CONDUIS !*

Voilà encore un truc que ma mère ne verra jamais et, sans prévenir, je me mets à pleurer. Elle me manque, mais… *Regardez, je suis au volant, je m'engage dans cette rue. Regardez, je m'arrête au feu. Regardez, je tourne à droite !*

– Mais qu'est-ce que tu fabriques ? s'inquiète M. Dominguez.

Sans quitter la route des yeux, je réponds :

– Je pleure. Et je conduis. Je pleure en conduisant. Je conduis en pleurant !

Et je pleure encore plus, des larmes de joie et de tristesse mêlées.

Bailey se penche pour me poser la main sur l'épaule. Je l'entends renifler.

– Il faut qu'on s'arrête ? veut savoir M. Dominguez.

– Pas question, je veux conduire toute la nuit !

Je ne parle que par exclamations. Je jette un coup d'œil dans les rétroviseurs et, sans que M. Dominguez me le demande, je prends la voie d'insertion sur l'autoroute. Je ne peux pas m'en empêcher. J'ai envie de la pousser un peu, cette voiture !

– Vas-y, appuie sur le champignon ! claironne Travis.

Bailey laisse échapper un petit cri lorsque l'accélération la plaque contre le dossier.

Je pleure toujours, mais je ris aussi, parce que je suis libre, et personne ne peut comprendre.

Je confie au prof :

– Vous ne pouvez pas savoir ce que c'est d'être enfermé chez soi, en cage comme un animal. C'est le plus beau jour de ma vie !

Je m'entends rire comme une folle hystérique, pourtant, pour moi, c'est un rire sincère, qui vient du cœur, un immense éclat de rire sans fin... J'ai l'impression que je pourrais rire ainsi pour le restant de mes jours.

Et aussi ridicule que ça puisse paraître, je suis sincère : c'est le plus beau jour de ma vie. Je suis sur l'autoroute, le paysage défile, et moi aussi, je file, comme tout le monde, je fais partie intégrante de l'univers. Au volant de cette voiture, je pourrais filer jusqu'aux nuages, dans un élan de joie et de liberté.

Quelqu'un met la musique. – *All Right Now*, de Free. Dans le rétro intérieur, je vois Travis qui secoue la tête en rythme et cette pauvre Bailey, cramponnée à son siège, ses cheveux blonds qui volent en tous sens.

Je passe d'une file à l'autre, portée par la chanson, et petit à petit, nous reprenons tous le refrain en chœur, même Bailey.

Deux pâtés de maisons avant d'arriver au lycée, M. Dominguez nous fait remonter les vitres et nous demande de nous redresser. Mais lorsque je pénètre dans le parking, nous sommes tous encore en train de chanter.

JACK

Après le groupe de parole, Libby et moi quittons le gymnase ensemble, grimpons l'escalier, traversons le hall côte à côte, puis nous dirigeons vers le parking. J'ai envie de lui prendre la main, mais je n'ose pas. Et mon cerveau tambourine : *Pourquoi tu ne lui prends pas la main?* Keshawn, Natasha et les autres sont devant nous, il n'y a que Libby et moi.

Je me lance :

– Je me demandais si, hypothétiquement, tu accepterais de sortir avec moi ce week-end…

Elle fait mine de réfléchir – ou bien elle réfléchit vraiment.

– Prends ton temps. Tu as encore environ deux minutes pour me donner ta réponse, dis-je.

– Parce que sinon quoi? Ta proposition ne sera plus valable?

– Non, parce que, sinon, je te reposerai la question.

Elle me sourit, un sourire charmeur et coquin. Et à voix basse, elle me glisse :

– Je pense que, hypothétiquement, ça pourrait être cool.

LIBBY

Jack arrive cinq minutes en avance. Il a les cheveux tout ébouriffés et dressés sur la tête, comme d'habitude, sauf qu'ils sont mouillés. Visiblement, il sort de la douche. Je suis assise à côté de lui sur le canapé, et il sent le savon, une véritable odeur d'*homme*.

J'essaie de ne pas regarder ses mains posées sur ses genoux, ni sa peau, qui paraît encore plus dorée comparée au bleu foncé de son jean.

J'ai prévenu mon père que Jack venait. Que c'était un ami. Qu'il m'emmenait dîner. LE PREMIER RENDEZ-VOUS GALANT DE MA VIE. *Oui, le Jack que tu as rencontré dans le bureau de la proviseure.*

Je retiens mon souffle tandis que nous sommes là, tous les trois (quatre en comptant George qui contemple Jack depuis le dossier du fauteuil de mon père), formant un triangle tout gêné de non-dits. Mon père et Jack discutent, mais c'est surtout Jack qui parle. Mon père le dévisage comme s'il cherchait à percer à jour ses véritables intentions. Il ne se montre pas franchement chaleureux ni amical, mais pas non plus désagréable, ce qui est déjà bien.

Mais soudain, Will Groby s'exclame :

– Tu imagines ma surprise lorsque Libby m'a annoncé qu'elle voulait sortir avec toi.

– J'imagine.

– Je sais que ma fille est incroyable, mais toi, en es-tu conscient ?

– Je le découvre un peu plus chaque jour.

– Elle a l'air de te faire confiance et me demande de me fier à toi, moi aussi.

– Je comprendrais tout à fait que ça vous soit impossible, monsieur. Je ne peux qu'essayer de me montrer digne de votre confiance à tous les deux.

– Peux-tu me donner trois bonnes raisons de la laisser sortir avec toi ce soir ?

– Je me suis comporté comme un salaud, mais je ne suis pas un salaud. Je n'ai jamais voulu faire de mal à votre fille. Je ne lui ferai jamais de mal volontairement.

Papa se tourne vers moi, j'essaie par mon regard de lui dire : *S'il te plaît, pardonne-lui et laisse-moi sortir avec lui, que je ne meure pas vieille fille. En plus, il me plaît vraiment, même si ça te paraît dingue. Je t'en prie, fais-moi confiance.*

Il reprend :

– Où comptes-tu emmener ma fille, ce soir ?

Il n'arrête pas de dire « ma fille », comme pour enfoncer le clou : « C'EST MA FILLE. MA CHAIR ET MON SANG. TU SAIS CE QUI T'ATTEND SI TU TOUCHES À UN CHEVEU DE MA FILLE UNIQUE ? »

– Je pensais l'emmener voir un film, puis dîner quelque part.

– Tu la ramènes à onze heures.

Moi : – Je suis en première, papa.

Papa : – Justement.

Moi : – Si on disait minuit ?

Papa : – Si on disait dix heures et demie ?

Moi (à Jack) : – Je dois être rentrée à onze heures.

Jack (riant) : – Pas de problème. Je promets de la ramener à l'heure, peut-être même avant.

Je supplie intérieurement : *Pitié, pas trop en avance.*

Mon père le questionne :

– Quand as-tu fait réviser ta voiture pour la dernière fois ?

Je finis par me demander s'il est sérieux ou si c'est juste pour l'embêter. J'essaie de lui envoyer un message par la pensée : *Arrête, je t'en prie. Détends-toi un peu.* Il risque de tout gâcher avant même que j'aie eu une occasion. Peut-être que Jack ne sera pas ma seule opportunité d'avoir une relation affective avec un homme hors du cadre familial, mais pour l'instant, c'est la meilleure que j'aie. Et en plus, il me plaît vraiment.

Jack Masselin me plaît.

– En août. Je suis assez manuel, je l'ai faite moi-même.

Papa le dévisage pendant ce qui me paraît une éternité avant de dire :

– Tu sais, ton père et moi, on est allés à l'école ensemble. On a joué dans l'équipe de foot du collège, puis du lycée.

Ce n'est pas exactement « je suis ravi que ma fille sorte avec toi ce soir », mais c'est déjà pas mal.

Dans la voiture, je murmure :

– Désolée pour mon père.

– Tu plaisantes ? s'étonne Jack. Il a toutes les raisons du monde de m'en vouloir. Si j'étais lui, je ne me laisserais pas t'approcher à moins d'un mètre.

Mais moi, ce que j'entends, c'est : « J'ai envie d'être près de toi, Libby Groby. À moins d'un mètre. J'ai envie de t'embrasser à te gercer les lèvres. »

– Il veut te protéger, c'est tout, poursuit-il. Et il a raison, surtout vu ce que je t'ai fait. Je serais pareil si j'avais une fille.

Mais moi, ce que j'entends, c'est : «Je te protégerai pour toujours et à jamais. Je m'occuperai de toi et de notre fille, celle que nous aurons quand nous serons mariés et que je t'aimerai pour la vie.»

Je m'imagine dans la même voiture, mais quinze ans plus tard – quelque part, très loin d'Amos. Jack Masselin est à côté de moi, comme maintenant, sauf que nos enfants sont à l'arrière – ou peut-être juste notre enfant unique, notre fille. J'ai la main sur sa cuisse.

Je regarde sa jambe, je regarde sa main sur le volant et je pense : *Je parie que tu feras un très bon père.*

Je ne sais pas où on va, mais on se dirige vers l'est de la ville, où se trouvent les restaurants et le cinéma. C'est là que nous vivions, mon père et moi, avant qu'on doive démolir notre maison pour m'en faire sortir.

Comme s'il lisait dans mes pensées, Jack demande :

– Tu vivais par ici, avant, non?

– Oui, il y a longtemps. Alors où on va?

Il m'adresse un grand sourire et je fonds sur le fauteuil. Je me sens toute mielleuse et chaude à l'intérieur. Je m'abandonne à cette sensation parce que c'est rare. J'entends la voix de Rachel dans ma tête : *Tu as le droit d'être heureuse. Tu as le droit de profiter des bons moments.*

Et je pense : *Ce sera peut-être ce soir, le grand soir. Ma nuit de sexe torride pour perdre mes kilos en trop à la mode Pauline Potter. Jack Masselin, tu pourrais bien être mon premier.*

Il me dit :

– On pourrait d'abord aller manger un morceau et puis voir ce qu'on fait après.

Mais il pourrait aussi bien dire : «Je vais t'emmener au septième ciel et quand on sera là-haut, je te cueillerai un bouquet d'étoiles.»

Soudain, je pense à nouveau à la fille que nous allons avoir ensemble. *Béatrice, on l'appellera Béatrice.*

Nous passons devant L'Oliveraie, Applebee's et Red Lobster, qui a ouvert le mois dernier. Dans ma tête, je fais le décompte de tous les restos de la ville – il n'y en a pas beaucoup – au fur et à mesure que nous passons devant. Je m'attends presque à ce qu'il fasse demi-tour pour me ramener chez moi – privée de dîner, privée de sortie. Ou alors il veut passer la frontière de l'État pour aller dans l'Ohio, où personne ne risque de nous reconnaître.

Quand nous sortons de la ville, mon cœur se serre un peu, ce qui m'indique que je ne croyais tout de même pas qu'il allait me faire ce coup-là, mais voilà qu'il le fait – il me sort de la ville comme la fille d'un magnat du pétrole.

– Où on va?

Ma voix est plate, passée sous un trente-six tonnes.

– À Richmond.

– Richmond?

Et ça sonne comme «NON, MAIS TU TE FOUS DE MOI? RICHMOND? AUTANT M'ATTACHER UNE PIERRE À LA CHEVILLE ET ME JETER DANS LA RIVIÈRE!»

– Oui, Richmond. Pas question que je t'emmène dans un boui-boui d'Amos. Pas alors que tu es aussi chic.

JACK

Pizza Clara est une institution. Ils font les meilleures pizzas à des kilomètres à la ronde et il y a un bus rouge à impériale en plein milieu de la salle. C'est bondé, mais j'ai réservé. On peut s'installer à l'intérieur du bus ou bien prendre une table à l'étage avec une balancelle pour s'asseoir.

Nous zigzaguons entre les tables, Libby en tête, et je vois les gens la regarder. Ça arrive aussi quand je suis avec Caroline – on se retourne sur elle. Mais parce que c'est le genre de grande fille sexy qui fait tourner les têtes.

En avançant, je repère les endroits trop étroits, où Libby aura du mal à se faufiler. Je passe devant pour choisir un chemin qui ne lui posera pas de problème. J'ouvre la voie sous les yeux écarquillés des clients et, soudain, je réalise qu'il n'y a pas si longtemps, j'étais comme eux. Peut-être pas le mec qui ricane, mais celui d'à côté. Je ne sais pas comment réagir, alors je les fixe également. Je ne sais même pas si je les connais, s'ils me connaissent. Et je m'en moque. Ils nous regardent, elle et moi, et une table de mecs commence à balancer des vannes. Est-ce qu'elle les entend? Aucune idée.

Sans doute. Je renverse la tête en arrière – j'aime à croire que ça a pour effet de faire gonfler mon afro et de me rajouter dix bons centimètres – avant de leur lancer un regard noir. Ils se taisent.

En haut, Libby s'installe sur la balancelle. Je peux soit m'asseoir à côté d'elle, soit en face. Et puis je me dis *je les emmerde tous*, tous ceux qui nous fixent. En désignant la balancelle, je demande :

– La place est libre, mademoiselle ?

– Tu n'es pas obligé.

– De quoi ?

– De t'asseoir à côté de moi.

– Pousse-toi, miss.

Elle me laisse un peu de place et nous nous balançons, comme dans un jardin par un bel après-midi d'été. Chaque table est équipée d'un téléphone – un vieil appareil filaire – et après avoir passé la commande, je lui prends la main.

Je m'excuse :

– J'ai les mains moites.

– Pourquoi ?

– Je suis stressé.

– Pourquoi ?

– Parce que je suis assis avec toi sur cette balancelle et que tu es si belle.

Elle hésite, comme si elle ne savait pas comment prendre le compliment. Puis elle dit :

– Merci.

Se retrouver ensemble en public, ce n'est pas comme quand on est tous les deux. D'abord, il y a trop de monde autour de nous. Et puis, je suis sur mes gardes, prêt à affronter quiconque oserait nous chercher, elle ou moi. Enfin, ça me fait vraiment prendre conscience de son poids alors que je n'y avais pas réfléchi en ces termes avant.

Il y a un bref silence. Je décide de lui raconter ce qui s'est passé avec le Dr Klein, les tests, et toute mon aventure de Jack le cobaye. Libby n'intervient pas, mais je vois bien qu'elle m'écoute. Elle penche la tête sur le côté et ouvre de grands yeux attentifs.

Puis elle me demande :

– Et comment tu te sens, maintenant ?

– Pareil. Peut-être légèrement pire. Peut-être légèrement mieux.

– Tu vas le dire à tes parents ?

– Je ne crois pas. À quoi ça servirait, hein ? Franchement, personne n'y peut rien – à moins d'arriver à charger un logiciel de reconnaissance faciale dans mon cerveau. Ce n'est pas parce que je leur annoncerai que ça fera apparaître un traitement comme par magie. Ça leur causera juste du souci en plus.

– Je suis désolée. J'aurais aimé qu'ils puissent faire quelque chose pour toi. Non pas pour qu'ils changent ton cerveau – il est très bien comme ça –, mais juste pour que tu sois mieux.

Maintenant, c'est à mon tour de ne rien trouver à répondre. Je reste là, à la regarder, jusqu'à ce qu'il n'y ait plus que nous, Libby et moi, et personne d'autre à des kilomètres à la ronde. Je meurs d'envie de l'embrasser. Je m'apprête à le faire quand la serveuse arrive avec notre commande.

En mangeant, Libby regarde autour de nous, puis finalement, elle pose les yeux sur moi et dit :

– Richmond, hein ?

Il y a quelque chose dans son ton qui me fait reposer mon verre.

– Je pensais que ça te plairait.

– J'adore. C'est juste qu'on aurait très bien pu dîner à Amos, tous les deux.

Puis elle détourne la tête, fixant le bus.

– Écoute, ce n'est pas parce que je ne veux pas ébruiter mon problème pour l'instant que je veux faire un secret de tout. Je ne veux pas que toi et moi, ça reste secret. Je ne veux pas te cacher, si c'est ce que tu penses.

Et en le disant, je me pose la question : *Était-ce mon intention?*

Elle fixe la table, le menu, n'importe quoi pour ne pas croiser mon regard.

– Putain. C'est ce que tu as cru. Que je t'ai amenée ici pour ne croiser personne!

– Non.

– Tant mieux, parce que c'est n'importe quoi.

Alors, pourquoi tu l'as amenée ici, connard?

– Je veux dire oui.

– Bon, d'accord, c'est pas complètement n'importe quoi.

Cette fois, elle me regarde dans les yeux.

– OK, j'ai compris. Je suis le roi des connards et tu me fais confiance, mais pas vraiment. Tu ne me connais pas assez bien pour savoir où ma connerie s'arrête.

Et en prononçant ces mots, je me demande : *Jusqu'où va ta connerie? Et si c'était plus grave que tu ne le pensais?*

– Peut-être, murmure-t-elle.

Je déteste son ton prudent, crispé, c'est comme une barrière entre nous.

– Écoute, je t'ai amenée ici, parce que je pense que tu mérites mieux qu'une des minables chaînes de restos d'Amos. Je t'ai amenée ici parce que, quand j'avais six ans, je suis tombé du toit de notre maison et mon père a joué les contrebandiers en m'apportant une pizza de chez Clara à l'hôpital, et c'est un souvenir rare et précieux pour moi – un souvenir où mon père est un type bien. Je t'ai amenée ici parce que c'est le premier endroit où j'ai voulu aller une fois que j'ai été en état de me tenir assis. Je t'ai amenée ici parce que c'est l'un des rares restos à cent kilomètres à la ronde, si ce n'est dans tout l'Indiana, qui ne soit pas sinistre ou complètement insipide. Parce que tu n'es ni sinistre ni insipide.

Et en le disant, je réalise que c'est la vérité, toute la vérité.

Je lui prends la main et je dépose un baiser sur chacun de ses doigts, tout en pensant : *Comment ça se fait que je tienne tant à cette fille?*

– Libby Groby, tu mérites d'être vue.

– Je ne passe pas franchement inaperçue, dit-elle à l'adresse de la nappe.

– Ce n'est pas ce que je voulais dire.

Nous nous balançons un moment en silence. Je m'en veux tellement de l'avoir emmenée ici. On aurait juste dû aller au Red Lobster, où tous les élèves du lycée, y compris peut-être Caroline, auraient pu nous mater ouvertement et où mes crétins de potes auraient pu s'incruster à notre table pour gâcher notre tête-à-tête.

Je m'écrie soudain :

– Attends une minute!

Je me lève d'un bond, je dévale l'escalier et file au juke-box, derrière le bus rouge. C'est le même qu'à l'époque où mes parents venaient ici en amoureux, il y a au moins mille ans. Tandis que je fais défiler les morceaux, je me demande ce que Libby a de si spécial pour me faire faire cinquante kilomètres afin de dénicher un resto à peu près digne d'elle, puis fendre la foule pour lui passer la chanson parfaite.

Oui, c'est ça! Les Jackson Five. C'est ce que je cherchais. Je rajoute aussi Sly and The Family Stone, et Earth, Wind and Fire, pour qu'on ait toute une plage de bonne musique. Puis je retourne à notre table, à l'étage, dans le coin droit, avec une fille en robe violette.

– Tu n'étais pas obligé de faire ça. Tu n'as aucune obligation. Je suis bête.

– Tu ne seras jamais bête.

– Si, je peux être très bête.

Elle mord dans sa pizza. Je mords dans la mienne. Nous mangeons dans un silence gêné.

Puis, soudain, la chanson retentit. La chanson ultime. Je m'essuie la bouche avec ma serviette et je la jette sur la table. Je me lève, la main tendue.

Libby me regarde avec de grands yeux.

– Quoi ?

– Viens.

– Où ça ?

– Viens, je te dis.

Je l'entraîne dans l'escalier jusqu'à la seule zone dégagée, à l'entrée de la salle de restaurant. Puis je la prends dans mes bras et on danse. Lentement. J'aurais pu choisir la facilité avec *I'll Be There*, mais mon choix s'est porté sur *Ben*. Si une chanson a été écrite pour Libby et moi, c'est bien celle-ci. Deux cœurs brisés et solitaires, qui ne sont finalement plus si solitaires ni brisés.

LIBBY

Je sens des larmes brûlantes me monter aux yeux. Chaque mot de cette chanson, c'est moi, Libby Groby. C'est nous, mais surtout moi. Et aussi Jack. Bon sang.

Je peux pleurer dans les bras de Jack Masselin devant un restaurant plein d'inconnus, ou bien je peux ravaler mes larmes, les enfouir au plus profond. Je les ravale, je les repousse, je refuse de les laisser couler. À un moment, il se penche vers moi et, comme ça, sans un mot, il m'embrasse, sur une joue, puis sur l'autre. Il m'embrasse là où les larmes rouleraient si je les laissais couler, et c'est la plus belle chose que quelqu'un – en dehors de ma mère – ait jamais faite pour moi. Soudain, je me sens bien, au chaud, en sécurité – et ça ne m'était pas arrivé depuis bien longtemps. Cette sensation de : *Tout va bien se passer. Tu seras bien. Tu l'es déjà, peut-être. Soyons bien ensemble, toi et moi.*

Je retiens mon souffle, je ne respire plus jusqu'à la fin de la chanson. Le juke-box enchaîne sur le morceau suivant, qui Dieu merci est plus rythmé, et Jack se lance.

– Vas-y, suis le groove, miss. Si t'es cap!

Et il se donne à fond.

– Je suis totalement cap!

Je me mets à danser aussi, on danse comme des fous et plus jamais je n'aurai envie de pleurer.

– Allez, explosion capillaire! me défie-t-il.

Il secoue la tête à droite, à gauche, au milieu.

C'est pas juste. Il a un sacré avantage avec sa tignasse monstrueuse, mais je fais de mon mieux pour balancer mes cheveux dans tous les sens.

À mon tour :

– Et maintenant, le break des dix mille volts!

Je saute sur place, en tremblant des pieds à la tête comme si je m'étais électrocutée. Il m'imite et, à un moment, je regarde autour de moi et je constate que d'autres clients se sont levés pour danser eux aussi.

– On va changer le monde en dansant, c'est la révolution! crie Jack.

Il me prend la main et me fait tournoyer comme une toupie. Je ris, je ris, je ris en pensant que ce serait vraiment génial, un monde où l'on danserait tout le temps.

Il me raccompagne chez moi. Une fois devant la porte, je m'attends à ce qu'il m'embrasse, mais à la place, il me serre dans ses bras. Mais pas comme pour le Rodéo Grosso. Non, il m'enveloppe tendrement, je sens son odeur de savon et de nature, comme s'il venait de se rouler dans l'herbe. J'aimerais rester dans ses bras à jamais, mais il s'écarte puis me regarde, les yeux mi-clos.

– Bonne nuit, Libby.

– Bonne nuit, Jack.

En entrant, je trouve mon père qui m'attend. Je lui raconte le dîner, puis je monte dans ma chambre, je ferme la porte, et je m'assieds sur mon lit en me demandant pourquoi diable il n'a pas voulu m'embrasser.

Mon portable vibre : Super-soirée.

Suivi de : On remet ça très vite.

Puis : Cette Mary Katherine, elle te fait vraiment penser à nous ? Parce que, si tu veux mon avis, elle a une araignée au plafond.

Je tape : Oui, mais dans un style plutôt mignon. Elle a un terrible secret et personne ne la comprend. Tu vois le rapport ?

Il répond : Je n'ai pas dit que je ne voyais pas le rapport, mais sincèrement, tu ne trouves quand même pas qu'on est aussi dingues ?

Moi : Je pense qu'on est encore pires.

Jack : Je veux bien te croire.

Quelques minutes plus tard : Je ne peux pas m'arrêter de lire. C'est le meilleur cadeau d'anniv qu'on m'ait jamais fait, ex æquo avec le fer à souder que j'ai eu pour mes neuf ans.

Moi : C'est ce que j'aime chez toi : si habile de tes mains et en même temps si cérébral.

Jack : Ce n'est qu'une infime partie de ce que tu aimes chez moi. Et ne me lance pas sur ce que j'aime chez toi. Sinon je n'aurai jamais le temps de finir ce livre et ma mission est de le terminer ce soir.

Il continue à m'envoyer des messages toute la nuit, commentant le texte au fil de sa lecture. Je finis par m'affaler sur mon oreiller, un grand sourire niais aux lèvres. Il ne m'a peut-être pas embrassée après notre premier rendez-vous, mais il le fera indéniablement, définitivement, indubitablement bientôt, c'est sûr et certain.

JACK

Lundi matin, une grande fille à la peau mate avec un faux grain de beauté au coin de l'œil vient me trouver devant mon casier.

– Jack.

Caroline.

– Oui ?

Au cas où ce ne serait pas elle mais une autre grande fille à la peau mate avec un faux grain de beauté au coin de l'œil.

– Tu as passé un bon week-end ?

– Oui, merci de t'en inquiéter.

– Tu sais ce qu'on raconte, pas vrai ?

Ça y est, c'est parti.

– Que je suis un mec trop cool ?

– Au sujet de cette fille. Libby Groby. Et de toi. Le bruit court que tu sors avec elle. Que c'est ta nouvelle petite amie. J'ai répondu, genre, non, c'est pas possible, mais si, si, il paraît que c'est vrai. Ils disent que tu l'as emmenée chez Pizza Clara.

– Qui ça, « ils » ?

– Peu importe.

Sous son ton venimeux, je sens qu'elle est blessée. J'ai envie de répondre : « On a le droit d'être humain. On a tous peur. On est parfois blessé. Tu serais tellement plus agréable si tu étais plus humaine. »

– On n'est plus ensemble, Caroline, alors... je ne voudrais pas me montrer déplaisant, mais qu'est-ce que ça peut te faire ?

– Je trouve ça chou que tu veuilles être sympa avec elle, après ce que tu lui as fait, mais je m'inquiète pour elle. Les filles comme ça, il ne faut pas jouer avec, Jack.

Elle secoue la tête.

– Tu vas lui briser le cœur.

– Il n'y a rien d'officiel pour l'instant, mais si la question est : est-ce que je sors avec elle ? La réponse est oui. Est-ce que je trouve que c'est une chouette fille ? Oui. Est-ce que je la trouve belle ? Oui. Vraiment belle. Je ne joue pas avec elle. Elle me plaît. Tu as d'autres questions ?

Elle se tient bien droite, parfaitement impassible, parfaitement carolinesque, et réplique :

– Tu sais, tu te crois stylé, tu te crois trop cool, mais en réalité, pas du tout.

– Je sais. Et j'ai de la chance, parce que je lui plais malgré tout.

Une fois chez moi, je retourne la couche de vêtements gisant sur le sol jusqu'à dénicher le jean qu'il me faut. Je sors de ma poche arrière la feuille roulée en boule. *Dix Bonnes Raisons de sortir avec une grosse.*

Je me force à les relire. Comme si j'avais besoin de me prouver une bonne fois pour toutes qu'elle est grosse et que je m'en moque.

Chaque mot de cet article me rend malade.

Je devrais m'estimer heureux que cette fille m'aime. Un point c'est tout.

Je descends, j'allume un des brûleurs de la cuisinière et j'agite le papier au-dessus jusqu'à ce qu'il prenne feu. Je regarde les flammes dévorer les mots, puis je le jette dans l'évier où il se transforme en tas de cendres. J'ouvre le robinet pour que l'eau les emporte, et, pour faire bonne mesure, je mets le broyeur en marche.

De retour dans ma chambre, j'appelle Libby.

Dès qu'elle décroche, je lui annonce :

– J'ai fini le livre.

– Et ?

– De un, ça fout sacrément la frousse. De deux, cette Mary Katherine Blackwood était grave secouée. De trois, je comprends pourquoi tu aimes ce bouquin. De quatre, ça m'a un tout petit peu fait penser à nous, sauf qu'on n'est quand même pas barrés à ce point. Et de cinq, ce serait trop cool de vivre dans un château avec toi, je trouve.

LIBBY

Du tiroir de ma table de nuit, sous mon casque, mon baume pour les lèvres, et tout un assortiment de marque-pages, je sors une carte de Noël.

Pour que tu puisses danser
Seule sur scène ou dans ta chambre
partout où tu le désires.
Pour que tu puisses danser dans tes rêves,
danser vers l'avenir,
danser dans la joie, l'amour,
danser parce que c'est ta vie.
Parce que c'est toi.
Toi, profondément toi,
dehors comme dedans.
Continue à danser
quoi qu'il arrive !

Les chaussons que cette carte accompagnait sont dans mon placard. Maman me les a offerts le Noël avant sa mort. Le dernier cadeau qu'elle m'ait fait. Je veux les garder précieusement, c'est pour ça que je ne les ai jamais portés.

Mais aujourd'hui, j'écarte le papier de soie. Je sors les chaussons de leur boîte et je les essaie. Des pointes de danse roses, le plus bel objet que je possède. Même si elle les avait prises un peu grandes, elles sont trop petites pour moi désormais et j'ai du mal à marcher avec. Je boitille jusqu'à mon ordi pour mettre de la musique. Un classique des Spice Girls, que ma mère aimait sans oser l'avouer. Cette chanson *Who Do You Think You Are* me fait penser à elle, à moi, à la direction que je pourrais prendre, à ce que je deviendrai un jour.

L'audition des Damsels a lieu samedi. Je connais ma choré par cœur. Je pourrais le faire en dormant. Mais là, j'improvise. Un mélange de classique hip-hop pop rock et c'est génial. Je suis la star des danseuses, la meilleure de l'univers. Ces chaussons sont magiques. Je suis magique.

SAMEDI

JACK

Marcus (grand, cheveux en bataille, menton pointu) est debout dans la cuisine, en train de se goinfrer. Je vais pour me servir un café lorsque j'entends crier :

– J'ai dit non.

Une femme entre dans la pièce, suivie d'un homme vêtu de la chemise officielle du magasin de jouets Masselin. Il a la bouche ouverte, prêt à répliquer, mais il la ferme en nous voyant, Marcus et moi. J'en déduis qu'il s'agit de mes parents.

Maman m'ordonne :

– Repose ce café.

Puis elle ajoute à l'intention de mon père :

– On en reparle plus tard.

Visiblement, ils sont en pleine dispute. Je choisis la plus grande tasse que je peux trouver pour me servir un café.

Maman reprend, toujours à l'adresse de mon père :

– Qu'est-ce que tu veux que je fasse, hein ?

On dirait qu'elle a gobé des lames de rasoir, comme l'avaleur de sabres de la « fête sinistre » comme on l'a surnommée, celui qui est près du stand de loterie. Ce n'est pas bien d'avoir l'oreille qui traîne, mais je ne peux pas m'en empêcher. Je suis en état d'alerte maximale, comme chaque fois qu'ils se disputent.

Papa dit :

– Ce soir.

– Non, pas ce soir.

Marcus et moi échangeons un regard perplexe. Il articule sans bruit :

– Qu'est-ce qui se passe encore ?

Papa insiste :

– Il faut crever l'abcès, Sarah.

– J'ai dit pas ce soir.

Elle pose les yeux sur moi, un regard furibond.

– Il faudrait que tu ailles chercher Dusty ce soir.

– Où ça ?

– Chez Tam.

En général, je refuse catégoriquement d'aller chercher Dusty, Marcus ou qui que ce soit. Et de prendre le risque de ne pas les reconnaître parmi les autres. Mais ce matin, je sens bien qu'il ne faut pas contrarier ma mère.

LIBBY

Même avec seulement la moitié des gradins installés, le nouveau gymnase est gigantesque. On voit à peine le plafond, tellement il est haut. L'éclairage est éblouissant. Vue de là-haut, je ne dois pas être plus grosse qu'une fourmi.

Et brusquement, c'est l'impression que j'ai : d'être une fourmi.

J'ai les mains moites, le cœur serré. Je n'arrive pas à reprendre ma respiration. Je la vois qui file hors du gymnase, exactement ce que j'aimerais faire, moi aussi.

POURQUOI DIABLE ME SUIS-JE INSCRITE À CE TRUC ?

Heather Alpern et ses trois capitaines d'équipe sont assises sur des chaises, jambes croisées. Les capitaines sont toutes des terminales et elles ont exactement la même tête – les cheveux tirés en queue-de-cheval, le visage luisant. Leur ressemblance troublante m'effraie presque autant que la beauté féline de Mme Alpern. La pire, c'est Caroline Lushamp, capitaine des capitaines, qui me fixe de ses yeux noirs de calmar géant. Quelques autres candidates sont éparpillées dans les gradins du bas, attendant leur tour.

– Tu es prête ? me lance Caroline d'un ton super-enthousiaste, pas du tout naturel.

Je l'entends à peine tant je suis plongée dans mes pensées, repliée sur moi-même, toute tremblante et apeurée. Brusquement, j'ai l'impression d'être atteinte de prosopagnosie moi aussi, parce que je ne reconnais aucun visage familier ni sympathique. Pourtant, je scrute le gymnase, cherchant du soutien autour de moi. Mes yeux se posent sur Bailey, Jayvee et Iris, tout en haut des gradins. Quand elles croisent mon regard, elles se figent, peut-être parce qu'elles se rendent compte que je suis terrifiée. Ce qui veut dire que tout le monde peut s'en rendre compte. J'essaie de me forcer à réagir, de cacher ma peur, de l'enfouir hors de vue quand, soudain, Jayvee lève les bras et hurle :

– La danse est en toi !

Oui, tu t'es inscrite parce que la danse est en toi.

Je repense à ce que ma mère disait : *Si c'est effrayant de courir après ses rêves, c'est encore pire de les abandonner.*

– Tu es prête ?

Cette fois, Caroline est beaucoup moins amicale.

Je réponds :

– Oui.

Puis je crie :

– OUI !

Comme musique, j'ai choisi *What a Feeling* d'Irene Cara, la BO du film *Flashdance*. Pour faire plaisir à ma mère. Pour me faire plaisir. En attendant le début de la chanson, je me répète : *Il y a bien trop de gens dans ce monde qui se contentent de peu, qui sont petits à l'intérieur. Mais pas toi, Libby Groby. Toi, tu vois les choses en grand ! Petit, tu ne sais pas faire ! Petit, ce n'est pas pour toi !*

Et sur ce, la musique démarre et moi aussi.

Déhanché déhanché, battement battement…

Au bout de vingt secondes, j'ai déjà oublié les regards fixés sur moi, les cheveux tirés et brillants, les filles dans les gradins, qui dansent peut-être mieux que moi… ou pas, et le fait que je fais le double du tour de taille de n'importe qui dans cette salle. Puis au bout de trente secondes, je me fonds dans la chanson. Je ne fais plus qu'un avec la musique, plus qu'un avec la danse.

Battement. Plié. Pointe pointe. Ondule ondule. Déhanché et boum boum. Tchica tchica boum boum.

La mélodie m'emporte là-haut, tout là-haut près des poutres, hors du gymnase, à travers tout le lycée, devant le bureau de la proviseure, jusqu'à ce que je sois dehors, en plein air, au soleil.

Tourne, tourne, tourne…

Je suis dans le ciel. Je suis le ciel ! Je survole Amos, la route 70, puis l'Ohio, je vais jusqu'à New York, je traverse l'Atlantique jusqu'à l'Angleterre, puis la France… je suis partout, je suis globale. *Je suis universelle.*

Je m'arrête, hors d'haleine, brusquement de retour dans le gymnase. Dans les gradins, les filles se sont levées, elles sifflent, applaudissent et tapent des pieds. Mes copines sont encore plus déchaînées que les autres. Près de la porte, j'aperçois Jack Masselin, plein de peinture mais rayonnant comme le soleil. Il applaudit sans bruit, puis porte la main à son front dans un salut avant de disparaître. Aujourd'hui, il peint les gradins du vieux gymnase avec le reste de notre bande de délinquants.

– C'était fantastique, Libby, déclare Heather Alpern.

Et pour la première fois de la journée, j'ose la regarder en face.

– Tu mesures combien ? demande Caroline.

Et quelque chose dans sa voix sèche et stridente me fait redescendre brutalement sur terre.

Dans les gradins, les filles se taisent et se rasseyent.

– Un mètre soixante-dix.

– Et tu pèses combien ?

– Cinquante-quatre kilos.

Tout le monde écarquille les yeux.

– Excuse-moi, tu veux parler de mon poids physique ou de mon poids spirituel ?

Dans les gradins, les filles rigolent.

Je dégouline, mais je tamponne ma lèvre supérieure et ma nuque avec la dignité de la reine Élisabeth.

– Le poids qui détermine quelle taille de costume il te faudrait.

Je demande :

– Il y a une limite de poids pour faire partie de l'équipe ?

Caroline s'apprête à répondre, mais Heather Alpern lui coupe la parole :

– Techniquement, non. Nous ne pratiquons aucune discrimination en fonction du poids.

Et pourtant si. Je l'entends à sa voix, à sa manière de peser ses mots, justement. Je le vois à son sourire forcé.

– Alors pourquoi souhaitez-vous connaître mon poids ?

Caroline soupire. Bruyamment. Comme si j'étais bête à manger du foin.

– Pour la taille de la tenue.

Puis un sourire machiavélique de méchant de cinéma se peint sur ses lèvres.

– Est-ce que tu serais prête à perdre du poids si on veut de toi ?

Ses mots soigneusement choisis résonnent dans le gymnase.

– Je veux dire… pour faire partie de l'équipe ?

Mme Alpern lui jette un regard sévère.

– Caroline !

– On parle de combien de kilos ? je demande.

– Cinquante, sans doute plus, répond Caroline. Peut-être cent.

C'est ridicule, cela voudrait dire que je ferais le poids de Mango, le chihuahua de ma tante Tillie.

Et voilà que je me retrouve dans la position de la Libby du cours de danse et Caroline est ma prof qui me contemple avec les mêmes sourcils foncés, pour me faire comprendre que je n'ai pas ma place ici, même si c'est faux. Parce que j'ai sans doute davantage ma place ici que beaucoup d'autres car la danse est en moi, et comme je suis plus grosse, il y a plus de danse en moi qu'en elles.

– Alors ? insiste-t-elle.

– Caroline, ça suffit.

– Tu veux savoir si je serais prête à perdre cent kilos afin de pouvoir danser et agiter des drapeaux à tes côtés ?

Je bous de rage, ce qui n'arrange rien à mon dégoulinage, mais je me maîtrise, je conserve une voix posée.

– Oui, confirme-t-elle.

Je me tourne pour regarder Heather Alpern, puisque c'est elle qui est censée diriger cette équipe.

– Absolument pas.

En sortant du gymnase, je devrais filer au sous-sol pour purger ma peine et faire mon devoir en peignant les gradins, mais c'est au-dessus de mes forces. À la place, j'appelle Rachel pour lui demander si elle peut passer me chercher pour me ramener chez moi.

JACK

Le temps qu'on finisse de peindre les vestiaires, il est presque dix-sept heures. Le ciel est gris et poisseux, il fait lourd comme toujours avant la pluie.

À travers les portes-fenêtres de chez Tam, j'aperçois un troupeau de gamins. Génial. Voilà pourquoi je ne veux jamais aller chercher Dusty. Ce genre de situation, c'est un cauchemar pour moi. Je n'arrive pas à le repérer dans la foule. Si seulement il avait un portable, je pourrais lui envoyer un texto pour le prévenir que j'arrive et l'attendre dehors, mais mes parents pensent qu'il est trop jeune. En général, les rares fois où je suis obligé d'aller le chercher, je reste dans la voiture et je klaxonne.

Parce que là, ce n'est visiblement pas un simple tête-à-tête avec Tam, mais un genre de *rave party* pour gamins de dix ans, j'essaie cette technique. La pluie martèle le pare-brise comme un tir de mitraillette. Comme les gamins ne mouftent pas, je klaxonne à nouveau.

J'attends encore cinq minutes, puis je coupe le contact et me regarde dans le rétro intérieur. Le type que j'ai en face de moi a vu des jours meilleurs. Il a la lèvre fendue, un œil au beurre noir qui tire plutôt sur le violet, gagné en défendant Jonny Rumsford. Super.

J'essaie de trouver un truc pour me protéger des regards et de la mousson. Je trouve un vieux blouson qui doit appartenir à Marcus, par terre, sous la banquette arrière. Je le déploie au-dessus de ma tête pour remonter l'allée sous les trombes d'eau. Quand j'appuie sur la sonnette, j'entends le piaillement d'une centaine de voix suraiguës. La porte s'ouvre sur une femme blonde aux cheveux courts. Ce doit être la mère de Tamara. Elle me propose d'entrer mais je réponds, de sous mon blouson-parapluie :

– Non, non, je vais tout tremper, sinon. Envoyez-le-moi.

– C'est ridicule, Jack. Allez, entre.

Elle ouvre la porte plus grand. Une bourrasque l'asperge au passage, je fais donc un pas à l'intérieur.

– Il pleut des seaux d'eau, je commente.

– Ne m'en parle pas. Ils étaient censés jouer dehors toute la journée.

Elle rit, mais d'un rire teinté d'hystérie. Elle est épuisée.

J'espère que Dusty va venir vers moi ou me faire signe, mais tous les gamins me regardent, les yeux écarquillés.

L'un d'eux déclare :

– Il pleut comme vache qui pisse.

Les mômes de dix ans doivent avoir un sens de l'humour particulier parce qu'ils sont tous pliés de rire comme si c'était le summum de la vanne.

– Tu ne veux pas m'emmener avec toi ? me supplie la femme.

Je ris en me la jouant cool, détaché, tout en essayant de localiser Dusty dans cette mer de gamins, mais ils se ressemblent tous. Petits, maigrichons, les oreilles décollées. Ils ont tous un chapeau en papier sur la tête et seule une poignée d'entre eux sont blancs. Dans ma poitrine, je sens monter une vague de panique.

– Tu veux rester un peu ? me propose la dame.

– Non, faut qu'on y aille, Dusty et moi. On a un truc à faire.

Je pose la main sur la poignée de la porte, pour souligner mon propos. Puis je m'adresse à l'assemblée :

– Que celui qui répond au nom de Dusty rapplique *illico*.

Les gamins me fixent, surpris. La vague de panique se transforme en tsunami. Si mon frère se trouve parmi ces mômes aux yeux écarquillés, il n'en laisse rien paraître.

Je reprends en regardant le groupe :

– Allez, viens, sinon on va être en retard.

Comme aucun ne bouge, j'avise celui qui ressemble le plus à mon frère (oreilles décollées, pomme d'Adam saillante, cheveux brun roux) et je lance :

– Si tu as peur de te mouiller, tu n'as qu'à mettre ce blouson.

J'ai eu une longue journée, j'en ai assez qu'on me fixe et je me dis : *C'est débile ! Comment est-ce possible que tu reconnaisses pas ton propre frère !* Alors je fais quelque chose que je ne fais jamais : je m'approche, laissant de grosses empreintes mouillées sur la moquette et je prends le gamin par le bras avant qu'il ait pu dire son nom. Et je le traîne vers la porte.

Le gamin se débat. Et voilà qu'entre dans la pièce un autre garçon aux oreilles décollées, avec la pomme d'Adam saillante et les cheveux brun roux. Il s'écrie :

– Jack ?

Et se met à pleurer.

Celui que je tenais par le bras hurle :

– Lâchez-moi !

Et les autres petits s'affolent. Une gamine fond en larmes. Quand je le lâche, le môme me crache à la figure :

– Connard !

Et il se met à trembler.

La dame s'agenouille devant lui.

– Tout va bien, Jeremy. Il plaisantait. Mais je pense qu'il s'est rendu compte que ce n'était pas drôle, ajoute-t-elle en me lançant un regard assassin.

Une petite rousse qui pourrait bien être Tamara – ou pas – me prend à partie :

– Ça t'amuse de faire peur aux gens ? me questionne-t-elle.

– Non, pas du tout.

Je me demande combien parmi eux me connaissent, et combien d'entre eux vont tout raconter à leurs parents. Pris de nausée, j'ai envie de filer.

Dusty n'aura qu'à rentrer tout seul. Maman viendra le chercher.

Mais c'est comme si j'étais cloué au sol. Mes pieds sont lourds comme des enclumes. Impossible de bouger. Je reste planté là, à regarder le gamin qui vient d'arriver, celui qui pleure.

– Je suis désolé.

J'ai beau le répéter en boucle, personne ne m'écoute.

Ces gamins pourraient me tuer s'ils le voulaient, vu leur nombre. Et même s'ils sont petits, ils sont galvanisés par la colère.

Une éternité plus tard, la femme se relève et me fait d'une voix glaciale :

– Voilà ton frère.

Comme si j'étais le pire prédateur d'enfants de la planète. Elle pousse Dusty vers moi, pressée de se débarrasser de nous, comme si le pauvre, par association, était lui aussi coupable.

Je ne suis pas un connard, pas dans cette situation précise, en tout cas. Je souffre d'un trouble appelé prosopagnosie. Ça signifie que je suis incapable de distinguer les visages, même de mes proches.

– Ils grandissent si vite à cet âge, dis-je. On a du mal à les reconnaître.

Je saisis le seul et unique Dusty pour l'entraîner dehors. Je lui jette le blouson qu'il déploie au-dessus de sa tête. Mais visiblement, il ne veut pas m'approcher ; il prend donc tout son temps pour rejoindre la voiture. Je suis trempé jusqu'aux os, mais je lui ouvre la portière. En montant à bord, il plante ses yeux dans les miens, le visage ruisselant de larmes, et me demande :

– Non, mais... pourquoi t'as essayé d'enlever Jeremy Mervis ?

– C'était une blague.

Il me dévisage un peu de la même manière que mes parents ces derniers temps, comme s'il doutait de pouvoir me faire confiance.

– Le CM1, c'est déjà assez dur, pas besoin qu'on me colle en plus l'étiquette de frère du kidnappeur.

J'ai les mains qui tremblent. Pour ne pas qu'il le voie, j'agrippe le volant jusqu'à en avoir les articulations qui blanchissent. Puis je lui demande de me raconter la fête. J'entends à peine sa réponse tant mon cœur cogne fort dans ma poitrine. *BOUM BOUM BOUM.*

LIBBY

Rachel veut savoir ce qui s'est passé. *Elle t'a vue dans les pires moments. Quand tu as fait sa connaissance, tu occupais deux lits d'hôpital à toi toute seule après avoir été sortie de chez toi à l'aide d'une GRUE. Depuis, elle a toujours été là pour toi, elle t'a soutenue, comme une mère, sauf que ce n'est pas ta mère.*

Je lui réponds que je n'ai pas envie d'en parler, pas tout de suite, et nous faisons le trajet en silence.

Dans ma chambre, j'ouvre *Nous avons toujours vécu au château.* Mary Katherine a beau avoir commis l'irréparable, elle n'éprouve rien – ni chagrin, ni remords, pas la moindre émotion. Pas même quand les villageois entrent par effraction dans le domaine pour claironner des chansons qui parlent d'elle :

Merricat, dit Connie, veux-tu une tasse de thé?
Oh non, tu vas m'empoisonner!
Merricat, dit Connie, veux-tu aller te coucher?
Dans le cimetière, six pieds sous terre!

Merricat mène une vie assez heureuse, recluse avec sa sœur, mais elle en veut aux villageois et rêve que leurs langues s'enflamment et les brûlent vifs.

Mue par la douleur et la colère, je me rappelle avoir souhaité la même chose à tous ceux qui m'avaient fait du mal, surtout Moses Hunt. Sauf que voilà... Merricat avait empoisonné sa famille entière. Moi, le seul crime que j'ai commis jusque-là, c'est d'être grosse.

JACK

– Pourquoi tu n'étais pas dans le salon, avec les autres ?

– Je n'avais pas envie de jouer. Je suis allé sous la véranda, derrière, pour répéter mon texte.

Il a arrêté de pleurer mais refuse de me regarder en face.

– Tamara et les autres ne voulaient pas jouer avec toi ?

Il hausse les épaules.

– Je ne pense pas que je leur aie manqué.

– Mais ça va, avec Tamara, hein ?

Il prend quelques secondes avant de répondre, à chaque fois. Je sens qu'il a la gorge nouée. À cause de moi.

– Je suppose.

Je le laisse tranquille tandis que mon cerveau tourne en boucle et que mon cœur cogne toujours. *BOUM BOUM BOUM.*

Quand je me gare devant la maison, Dusty fait :

– Jack ?

– Ouais…

J'aimerais qu'il me dise qu'il me pardonne, qu'il m'aime quand même.

– Franchement, t'aurais pas dû essayer de kidnapper Jeremy.

– Je sais.

– Et si la mère de Tam avait appelé la police ? Et s'ils t'avaient envoyé en prison ?

Sa voix tremble, il va se remettre à pleurer.

– Je ne vais pas aller en prison. Je ne les aurais jamais laissés m'envoyer en prison. C'était juste un malentendu. C'est tout. Je me suis trompé, voilà.

Il sort de la voiture sans un mot. En remontant l'allée, je lance :

– Hé, frérot ! Je préférerais que t'en parles pas à papa et maman, d'accord ?

La pluie a cessé, mais l'air est encore chargé d'humidité.

Il hésite, mais je vois bien qu'il ne veut rien me promettre. Plus jamais. Il lève la tête et plante ses yeux dans les miens. Des yeux qui me repoussent. Qui mettent de la distance entre nous.

– OK, fait-il finalement.

Une fois qu'il est rentré, je m'assieds sur le perron trempé, parce que je ne suis pas encore prêt à le suivre. La journée a été longue, c'est une soirée paisible et fraîche, comme une main sur un front fiévreux. Je contemple la rue, le ciel. J'ai toujours les mains qui tremblent. Et le cœur qui bat à tout rompre.

Aujourd'hui, tu as vraiment merdé grave. Ton cerveau est foutu. Et pas moyen de le réparer.

Je ne peux pas vous dire à quoi ressemble Jeremy Mervis. S'il passait dans la rue, là, maintenant, je ne le reconnaîtrais pas. Mais je n'oublierai jamais l'éclat terrifié de ses yeux quand je l'ai agrippé. Et je n'oublierai jamais non plus l'expression de mon frère qui a assisté à la scène.

Ça aurait pu être pire.

J'ai beau me répéter cette petite phrase en boucle, en essayant de trouver cinq scénarios encore plus catastrophiques, je ne vois pas ce qui pourrait être pire que de kidnapper sans le vouloir un gamin inconnu. Je repense à Dusty. Il a comme moi une valise de secrets lourds à porter, dont je ne sais rien. Je les devine seulement. Dusty est sensible, honnête. Un peu excentrique. Il est sans doute gay, mais je ne suis même pas sûr qu'il en soit conscient. Comme Libby, il n'essaie jamais de se faire passer pour ce qu'il n'est pas. Il n'a pas peur d'être différent. Mais les autres risquent de ne pas apprécier.

Je ne crois plus en Dieu, si jamais j'y ai cru un jour, pourtant je récite une sorte de prière à haute voix :

– Protégez-le. Ne laissez personne lui faire du mal. Et tant que vous y êtes, veillez aussi sur Libby et Jonny Rumsford. Et maman. Et Marcus. Et même papa.

Je ne me mets par sur la liste parce que ce serait un peu égoïste. Mais je pense tout de même, rien qu'un instant : *Et moi, même si je ne le mérite pas. Veillez peut-être sur moi aussi.*

En entrant, je trouve ma mère au téléphone avec celle de Tam et mon père avec les parents de Jeremy. Dommage pour mon secret. Tout le monde est visiblement furax.

Ma mère me fait signe d'approcher.

– Jack Henry. Viens par ici.

Elle désigne le salon.

Dix minutes plus tard.

Maman : – Tu m'expliques ce qui se passe ?

Moi : – J'ai peut-être besoin de lunettes.

Maman : – Je ne parle pas d'aujourd'hui en particulier. Je parle de l'ensemble, Jack. Les problèmes au lycée. Les bagarres. Ça ne te ressemble pas.

Moi : – C'est juste une mauvaise passe, maman. Je suis toujours l'adorable petit garçon que tu as élevé. Ton fils préféré. C'est toujours moi.

Maman : – Je ne sais pas où va cette famille, mais en tout cas, en ce qui te concerne, les bêtises, c'est fini. Si tu as un problème, on en parle. MAINTENANT.

C'est l'occasion de tout déballer, de tout mettre à plat, par terre, à côté de ce petit bout de pop-corn qui dépasse de sous le canapé et de la manette de la Playstation qui gît sur le tapis.

Maman : – Jack ? Dis-nous ce qui ne va pas.

Mais je ne sais pas quoi dire. Je ne peux pas leur fournir d'explication, je ne peux pas balancer d'un coup la liaison de mon père, mon problème cérébral et le reste.

Moi : – Désolé. Je vais faire des efforts.

J'ajoute en regardant mon père :

– On peut tous faire des efforts.

Et peut-être parce qu'il est conscient que tout ça, c'est un peu sa faute, il répond :

– Je suis d'accord, Jack, je te crois. Mais c'est grave, ce qui s'est passé aujourd'hui. Tu dois présenter tes excuses aux familles.

Maman : – Nous voulons aussi que tu voies un psy. M. Levine ou un autre. Pas de sorties pendant deux semaines. Les cours, les devoirs, la maison. Point.

J'ai envie de répliquer : « Deux semaines ? Vous feriez mieux de me priver de sorties pour toute l'année. Et me priver de lycée, même. Me garder à la maison comme Mary Katherine Blackwood, ou Libby. Ce serait tellement plus simple. »

LIBBY

Je n'ai pas envie de danser, pourtant je sors les pointes roses de mon placard et je les enfile. Puis je me laisse tomber sur mon lit, affalée sur ma pile d'oreillers, et je serre George contre moi, plongeant le nez dans son vieux poil. Il se débat jusqu'à ce que je le relâche, et là, il fait quelque chose qu'il n'a jamais fait : il s'installe tout contre moi, en faisant patte-patte sur mon ventre avec ses sales petites griffes pointues.

Je croise les jambes en appui contre le mur pour admirer mes pointes. L'espace d'une minute, j'ai l'impression d'être revenue au bon vieux temps – couchée dans mon lit, seule au monde. Je me figure que je suis dans mon ancienne maison, en face de chez Dean, Sam et Castiel, mes amis imaginaires, qui n'ont jamais été mes amis du tout.

Je suis Libby Groby, la plus grosse ado d'Amérique, peut-être même la plus grosse ado du monde, seule dans sa chambre avec son chat pendant que, dehors, la vie continue.

JACK

La nuit est fraîche et claire, après la pluie. Je me hisse jusqu'au bord du toit, là où je me tenais, il y a douze ans, puis je contemple le quartier et l'ancienne maison de Libby Groby.

Peut-être que si je retombe, ça remettra en place le truc qui cloche dans mon cerveau. Je découvrirai les gens et le monde sous un nouveau jour. Je pourrai me rappeler un visage ou être capable de penser « maman » et instantanément d'associer ce mot avec une image complète incluant yeux, nez et bouche comme tout le monde.

Je reste là longtemps, à essayer de trouver comment sauter et me cogner la tête exactement au même endroit qu'avant. Peut-être que je ferais mieux de prendre une pierre pour me frapper le crâne. Mais… et si jamais je cause encore plus de dégâts ? Si je deviens complètement amnésique ?

Je m'assieds, puis je m'allonge sur le toit trempé. Je laisse l'eau transpercer ma chemise tout en fixant le ciel et les étoiles, ces étoiles qui se ressemblent toutes, comme les visages. Et je me dis *Libby est une de ces étoiles*. J'en choisis une à qui je donne son nom et je la fixe aussi longtemps que possible.

Puis je cligne des yeux.

Reste, reste, reste. Ne t'en va pas.

Mais je l'ai perdue de vue.

Elle a disparu.

LIBBY

Le téléphone sonne. C'est Jack, la seule personne à qui j'ai envie de parler.

Ça ne va pas.

Je l'entends à sa voix.

Au début, je ne comprends pas ce qu'il dit.

– Je suis désolé, marmonne-t-il.

Il le répète en boucle, jusqu'à ce que je lui dise d'arrêter.

– Pourquoi tu es désolé ? Qu'est-ce qui se passe ?

– Je ne peux pas. Je croyais que je pouvais. Je voulais. Mais je n'y arrive pas. Ce n'est pas juste pour toi.

– Mais quoi ?

– Tu mérites d'être vue, et je ne serai jamais capable de te voir. Pas vraiment. Qu'est-ce qui se passera si tu perds du poids ? Il faudrait que tu restes comme ça pour toujours parce que c'est ton signe particulier, alors que tu es tellement plus que ton poids...

– Qu'est-ce que tu essaies de me dire, Jack ?

Même si j'ai compris, et mon estomac aussi, et jusqu'à mes os, c'est surtout mon cœur qui a compris. Tout mon corps tombe comme une pierre.

– Je ne peux pas sortir avec toi, Libby. C'est pas possible. Je suis désolé.

Et sur ce, il raccroche.

Comme ça.

Je tombe, je traverse le plancher, je traverse la pelouse, je tombe, je coule, profond, profond jusqu'au centre de la terre.

Je repense à Béatrice, dans son jardin. Béatrice qui est morte d'amour. Et ça me fait penser à une autre histoire que ma mère me lisait : *Le Bal des douze princesses*. Je vais le prendre sur mon étagère. Je le feuillette, et je trouve ce que je cherchais : Libby écrit au crayon violet. J'ai noté mon prénom en tout petit, dans la robe de la plus jeune princesse, Élise, parce que c'est la plus gentille. C'est celle que je voulais être.

Je contemple ses beaux cheveux, son visage, sa silhouette parfaite. Évidemment, les gens aiment la regarder danser. Évidemment, elle épouse le prince. Mais je me demande ce qui se serait passé si Élise m'avait ressemblé.

JACK

Avant de me coucher, je rédige un long message d'excuse pour Libby, mais finalement, je l'efface parce que, à quoi bon ? Ça ne changera pas le fait qu'une partie de moi sera toujours en train de la chercher alors qu'elle est juste là, sous mes yeux.

LA SEMAINE SUIVANTE

LIBBY

Même si je ne pense pas être prise dans l'équipe, je vais tout de même voir si Heather Alpern a affiché le nom de la nouvelle Damsel devant son bureau.

Le papier est sur sa porte. Il n'y a qu'un seul nom dessus : Jesselle Villegas. Je me fais la leçon : *Ce n'est pas une surprise. Tu ne devrais même pas être déçue. Tu as tenu tête à Caroline, qu'est-ce que tu espérais ?*

Mais je suis surprise. Et déçue.

Je tente de me consoler : *Tu ne voulais pas vraiment faire partie des Damsels, de toute façon. Pas dans ces conditions. Pas s'il faut danser en agitant un drapeau sous les ordres de Caroline Lushamp.*

Malgré tout, mon cœur se ratatine comme un ballon dégonflé.

Bailey, Travis et moi, nous attendons M. Dominguez dehors pour monter en voiture. Travis a les yeux fermés, on dirait qu'il dort debout.

– J'ai su pour les Damsels, me glisse Bailey.

– Ça va, ça va.

Pour enfoncer le clou et montrer à quel point ÇA VA, j'agite la main comme pour chasser un moustique.

– C'est cette sorcière de Caroline.

– Bah, comme ça, j'aurai le temps de me consacrer à d'autres projets.

Comme danser toute seule dans ma chambre et fabriquer des poupées vaudoues à l'effigie de Caroline Lushamp.

Tandis que je fouille dans mon sac à dos à la recherche de mon gloss, Bailey énumère toutes les autres activités – hors danse et fabrication de poupées vaudoues – que je pourrais entreprendre. Ma main se referme sur quelque chose. Une lettre. Je la tire de mon sac et me détourne pour la lire, même si je devine son contenu.

On ne veut pas de toi. (Je te l'avais bien dit.)

Quand je relève la tête, je m'attends presque à trouver Caroline en train de me toiser. Mais à la place, c'est Bailey qui lit par-dessus mon épaule.

– Ça vient de qui ?

– Personne, dis-je en la fourrant dans mon sac.

Je te l'avais bien dit.

Ça veut dire quoi ? *Tu vois, Jack n'est pas amoureux de toi ?* Ou bien : *Comment as-tu pu oser t'inscrire à l'audition des Damsels, TOI ?*

– Libbs, qui est-ce qui t'a écrit ça ?

– T'inquiète.

– Mais…

– S'il te plaît, Bailey. Ça va.

– Bon… et j'imagine que, pour Jack, ça va aussi ?

– Je n'ai pas envie de parler de Jack.

Elle referme brusquement la bouche.

Puis elle reprend :

– Tu ne peux pas tout prendre bien. Ça n'existe pas, les gens qui vont toujours bien. Je sais que tu as eu l'habitude d'être seule. Je sais que j'aurais dû être une meilleure amie pour que, justement, tu ne sois pas seule, mais maintenant, je suis là, et j'aimerais que tu me parles.

Dans la voiture, je demande à M. Dominguez de mettre de la musique, pour l'amour de Dieu. Sauf que je ne mentionne pas Dieu en réalité, parce que ça va énerver Bailey et je culpabilise déjà de lui avoir aboyé dessus. La première chanson que choisit M. Dominguez est évidemment un vieux rock des années 70, *Love Hurts*. Et si vous ne connaissez pas, sincèrement NE L'ÉCOUTEZ PAS, SURTOUT SI VOUS AVEZ LE CŒUR BRISÉ. Instantanément, j'ai la gorge serrée. Une grosse boule qui m'empêche d'avaler et même de respirer.

Au bout d'une minute, les larmes roulent sur mes joues, mais M. Dominguez ne remue pas un cil.

Dans le hall du lycée, je croise Jack, flanqué de Seth Powell et Dave Kaminski, qui me fixe, me transperçant presque du regard, tandis que Jack passe à côté de moi comme si j'étais invisible.

Et c'est peut-être vrai.

Je suis invisible à ses yeux, comme tous les gens qui l'entourent.

Juste une personne de plus qu'il ne peut pas voir.

JACK

Le groupe de parole est annulé parce que M. Levine a une réunion et, franchement, ça m'arrange. Je n'ai pas envie de me retrouver face à Libby parce que je suis un misérable lâche et c'est ce que font les misérables lâches : ils évitent d'affronter les problèmes. Je sors du lycée avec Kam, qui me lance :

– Tu fais quoi, ce soir ? J'ai entendu dire qu'il y avait un truc chez Kendra.

Je vois déjà la soirée comme si j'y étais – l'immense baraque de Kendra, remplie de toutous pas plus hauts que la cheville, qui aboient sans arrêt, Caroline et les autres en train de dire les pires saloperies sur untel ou unetelle, puis tout le monde qui boit jusqu'à être (encore plus) abruti.

– Désolé, mec, je suis privé de sorties.

Et de toute façon, même si je pouvais, je n'irais pas.

Il commence à me raconter une histoire à propos de Seth, mais je ne l'écoute que d'une oreille parce que je vois une voiture s'arrêter devant le lycée et une fille qui ne peut être que Libby monter à bord. Tandis que la voiture s'éloigne, je la supplie intérieurement :

Lève la tête, lève la tête. Mais elle ne jette pas un regard dans ma direction.

Maman-aux-cheveux-lâchés est dans la cuisine, devant la fenêtre, en train de boire une des briques de jus de Dusty. Elle paraît distraite, perdue très loin. Je toussote en entrant pour la prévenir de mon arrivée.

Elle se tourne vers moi, mais son sourire passe au-dessus de mon épaule gauche.

– Ça va ?

– Mmm, j'ai juste soif.

Je prends un jus de fruit et je m'appuie sur le bar.

– Tu te rappelles quand j'étais à la Little League[1] ?

– Oui, bien sûr.

– Tu devais me redire le nom de tous les joueurs avant l'entraînement parce que je n'arrivais pas à m'en souvenir.

– Tu n'arrêtais pas de les confondre.

– C'était sympa de ta part de faire ça.

– On est là pour ça.

Elle le dit d'un ton factuel qui me chagrine un peu. Elle a un sourire lointain, nostalgique, puis se met à rire.

– Tu avais déjà ton petit style à l'époque. Je ne sais pas d'où ça vient. Tu ne tiens pas ça de l'un de nous.

– Si ! Je tiens ça de toi, maman !

Elle sourit. Soupire.

– Alors qu'est-ce qui t'arrive ?

– Vous allez divorcer, papa et toi ?

– Pourquoi ? Qu'est-ce qui te fait dire ça ?

Revoilà ma mère, droite et forte, mais une note paniquée perce

1. Association sportive américaine pour la pratique du base-ball. (*N.d.T.*)

sous sa voix assurée, comme si je savais quelque chose qu'elle ignore. Ça me prend aux tripes et je préférerais ne pas l'avoir entendue, parce que jamais je ne l'oublierai, même si je devais vivre cent ans.

– Ça n'a pas l'air d'aller entre vous, ces derniers temps...

– C'est un peu tendu.

Elle se méfie. Son ton, son expression. Sa manière de croiser les bras sur sa poitrine.

– Mais tu es l'enfant et moi le parent, quel que soit ton âge ou la taille de ton afro. Et donc, ce n'est pas à toi de t'inquiéter.

Elle ponctue sa phrase d'un sourire pour me signifier que le sujet est clos. Ce sourire protecteur me donne une impression de déjà-vu, et, soudain, j'ai six ans à nouveau, je suis à l'hôpital. Ma mère me tient la main. Elle discute avec mon père. Ils sont heureux et soulagés, parce que ça va, je vais m'en remettre, et il n'a pas encore de cancer et il ne connaît même pas Monica Chapman.

Maman se penche vers moi, puis se tourne à nouveau vers papa, et son visage a changé. *Est-ce là que ça a commencé?* Mais son sourire reste le même.

Et là, au beau milieu de notre cuisine, je pense au Dr Oliver Sacks qui considérait que la reconnaissance des visages ne dépend pas uniquement du gyrus fusiforme 12, mais de la capacité à recouper les souvenirs, les sensations, les émotions qu'on leur associe. En bref, être capable de reconnaître un visage, c'est lui donner du sens. Beaucoup de sens – reconnaître nos proches, ceux qu'on aime, et les distinguer des autres.

Ma mère compte énormément pour moi – c'est ma mère, quoi – mais est-ce qu'on serait plus proches si j'arrivais à mémoriser son visage?

Je lui dis :

– Promets-moi juste que vous ne serez pas le genre de couple qui reste ensemble pour les enfants. Ça craint pour tout le monde, y compris les enfants.

Je jette la brique de jus.

Prends une profonde inspiration.

Et dis un truc que je devrais garder pour moi.

– Tu mérites mieux que ça.

Les premiers essais pour développer une technologie de reconnaissance faciale remontent aux années 60. Chaque visage a des points de repère précis – environ quatre-vingts – que la technologie localise et mesure : la largeur du nez, l'écartement des yeux, la longueur de la mâchoire... Puis toutes ces informations sont compilées afin de créer une sorte d'empreinte du visage.

Évidemment, ce genre de technologie est trop complexe pour moi. Néanmoins, je passe quand même des heures à connecter les câbles qui constitueront le cerveau du robot. C'est un travail délicat, comme de la chirurgie. Le design extérieur, c'est important, d'accord, mais tous les manuels, tous les tutos, tous les sites vous le diront : le plus important, c'est d'avoir un circuit complet, pour que les moteurs fonctionnent correctement. Un seul fil débranché et le moteur ne tournera pas, donc le robot ne s'animera pas.

Si je ne peux rien changer à mon propre cerveau, en revanche, je peux m'assurer que le fil rouge aille ici, le noir là, que tout soit bien connecté et que le moteur tourne. Je vais remplir le cerveau de ce robot de gyrus fusiformes parfaitement fonctionnels ! Il n'en aura pas qu'un seul, il en aura des centaines !

LIBBY

Avant le dîner, j'annonce à mon père que je dois aller au Walgreens du coin pour acheter des « trucs de fille ». Dix minutes plus tard, j'arpente les allées sous la lumière aveuglante des néons, tout en remplissant mon panier de *junk food*. Tout ce que j'avais l'habitude de manger – cookies, chips, soda. Les gens me fixent avec de grands yeux et je sais parfaitement de quoi j'ai l'air : la grosse prête à faire une orgie. Je m'en fiche. J'ai envie de tout. Il n'y a pas assez de nourriture sur ces rayons, pas même avec Halloween qui arrive. J'attrape des paquets et des paquets de bonbons, et comme le panier est plein, je retourne à l'avant du magasin prendre un chariot. J'y vide le panier et je retourne sillonner les allées pour rajouter tout ce que je n'ai pas pu prendre faute de place.

Je suis au rayon céréales, le bras tendu vers un paquet de Cheerios miel-amandes, lorsque je sens un étau se refermer sur ma poitrine. Ça serre de plus en plus, comme si j'étais dans un corset. J'ai les mains moites. J'ai l'impression qu'on me compresse le crâne, que mon cerveau grandit et rétrécit en même temps. Mon souffle rauque résonne à mes oreilles, style Dark Vador. Au bout de l'allée, une femme se fige, les yeux rivés sur moi. Elle a l'air paniquée. Un garçon s'approche. Malgré son uniforme vert de chez Walgreens, il ne doit pas avoir plus de seize ans.

– Ça va, mademoiselle? s'inquiète-t-il.

Je me bouche les oreilles pour ne plus entendre le bruit de ma respiration, de plus en plus forte. C'est là que le plafond se met à tournoyer, je n'ai plus d'air, mes poumons sont pétrifiés, je n'arrive plus à respirer du tout. Je laisse tout tomber, je prends la fuite. Loin, loin du chariot et de toute cette nourriture, vite, dehors. Je reste pliée en deux au milieu du parking, tentant de reprendre mon souffle, d'inspirer l'air frais du soir. Puis je m'allonge par terre, espérant que ça va dégager mes poumons, sauf que non. Je n'arrive plus du tout à respirer.

Et tout devient noir.

C'est comme ça que c'est arrivé il y a trois ans. Mes poumons ne fonctionnaient plus, il n'y avait plus d'air nulle part, ni dans la maison ni dans l'univers entier, et je suis restée comme ça, allongée sur le dos, incapable de parler ou de bouger.

J'ouvre les yeux, et à la place du plafond métallique d'un camion de pompiers, je vois le ciel.

Lève-toi, Libby.

Je me redresse en position assise et j'attends que le monde se remette d'aplomb. Je regarde lentement autour de moi, pour éviter que ça tourne ou que ça tangue. Par la vitrine du Walgreens, je vois le gamin avec un téléphone à l'oreille, et quelqu'un qui sort du magasin pour aider la fille allongée sur le parking.

Allez, debout.

Je me hisse sur mes pieds et, soudain, j'éprouve cette sensation d'apaisement, de sécurité – c'est elle, c'est ma mère; j'aimerais que ça dure, j'aimerais la garder avec moi.

Reste, reste, reste…

Et je respire.

Je respire.

À la maison, je me plante devant mon miroir en maillot de bain. Ce bikini violet que je me suis acheté quand j'ai perdu du poids. Il y a encore l'étiquette, je ne l'ai jamais porté. Je l'arrache et la laisse tomber sur la moquette, puis je me regarde.

Dans la glace, George pose sur moi son regard habituel de félin. Si seulement les gens étaient comme lui. Il me regarde de la même manière que je sois habillée ou non, maquillée ou pas, en train de rire ou de pleurer. Il reste impassible, et c'est ce que j'aime chez lui.

Toujours en maillot, je m'assieds sur mon lit et j'ouvre mon ordinateur portable. Je fixe l'écran à peine dix secondes, et ça me suffit pour trouver les mots justes.

LE LENDEMAIN

LIBBY

Premier cours de natation, ce qui signifie que, pendant toute l'heure de sport, je vais vivre l'un de mes pires cauchemars : parader devant mes camarades de classe avec pour seule tenue le vêtement le moins couvrant et le moins flatteur du monde.

Ça commence dans les vestiaires, au milieu de trente autres filles. Seules les Caroline Lushamp ou les Bailey Bishop lèvent le nez de leur casier, les autres le fixent intensément comme s'il les protégeait des regards. Même Kendra Wu triche en restant assise sur le banc, à parler sans arrêt, l'air très sûre d'elle alors qu'elle est enroulée dans une serviette. Elle l'attache sur sa poitrine lorsqu'elle se lève – je connais l'astuce, je l'ai utilisée des centaines de fois.

J'ai envie de crier : « On te voit quand même, Kendra ! Tu ne peux pas te cacher comme ça ! Mais peu importe ! Tu es parfaite ! On est tous parfaits. Nos corps sont des machines merveilleuses, miraculeuses ! On ne devrait pas en avoir honte ! Jamais ! »

Bailey me parle d'un maître-nageur nommé Brandon Je-ne-sais-quoi, qui a été son premier amour dans la vraie vie (à ne pas confondre avec le tout premier amour de sa vie, Jean-Christophe dans *Winnie l'ourson*). Adossée au casier, elle accompagne son histoire de gestes vifs, et on la dirait tout droit sortie des pages d'un magazine de mode, même dans l'abominable et informe une-pièce noir que nous sommes obligées de porter.

Je suis la plus grosse, et de loin. Les filles me jettent des regards en biais pour voir quand je vais me déshabiller, sans doute parce que ça les rassurera sur leur propre corps. Mais je marche au ralenti, déterminée à attendre la sonnerie. J'enlève une chaussure, puis l'autre, je les aligne délicatement dans le bas de mon casier, comme des souliers de verre fragiles. Ensuite, j'ôte mon bracelet et je prends soin de le mettre en sécurité dans la poche intérieure de mon sac. Je vais presque jusqu'à lui composer un poème pour m'assurer de son bien-être. Je glisse une main dans ma poche, j'en tire un élastique et, comme si on avait des heures pour se préparer, je lisse bien mes cheveux pour me faire une queue-de-cheval parfaite, sans la moindre mèche qui dépasse, digne d'une capitaine d'équipe des Damsels.

Caroline me lance en sortant :

– Rien ne sert de reculer l'inéluctable.

Mais même la reine des garces ne peut m'atteindre aujourd'hui.

Au bout d'un moment, il ne reste plus que Bailey et moi, ainsi que Margaret Harrisson qui est pendue au téléphone. Notre prof, Mme Reilly, passe la tête par la porte et aboie sans même nous jeter un regard :

– Bailey, piscine ! Margaret, téléphone ! Libby, maillot de bain !

Elle pourrait bosser dans l'armée.

Bailey me fait un petit signe.

– À tout de suite, Libbs !

Et elle s'éloigne d'un pas sautillant sur ses longues jambes, les cheveux dansants. Je me demande comment je fais pour la supporter.

Il ne reste plus que Margaret et moi. Elle discute toujours, j'aimerais qu'elle s'en aille, je me mets donc à fredonner. Tout haut. Je rajuste la position de mes chaussures, pour qu'elles soient parfaitement alignées. Je prends des nouvelles de mon cher bracelet. Elle n'arrête pas de parler, mais elle lève enfin les yeux vers moi. Ça peut durer des jours.

Alors finalement, je me dis : *Et puis merde!* J'enlève mon T-shirt, je l'accroche dans le casier, j'ôte mon jean, je le pends sur l'autre porte-manteau. Je prends ma serviette et je claque la porte du casier. Je jette ma serviette sur mon épaule et là, je croise le regard de Margaret. Elle écarquille les yeux, le téléphone toujours vissé à l'oreille, mais cette fois, elle a cessé de parler. Je pose une main sur une hanche et l'autre sur ma nuque dans une pose de pin-up. Elle sourit.

En marmonnant dans son portable « oui, oui, je suis là », elle lève le pouce dans ma direction.

Je fais mon entrée dans le centre aquatique de MVB.

Tout le monde se fige. Pétrifié.

De l'autre bout de la piscine, Mme Reilly s'époumone :

– C'est quoi, ça, Groby ?

– Un bikini violet ! je braille.

Puis je refais la même pose, une main sur la hanche, l'autre sur la nuque.

La prof me rejoint à grands pas. Ses claquettes font *sploch sploch sploch* sur le ciment trempé.

– C'est quoi, sur votre ventre ?

Elle doit être myope, parce que j'ai écrit en lettres énormes, sur la zone de peau la plus large que je possède.

– On veut de moi, dis-je. Mais ne vous en faites pas, ça ne va pas s'effacer dans l'eau, j'ai pris un marqueur indélébile.

Puis je me dirige droit vers le grand bain, je jette ma serviette et j'exécute un plongeon olympique qui impressionnerait le plus impassible des juges.

Ma mère a appris à nager à quarante ans, un an avant sa mort. On a pris des leçons de natation ensemble, à la piscine municipale, près du parc. On a appris à flotter, à respirer, à faire la planche, à nager la brasse, à plonger. Pour moi, nager, c'est aussi naturel que marcher ou dormir. Je me sens comme un poisson dans l'eau. Ma mère était moins à l'aise, ce qu'elle mettait sur le compte de l'âge. Je lui répétais : « Tu dois faire confiance à l'eau. On est faits pour flotter, quoi qu'il arrive. L'eau va te porter. »

Je n'ai pas souvent eu l'occasion de nager, ces dernières années, mais c'est fou comme ça revient vite. En fendant la surface bleue de la piscine, j'oublie où je suis. Il n'y a plus que l'eau et moi. Et ma mère, en pensée. En fermant les yeux, je l'imagine dans la ligne de nage voisine, juste à côté de moi.

Je reprends ma respiration, je rouvre les yeux et me revoilà au centre aquatique, au milieu d'une trentaine de filles qui gloussent, les yeux écarquillés. Ça me contrarie une seconde, mais pas plus. C'est ma mission dans la vie, visiblement, de donner une leçon de générosité aux filles qui gloussent, les yeux écarquillés. Si on m'avait dit quand j'avais sept ou huit ans qu'il en serait toujours ainsi, même quand j'aurais accepté mon corps, j'aurais répliqué : « Euh bah, non merci, alors. Je vais prendre autre chose, s'il vous plaît. Vous n'auriez pas un autre job pour moi ? »

Je sais ce que vous pensez : « Si ça ne te convient pas, si c'est un tel fardeau, alors tu n'as qu'à perdre du poids, comme ça, ce sera fini. » Mais je me sens bien comme ça. Peut-être que je perdrai encore du poids, peut-être pas. Mais en quoi cela regarde-t-il les gens ? Franchement, tant que je ne m'assieds pas sur leurs genoux, qu'est-ce que ça peut bien leur faire ?

Je sors de l'eau en remontant par l'échelle. Je repousse mes cheveux en arrière et jette un coup d'œil à mon ventre. L'inscription est toujours là.

Je ramasse ma serviette et passe devant elles pour regagner le vestiaire où je me sèche et remets les chaussures que j'ai choisies spécialement pour aujourd'hui. Sur le côté, j'y ai noté une citation d'*Une paix séparée* de John Knowles :

Chacun a, au cours de l'histoire, son quart d'heure de gloire.

C'était mon quart d'heure à moi.

JACK

Je me fraie un chemin à travers la foule en faisant mine d'être au téléphone. Je veux à tout prix éviter le grand hall, même si ça m'oblige à monter au premier, puis à traverser tout l'étage pour ensuite redescendre à l'autre bout afin d'aller à mon prochain cours. L'escalier le plus proche part de ce qu'on appelle la « croisée des chemins », là où le couloir principal se divise en quatre branches. Si je me débrouille bien, je dois pouvoir monter discrétos au premier par là-bas. Sinon, je passerai par l'escalier de devant – je ne veux vraiment croiser personne.

Même quand j'entends mon nom, je garde les yeux rivés sur les nuques qui s'alignent devant moi. Le couloir est bondé, on peine à avancer. Quelqu'un braille mon nom, encore et encore… Puis, soudain, une grande fille à la peau mate avec un grain de beauté peint au coin de l'œil m'agrippe par le bras en sifflant :

– T'es sourd ou quoi ?

– Caroline ?

– Y a ta petite amie au bout du couloir. C'est elle qui bloque le passage.

LIBBY

Je suis plantée au milieu du couloir principal. En maillot de bain, avec juste mes chaussures aux pieds. J'ai les cheveux trempés et je frissonne un peu, mais je me répète :

C'est ton quart d'heure de gloire. Profites-en bien.

Allez… Cinq. Quatre. Trois…

Iris surgit à mes côtés, hors d'haleine.

– Tu as ce qu'il faut ? je lui demande.

– Tiens, fait-elle en me tendant une liasse de papiers.

– Vaut peut-être mieux que tu t'en ailles.

Elle secoue la tête.

– Non, je reste.

Je sursaute quand la sonnerie retentit. J'ai encore le temps. Je peux filer comme l'éclair et personne ne me verra.

Mais je reste plantée là.

Même quand les portes s'ouvrent et que la marée humaine – le lycée tout entier – envahit le couloir. Même si tout le monde me regarde. Et tend son portable pour immortaliser l'instant. Même si au moins quatre cents clichés sont pris en même temps. Même si ma poitrine se serre. Même si je me sens toute cotonneuse. Même si ma respiration devient rauque et irrégulière. Même si j'ai les mains moites.

Je reste là.

JACK

J'essaie de jouer des coudes pour me faufiler dans la foule, mais plus j'approche du but, plus ça ralentit. Je me retrouve prisonnier du troupeau, collé contre la fille de devant, le gars de derrière, la fille à ma gauche et le gars à ma droite. Caroline est quelque part par là, mais je l'ai perdue.

LIBBY

Iris et moi, nous distribuons des prospectus à tout le monde. Ça part vite. Certains élèves nous les arrachent au passage et s'éloignent en les lisant tandis que d'autres s'arrêtent pour me prendre en photo avec leur portable. J'essaie autant que possible de faire ma pose de pin-up parce que, quitte à être partout sur le Net, autant être à mon avantage, non ?

Seth Powell surgit sous mon nez avec sa crête immense. Jack est juste derrière lui.

– C'est quoi, ce cirque ? demande-t-il. Le *Spirit Day*[1] ?

Il ricane, secoué de spasmes hystériques.

Jack, lui, ne rit pas. Il me demande :

– Qu'est-ce que tu fabriques ?

– Juste un petit rappel de quelques vérités de base.

Moses Hunt et sa bande passent dans le coin. Je leur tends un prospectus – si tant est qu'ils sachent lire, ce dont je doute.

---

1. Depuis 2010, tous les ans à la mi-octobre, les Américains et les Canadiens sont invités à porter du violet en soutien aux jeunes LGBT victimes de harcèlement et de violences, le violet étant la couleur de la spiritualité dans le drapeau arc-en-ciel. (*N.d.T.*)

– Tiens, peut-être que ça t'apprendra quelque chose, même si j'ai peu d'espoir, dis-je.

Comme Moses s'approche en faisant mine de me serrer dans ses bras, Jack s'écrie :

– Hé !

– Va te faire foutre, Mass. T'as un problème ?

– Le problème, c'est que c'est sa petite amie, intervient Seth.

Et sur ce, il se remet à ricaner-vibrer comme un tambourin.

– Merci, Jack, dis-je. Mais je n'ai pas besoin de ta protection.

– Non, tu as besoin de vêtements secs, réplique-t-il.

Derrière son bureau, la proviseure secoue la tête.

– Je ne vous suis pas, Libby. Pouvez-vous m'aider à comprendre ?

Elle agite un de mes prospectus. Mon plaidoyer pour un monde meilleur.

– Quelqu'un vous harcèle ? Quelqu'un vous a envoyé des lettres ? Pourquoi n'êtes-vous pas venue me voir, dans ce cas ?

– J'ignore qui en est l'auteur, et même si je le savais, je ne l'aurais pas dénoncé, bien que ce soit odieux. Mais je voulais réagir.

Je me suis rhabillée, pourtant je tremble toujours. D'abord parce que j'ai les cheveux mouillés. Et puis parce que je suis furieuse. D'une simple petite phrase, Jack Masselin a ruiné mon quart d'heure de gloire : « Tu as besoin de vêtements secs. »

Mme Wasserman relit mon texte, puis le pose devant elle. Elle croise les mains par-dessus et me dévisage. Je vois la colère briller dans ses yeux, mais je sais qu'elle n'est pas dirigée contre moi.

– Je suis désolée, dit-elle. Sincèrement désolée.

Soudain, j'ai les yeux qui me piquent, ce qui me prend au dépourvu. Je fixe mes mains en m'efforçant de ravaler mes larmes.

Pas de quoi pleurer. Tu as assuré. Tu as fait entendre ta voix. Tu as peut-être même aidé d'autres élèves en faisant passer ce message.

– Bien, vous pouvez disposer, déclare-t-elle.

Je relève la tête.

– Ah oui ?

– Que je ne vous revoie plus derrière ce bureau. À moins que vous ne receviez d'autres lettres. Dans ce cas, n'essayez pas de régler le problème vous-même, venez me voir tout de suite. Et si vous découvrez qui en est l'auteur, j'aimerais également être tenue au courant.

ON VOUS VEUT

Libby Groby

« On ne veut pas de toi. »

Récemment, quelqu'un m'a envoyé une lettre anonyme pour me dire ça. Je me demande comment on peut dire ça à quelqu'un. Sincèrement. Je me pose la question. Réfléchissez-y.

« On ne veut pas de toi. »

C'est la chose la plus méprisante qu'on puisse dire à quelqu'un.

Cette personne voulait sans doute dire : « Tu es trop grosse, ça me dégoûte »... mais alors, pourquoi ne pas le formuler ainsi ?

Qui es-tu pour savoir si on veut de moi ou pas ?

Devine quoi ?

On veut de moi.

Tu ne vas pas me croire, mais j'ai une famille qui m'aime, et j'ai aussi des amis. Je suis même sortie avec des garçons. Je n'ai pas encore fait l'amour parce que je ne suis pas prête. Et non parce que personne ne veut de moi. Tu vois, misérable auteur de cette lettre, alors que tu es aigri et racorni, je suis sacrément charmante. J'ai une personnalité agréable, un esprit affûté, je suis bien bâtie et douée pour la course. Je suis résiliente. Forte. Je vais faire quelque chose de ma vie parce que je crois en moi. Je ne sais pas encore quoi, justement parce que mon imagination est sans limites. Peux-tu en dire autant?

La vie est trop courte pour juger les autres. Pour leur dire qui ils sont ou ce qu'ils doivent ressentir. Ce ne sont pas tes affaires. Tu ferais mieux de balayer devant ta porte.

Je ne te connais pas, mais je suis convaincue que tu as quelques petits problèmes à régler. Peut-être as-tu un corps athlétique, un visage parfait, mais je parie que tu as des failles également, et que tu ne serais pas capable de prendre la pose au milieu du couloir en bikini violet.

Quant à vous, tous les autres, n'oubliez pas : ON VOUS VEUT.

Que vous soyez gros, minces, petits, grands, beaux, ordinaires, timides, sociables. Ne laissez personne vous dire le contraire, pas même votre petite voix intérieure.

Surtout pas votre petite voix intérieure.

JACK

Je suis au magasin, à regretter que la saison de base-ball ne dure pas toute l'année et qu'on ne soit pas tous obligés de jouer avec un maillot à notre nom sur le dos. Si j'étais chargé de refaire le monde, je me débrouillerais pour que chacun de ses habitants porte un uniforme, comme ça, on serait plus faciles à reconnaître.

Si c'était le cas, je reconnaîtrais Monica Chapman, qui est également au magasin. Je saurais instantanément que c'est avec elle que mon père est en train de discuter. Et je ne me demanderais pas si elle est déjà venue là, discuter avec lui, juste sous mon nez.

Alors, je m'approche, j'interromps leur petite conversation, trop près l'un de l'autre, devant un rayon de figurines Star Wars, au vu et au su de tout le monde, y compris de ma mère. Ils s'écartent immédiatement. Je lis le nom de mon père sur son badge et la culpabilité sur son visage.

– Salut, Jack, me lance-t-elle.

C'est peut-être elle, ou peut-être pas. Mais je n'attends pas d'en être sûr. Je me tourne vers mon père en lâchant :

– Fils de pute.

Et je m'en vais.

À la maison, je vide les étagères du sous-sol en balançant tout par terre. Je jette des tonnes de trucs à la poubelle. Je pique ma crise, comme un môme. Je piétine mon matériel, je casse des outils et tout ce que j'ai mis tant de temps à concevoir et à fabriquer.

Je me déchaîne, je donne des coups de poing dans le mur jusqu'à avoir la main en sang. La douleur m'apaise, j'aime le contact de mon poing contre le béton. Je cogne, encore et encore. Au moins, là, je ressens quelque chose, je ne suis plus derrière cette barrière invisible qui me sépare du reste du monde.

Une demi-heure plus tard, je suis en train de ranger mon bazar, calme et posé, lorsqu'un homme fait irruption dans la pièce, avec le badge de mon père sur la poitrine.

Il contemple le chaos puis me regarde droit dans les yeux.

– J'ai rompu. Avec elle.

– C'est pas mes oignons.

– Je voulais juste te le dire.

– Pourquoi maintenant? Qu'est-ce qui t'a conduit à prendre cette décision capitale?

– Tout ça, dit-il en me désignant du menton. Toute cette colère. Je ne veux pas que tu me détestes.

– Ne me mets pas ça sur le dos.

– Non, non, ce n'est pas toi. C'est moi. J'ai eu une seconde chance, non seulement en survivant au cancer, mais une seconde chance avec ta mère, une chance de savoir ce que je voulais faire de ma vie.

– Je croyais que tu aimais ton job au magasin.

– Je l'aime parce qu'il est chargé d'histoire, j'aimais venir ici quand j'étais gamin, mais ce n'est pas ce que je voulais faire de ma vie. J'avais d'autres projets.

Ça me fiche un coup parce que c'est la première fois que j'imagine mon père faire autre chose de sa vie, envisager d'autres choix.

– Je voulais devenir architecte. Ou ingénieur.

Ça me flanque encore un coup parce que, finalement, nous nous ressemblons peut-être plus que je ne le croyais et je ne sais pas trop quoi en penser.

Tout ce que je sais, grâce à toi et à Monica Chapman, c'est le genre de type que je ne veux pas être.

– C'est drôle, hein ? Alors qu'on est le seul maître à bord là-dedans (il se tape la poitrine), on peut facilement se perdre en route.

J'ai envie de répondre : « Je sais, je comprends. C'est plus facile de donner aux gens ce qu'ils veulent. Ce qu'ils attendent. Mais le problème c'est que, très rapidement, on ne sait même plus où est la frontière entre ce qu'on est vraiment et ce qu'on fait semblant d'être pour essayer de plaire à tout le monde. »

Il a un petit sourire triste.

– J'ai été un salaud.

– J'imagine que Dusty aussi a des trucs à te reprocher.

– J'imagine.

Marcus et sa nouvelle petite amie, Melinda, sont dans le salon, penchés sur son téléphone, en train de chuchoter. Mon frère lève son portable en me demandant :

– T'as vu ça ?

Je m'approche pour jeter un coup d'œil.

C'est Libby dans son maillot de bain violet qui envoie la terre entière se faire voir ailleurs. J'y étais. J'ai assisté à la scène. Mais là, je remarque les reflets dans ses cheveux, les taches de rousseur qui constellent sa poitrine et ses bras. Naturels, contrairement à certains faux grains de beauté.

Et là, je commets l'erreur de lire les commentaires. Il y en a des méchants. D'autres vraiment sympas. Je ne fais pas le compte, mais je suis soulagé de constater que les sympas l'emportent sur les méchants. Je rends le téléphone à mon frère qui le remarque à peine, tout occupé à se disputer avec Melinda.

– Sérieux, dit-elle. C'est pas drôle, Cuss. (C'est le petit surnom qu'elle lui donne.) Elle me fait pitié.

– Et pourquoi elle te fait pitié, Mé-mé? (Oui comme mémé, c'est le petit surnom que je lui donne.)

Elle me regarde avec ses grands yeux vides.

– Bah, je veux dire, ça doit pas être facile pour elle.

– Pourquoi ça?

Je ne devrais pas la taquiner, comme je taquine Seth, mais c'est plus fort que moi.

– Bah… je veux dire… enfin, tu sais bien…

Elle lève le téléphone en désignant l'écran.

– Je trouve qu'elle gère grave, moi, dis-je.

Le texte de Libby est là-haut, sur mon bureau. Depuis que je l'ai lu, j'essaie d'ignorer la petite voix intérieure qui me répète : *C'est ta faute. Si tu ne lui avais pas sauté dessus, elle ne serait pas devenue une cible, et elle ne se serait pas sentie obligée de se justifier devant tout le lycée.*

LIBBY

Notre lycée est un beau bâtiment – c'est dingue quand on y pense, vu le nombre de personnes qui y sont allées à reculons durant les quatre-vingt-dix années et quelques de son existence. On a une vraie galerie d'art, un gymnase qui peut accueillir dix mille spectateurs, et l'auditorium municipal, voisin du centre sportif, est l'endroit où se tiennent tous les concerts et les spectacles de la ville. À la cafétéria, il y a un bar à salades, un bar à pizzas et un bar à sandwiches, et on a même une petite boutique à côté de l'infirmerie. Mais on pourrait tout aussi bien être à la prison de Petak Island, au milieu d'un lac, au fin fond de la Russie où les prisonniers passent vingt-deux heures par jour dans leur cellule et n'ont droit aux visites que deux fois par an. C'est l'impression que ça donne d'être au lycée.

Et aujourd'hui ne fait pas exception. Tout le monde – je dis bien tout le monde – connaît mon nom maintenant et ils peuvent tous m'imaginer en maillot de bain. Même ceux qui n'ont pas assisté à la scène. La vidéo YouTube est intitulée ***La grosse contre-attaque : Libby Groby, ex-plus grosse ado d'Amérique, lance***

un cri du cœur à ses camarades : « ON VOUS VEUT. » Elle a été postée hier soir et il y a déjà 262356 vues.

Vous imaginez ?

Je peux vous dire d'expérience que c'est extrêmement bizarre et perturbant. Le gars là-bas, avec son agenda *Game of Thrones*. La fille et ses copines, avec leurs instruments de musique. Les pom-pom girls. L'équipe de basket. Ah... et bien sûr, les profs.

Je n'avais pas pensé à tout ça.

C'est sans doute mon imagination, mais j'ai l'impression que tous les regards suivent mes moindres faits et gestes. Je fais un pas, j'inspire. Je fais un pas, j'expire. Et je commence à me pavaner un peu. J'ajoute un léger balancer de hanches à mes pas. Je repense à quand je danse sur les Spice Girls dans ma chambre et je me dis : *Voilà qui tu es vraiment ! Un genre de superstar, comme dans la chanson.*

Je n'entends qu'une seule huée. Les autres se contentent de me fixer.

Dans le hall, M. Levine me demande :

– Ça va, Libby ?

Qu'il ait vu la vidéo ou non, il est au courant, je suppose.

– Ce n'est pas parce qu'on se voit au groupe de parole que tu ne peux pas venir me parler. Je suis un peu là pour ça, tu sais.

– Je sais. Merci, monsieur Levine. Tout va bien. Vraiment.

Je ne suis pas sûre qu'il soit très convaincu par ma réponse, mais je file avant qu'il puisse me poser plus de questions.

Je déjeune dans la salle d'arts plastiques avec Bailey, Jayvee et Iris parce que c'est plus tranquille (comprendre : ça rappelle moins de souvenirs traumatisants) que la cafétéria. Comme toujours, elles discutent de ce qu'elles feront après le lycée, quand on sera libres. Bailey voudrait se consacrer à l'art, tout en étant médecin, quant à Jayvee, elle veut devenir écrivain.

Puis Iris se tourne vers moi en soupirant :

– J'aimerais tant être comme elles. Savoir ce que je veux faire de ma vie.

– Tu pourrais être chanteuse, dis-je. Si j'avais ta voix, Iris Engelbrecht, je passerais mon temps à chanter, juste pour le plaisir de m'entendre.

Ses oreilles deviennent écarlates. Elle prend une gorgée de son Coca light.

– Ce n'est pas un métier, c'est un passe-temps.

Elle reprend les propos de quelqu'un, peut-être sa mère.

– Va dire ça à Taylor Swift, je réplique en cherchant une chanson sur mon téléphone.

Et je la mets à fond.

Elles se taisent toutes pour me regarder danser.

– Moi, je veux être danseuse. Peut-être même faire partie des Rockettes.

Je lance mes jambes très, très haut, pour toucher le ciel.

Jayvee m'applaudit et me siffle.

– Je créerai mon propre club de danse. Je prendrai toutes celles qui ne peuvent pas ou qui ne veulent pas intégrer les Damsels. On ne paradera pas en agitant des drapeaux. On fera ce qu'on voudra, on inventera nos propres chorés, toutes ensemble.

– Je veux en faire partie ! s'écrie Bailey en se levant d'un bond pour m'imiter, les cheveux volant au vent.

– Moi aussi ! renchérit Jayvee en grimpant sur un bureau.

Elle soulève un haut-de-forme imaginaire avec un sourire spectaculaire – ça fait presque peur.

Iris pose sa canette. Se tamponne le coin des lèvres avec sa serviette. Puis elle se met à chanter, couvrant les Spice Girls de sa voix splendide et puissante. Elle bouge un peu sur sa chaise, remue les épaules – à gauche, à droite. Je prends un pinceau dans un pot et le lui tends. Aussitôt, ce n'est plus un pinceau mais un micro. On n'est plus au lycée, mais sur scène, toutes ensemble, à faire notre show.

Jusqu'à ce que M. Grazer, le prof d'arts plastiques, débarque en demandant :

– Qu'est-ce que c'est que ce bazar ?

– On exprime notre vision artistique du monde, monsieur Grazer ! affirme Bailey.

– Eh bien, exprimez-la un peu moins fort, s'il vous plaît.

JACK

Des chaises sont disposées en cercle au milieu du terrain de basket. Visiblement, aujourd'hui, le cercle de parole – notre tout dernier – se tiendra vraiment en cercle.

Ça me donne brusquement envie de tourner les talons pour m'éclipser, mais c'est le dernier jour, après tout, alors je me force à m'asseoir et à dire bonjour en attendant que M. Levine arrive. Je tends les jambes, les pieds croisés, la tête en arrière, les yeux clos. Tout le monde va croire que j'ai la gueule de bois, que je suis fatigué ou que je m'ennuie à mourir, alors qu'en fait mon cœur bat un peu trop vite, un peu trop fort.

Je ne sais pas de quoi on va parler, mais ça ne peut pas être bon.

Je tends l'oreille tandis que chacun s'installe, les voix montent et descendent. J'entends Libby dire quelque chose en tirant sa chaise, puis je distingue le couinement de baskets sur le sol éraflé – ça, c'est M. Levine.

Il lance :

– Vous vous demandez sûrement pourquoi, pour ce cercle de parole, nous sommes assis en cercle.

J'ouvre les yeux, je me redresse légèrement, et j'essaie de prendre l'air intéressé et détaché, genre ça ne me fait pas du tout peur. Je jette un coup d'œil à Libby. J'ai envie de lui dire : «Je suis désolé. Tu me manques.» Mais elle regarde M. Levine, qui a un ballon de basket entre les mains.

– Aujourd'hui, nous allons chacun notre tour dire cinq choses positives au sujet de chaque personne présente. Par exemple, si c'est moi qui commence, je vais dire cinq trucs super à propos de… disons, Maddy.

Il lui lance la balle.

– Tu es gentille, ponctuelle, polie, tu t'entends bien avec les autres et tu es plus sûre de toi que quand nous avons commencé ce cercle. Maintenant, à Maddy de lister cinq de mes qualités.

Elle enchaîne :

– Vous avez de chouettes nœuds pap, vous ressemblez à Doctor Who, vous êtes plutôt cool pour un prof, vous ne nous faites pas trop la leçon, et vous savez nous intéresser.

– Bravo, Maddy, et merci. Ensuite, je devrais lancer le ballon à Jack, Andy, Natasha, Travis, Libby ou Keshawn, afin de dire quelque chose sur chacun. Et ainsi de suite jusqu'à ce que chacun soit passé. Des questions ?

– On peut dire ce qu'on veut du moment que c'est du bien ? demande Keshawn.

– Ce qu'on veut du moment que ce n'est pas classé PEGI 18, disons.

Tout le monde éclate de rire sauf Keshawn qui a l'air déçu.

Nous nous observons tous du coin de l'œil, cherchant quoi dire. Moi aussi, sauf que je les dévisage d'une manière un peu différente. À force, j'arrive à repérer Keshawn, et Natasha doit être la fille aux cheveux longs qui a la main posée sur sa cuisse – tout du moins, j'espère pour lui. Je sais reconnaître Libby parce que c'est la plus costaud de toutes les filles, et Maddy, grâce à M. Levine. Mais, comme d'habitude, j'ai du mal avec Andy et Travis. Ils font la même taille, la même carrure et ils ont tous les deux des cheveux fins qui leur tombent dans les yeux. On peut parfois distinguer quelqu'un à son attitude, sa gestuelle, comme sa manière de passer la main dans ses cheveux, mais ces deux gars ne remontent jamais leur mèche, ils se contentent de regarder au travers.

Ça devrait aller, du moment que M. Levine ne me demande pas de commencer. Il faut que je trouve quoi dire à propos de tous ces gens. Keshawn et Natasha ont été surpris en train de faire l'amour dans les toilettes – de loin la meilleure raison d'être envoyés ici –, mais je ne peux pas le mentionner dans mes points positifs. Maddy a piqué du maquillage dans les casiers. Andy a vandalisé les locaux de l'établissement (en pissant dans un coin), et Travis, pour remporter un pari, a allumé un joint en cours. La seule personne sur qui je trouve des choses positives à dire, c'est Libby. Je n'en ai pas cinq, j'en ai des centaines.

M. Levine reprend :

– Allez, Jack, si tu commençais ?

Merde.

Je lui adresse un sourire.

– Non, les dames d'abord. Soyons galants…

– Je suis sûr que les dames apprécient l'attention, mais je parie que, dans ce cas, ça ne les dérange pas.

Et il croise les bras, attendant que je prenne la parle.

Va savoir pourquoi, mes yeux se posent sur Libby.

Ne m'abandonne pas, Libby Groby, pas au moment où j'ai le plus besoin de toi.

Elle fronce les sourcils et, durant une seconde, j'ai peur qu'elle révèle mon secret ou qu'elle m'envoie balader, ou même qu'elle se lève et quitte la pièce. Mais elle doit voir que je panique parce qu'elle fait :

– Excusez-moi, monsieur Levine, mais avant que j'oublie... Travis, on a bien un test demain en éducation routière ?

Elle fixe le gars qui a un T-shirt noir à manches longues.

– Quoi ? Merde, c'est vrai ?

Il cligne des yeux derrière sa mèche, bouche bée comme une carpe, c'est trop drôle.

– Je croyais que Dominguez avait dit... Ah non, c'était peut-être dans un autre cours. Attends, attends, oui, c'était en histoire, reprend Libby.

M. Levine la scrute comme s'il sentait qu'elle manigance quelque chose, mais il se contente de dire :

– Allez, vas-y, Jack.

J'y vais...

Keshawn est un super-joueur de basket. Natasha est une fille positive qui a toujours le sourire. Maddy a l'air très intelligente. Andy nous a permis d'accéder au classement national l'an dernier en foot. Travis a une belle collection de T-shirts vintage.

Ce genre de trucs...

Voilà ce qu'ils disent sur moi : Jack est mignon. Jack est cool. Jack a une super-voiture. Jack habite une jolie maison. Jack a un beau sourire. Jack a des cheveux incroyables. Jack est futé. Jack est drôle. Jack est un bon joueur de base-ball. Jack pourra sans doute aller dans la fac qu'il veut.

Je sais que ça part d'une bonne intention, mais ça me déprime. Peut-être que ça leur fait tous le même effet, mais j'ai envie de répliquer : « Vous ne me connaissez pas. Si c'est tout ce que vous pensez de moi, alors vous êtes à côté de la plaque. »

Mais à qui la faute ?

Je me tourne vers Libby.

– Tu es gentille. Probablement la personne la plus gentille que je connaisse. Tu es compréhensive et indulgente – un peu, ça, je le sais, et même énormément, j'espère. Et à mes yeux, c'est un super-pouvoir.

Elle me regarde dans les yeux et j'y vois passer un tas d'émotions.

– Tu es extrêmement intelligente et tu ne t'en laisses pas conter – et surtout pas par moi. Tu es toi. Tu sais qui tu es et tu assumes. Qui d'entre nous peut en dire autant ?

Elle ne sourit pas, mais ce n'est pas sa bouche qui compte, ce sont ses yeux.

– Tu es costaud. Et pas seulement parce que tu as réussi à envoyer un mec au tapis d'un seul coup de poing. (Ça fait rire tout le monde sauf elle.) Je parle de ta force intérieure. Si je devais la dessiner, ça ressemblerait à un triangle de carbyne. C'est le matériau le plus résistant au monde. Tu t'efforces de rendre la vie des gens qui t'entourent plus agréable…

J'ai encore plein de choses à dire, mais M. Levine me coupe :

– Ça fait plus de cinq. Ça ne me dérangerait pas que tu continues, mais j'aimerais que tout le monde passe aujourd'hui. Beau travail, Jack. Tu t'en es bien sorti.

Libby me regarde toujours avec ses yeux immenses comme le ciel.

Et il se passe un truc.

C'est presque comme si je la voyais. Pas seulement ses yeux couleur d'ambre, ni ses taches de rousseur sur les joues, non, je la vois vraiment.

– Jack ? C'est à Libby, maintenant.

Je me frotte la nuque là où les petits cheveux se hérissent.

– Oui, oui.

Je lui lance le ballon.

Elle le contemple un instant, en le faisant tourner dans ses mains, délicatement, doucement, comme si elle tenait l'univers entier à bout de bras. Puis elle plante ses yeux dans les miens. Difficile de décrypter son regard. Elle ouvre la bouche, la referme. L'ouvre à nouveau. Mais elle n'a pas cinq choses à dire à mon sujet, seulement une :

– T'es pas un salaud, Jack Masselin. Sauf que tu ne le sais pas encore.

LIBBY

Je file hors du gymnase aussi vite que possible sans toutefois me mettre à courir. Mais Jack m'emboîte le pas, son afro dansant dans les airs comme si elle avait un ventilo intégré.

– Merci pour ce que tu as dit.

– C'est rien.

– Pas pour moi. Et puis… ce que tu as fait hier… tu es une véritable héroïne.

– Tu m'as dit d'aller me rhabiller.

– Parce que Moses Hunt te collait de trop près et qu'on ne sait jamais ce qui peut lui passer par la tête. Je ne voulais pas que n'importe qui te saute dessus.

– C'est assez ironique venant de toi.

Je ne sais pas ce qui me prend, mais j'ajoute :

– Apparemment, ma vidéo est devenue virale.

– Je sais, j'ai vu. Comme ça, d'autres filles la verront, et ça leur donnera le courage de s'acheter un bikini violet. Tu vas changer le monde. Tu vas voir. Des filles du monde entier, peu importe leur poids ou leur taille, vont en vouloir un. Les usines vont devoir tourner nuit et jour afin d'en produire assez pour satisfaire la demande. Les filles arrêteront enfin de se demander si tel ou tel jean leur fait de grosses fesses ou pas. Elles s'en ficheront et porteront enfin ce qu'elles ont envie !

Il sourit, et ça me donne envie de sourire aussi, mais je résiste parce que, tout de même, ce garçon m'a brisé le cœur.

– Ce n'est pas visible de l'extérieur, mais je sais que tu souris à l'intérieur, affirme-t-il.

JACK

Je n'ai pas la patience d'attendre jusqu'à Noël, alors je monte le robot de Dusty à l'étage et je frappe à la porte de sa chambre.

– Entrez ! braille-t-il.

Je la pousse sans oser entrer parce qu'il ne veut toujours pas m'adresser la parole. Mais je pose le robot par terre et je l'envoie à l'intérieur à ma place. Je l'ai appelé Anticonar. C'est un super-héros.

Le robot fonce dans la chambre de Dusty où il claironne :

– Salut, Dusty ! Je combats la connerie à travers tout l'univers ! Anticonar fait la guerre aux connards ! Alors, gare à toi !

– Comment ça, « gare à moi » ? s'étonne Dusty.

Et il se met à rire.

C'est le plus beau son du monde. Je passe la tête par l'entrebâillement de la porte. Mon petit frère saute de son lit pour examiner le robot sous toutes les coutures.

En me voyant, il fronce les sourcils. J'appuie sur la télécommande.

– C'est toi et moi contre le reste du monde, Dusty ! affirme Anticonar.

Mon frère contemple le robot avec de grands yeux.

– On dirait presque qu'il m'a reconnu. Comment t'as fait ?

En réalité, Anticonar n'est pas plus capable que moi de reconnaître Dusty, je l'ai juste programmé pour qu'il dise son nom. Pour Anticonar, tout le monde s'appelle Dusty.

– C'est de la magie ! Comme ça, il pourra te retrouver n'importe où.

J'enfonce un autre bouton pour que le robot s'exclame :

– Sois pas salaud !

Puis encore un autre et le robot se met à donner des coups de pied. Sauf qu'il ne tape personne, il danse ! Le haut-parleur intégré dans son torse braille un tube des Jackson Five, si bien que Dusty se met à danser avec lui.

Je lui tends la télécommande pour danser également. Et au bout de quelques minutes, mon frère s'écrie :

– Attends... Il a un sac à main ?

Évidemment qu'il a un sac à main, parce que Anticonar sait que c'est trop cool. Dusty se tord de rire. Nous dansons tous les trois en rythme, et même si mon frère et moi, nous nous donnons à fond, sincèrement, c'est Anticonar le plus doué !

Top deux des trucs qui me manquent le plus chez Libby

Jack Masselin

1) Ce que je ressens quand je suis avec elle. Comme si j'avais avalé le soleil et qu'il brillait par tous les pores de ma peau.

2) Tout.

QUATRE JOURS PLUS TARD

JACK

Je suis censé être chez Kam à neuf heures. Caroline sera là. Tout le monde sera là. Je n'ai pas envie de voir tout le monde – ou quiconque, ce serait plus juste –, mais je n'ai pas le choix. Je suis Jack Masselin, quand même. J'ai une réputation à tenir.

Je prends une douche, m'habille, m'ébouriffe les cheveux. Je chope les clés de la voiture, et me voilà presque dehors lorsque mon père (sourcils épais, teint pâle, chemise Masselin Jouets) me rattrape.

– Hé, Jack. On peut te parler cinq minutes ?

J'essaie de trouver une excuse : j'ai rendez-vous et je suis déjà en retard (c'est vrai), je crois que la voiture a pris feu (j'espère que ce n'est pas vrai), je n'ai pas envie de te parler (vrai, vrai et super-vrai).

– Euh… Bien sûr, p'pa. Qu'est-ce qui se passe ? Mais vite fait, alors. Les dames n'aiment pas qu'on les fasse attendre.

J'ai presque failli ajouter « tu dois le savoir », mais je me suis retenu.

– C'est sérieux, fiston.

Marcus, Dusty et moi, nous sommes assis côte à côte sur le canapé. Maman est face à nous sur un pouf de la taille d'un petit kayak. Elle est penchée en avant, les mains sur les genoux, prête à bondir à tout instant.

Papa se racle la gorge.

– Votre mère et moi, nous nous aimons beaucoup. Et nous vous aimons aussi. Tous les trois, vous êtes toute notre vie et nous ne ferions jamais quoi que ce soit qui puisse vous faire du mal.

Il continue dans cette veine pendant un moment, à nous dire ô combien il nous aime, et la chance qu'il a d'avoir une famille aussi géniale, qui le soutient, qui était là pour lui lorsqu'il était malade, qu'on ne peut pas savoir à quel point c'était important pour lui.

Pendant ce temps, Marcus, Dusty et moi, nous nous tournons vers maman, parce que, elle, elle dit les choses telles qu'elles sont. Sauf qu'elle ne dit rien. Elle ne nous regarde même pas. Elle fixe un point dans le vide, derrière notre père, qui est toujours en train de parler.

Au bout d'un moment, Dusty lève la main pour demander :

– Vous allez divorcer ?

Le visage de mon père se décompose. Je ne veux pas voir ça. Maman finit par dire, d'une toute petite voix :

– Votre père et moi, nous pensons qu'il vaut mieux que nous nous séparions quelque temps. Nous devons surmonter certaines épreuves dans notre couple, mais ça n'a rien à voir avec vous.

La conversation ne s'arrête pas là. Dusty a des questions, Marcus veut savoir quelles seront les répercussions pour nous, où on va vivre et si on pourra quand même aller à la fac.

Et moi, je reste toujours à distance, même quand le monde s'écroule autour de moi, le visage collé à la vitre qui nous sépare, à regarder la scène de l'extérieur.

LIBBY

Nous passons chercher Iris, c'est Jayvee qui conduit parce que c'est la seule à avoir le permis. Bailey et moi, nous sommes à l'arrière.

– Dave Kaminski fait une soirée, annonce-t-elle. J'ai promis que je passerais, juste cinq minutes.

Jayvee croise mon regard dans le rétro.

– Libbs ? C'est toi qui nous dis…

– Il n'y aura pas Jack, précise Bailey.

– Comment tu le sais ?

– Il ne va pas à ce genre de soirée.

Nous nous arrêtons devant chez Iris, sauf qu'elle n'a pas l'air d'être là. Jayvee lui envoie un texto et on attend. Comme elle ne répond pas, Jayvee peste dans sa barbe.

– Je reviens, dit-elle.

Elle file vers la maison, en laissant tourner le moteur.

– Libbs ?

Bailey me fixe, haussant les sourcils, les yeux brillants, le sourire aux lèvres.

– Bon, d'accord.

Après tout, pourquoi pas ? Qu'est-ce que j'ai à perdre ?

Et justement, puisque je n'ai rien à perdre, je demande :

– Pourquoi tu ne m'as pas défendue en CM2 ? Quand Moses Hunt m'a chassée de la cour de récré ? Pourquoi tu n'as rien dit ? Pourquoi tu n'es pas venue me voir au moins ? J'étais là tous les jours, je rasais les murs, sans oser mettre un pied dans la cour et tu n'es pas venue une seule fois me parler.

Je parle d'un ton posé. Sans rancœur. Sans émotion. Je veux juste savoir, vraiment. Au début, je ne suis pas sûre qu'elle ait bien entendu. Mais ses sourcils retombent, son sourire s'évanouit et ses yeux se voilent.

– Je ne sais pas, Libbs. Je suppose que je me disais qu'on était amies, mais pas meilleures amies, et que tu te débrouillais bien toute seule. Tu es toujours comme ça. Tu reçois des lettres horribles, mais ça ne t'atteint pas. Jack casse avec toi, mais tu dis que ça va.

– Sauf que, à l'époque, c'était l'horreur pour moi, ça se voyait, quand même, mais personne n'a rien fait.

– Et je m'en voulais de ne rien faire, puis un jour, tu as disparu. Et tu n'es jamais revenue.

– C'est pour ça que tu es si gentille avec moi, maintenant ?

– C'est pour ça que je suis venue te dire bonjour le premier jour, mais ce n'est pas pour ça que je suis gentille avec toi. Je suis sympa parce que je t'aime bien. Et je suis vraiment, vraiment, vraiment désolée d'avoir été si nulle comme amie à l'époque.

Même si ça ne change rien à ce qui s'est passé, ça me suffit.

– Je n'étais pas top comme amie non plus. J'aurais dû te parler. J'aurais dû te dire ce que je ressentais.

Elle me serre dans ses bras et j'inspire le parfum de ses cheveux, un mélange d'arc-en-ciel et de tarte aux pêches, et c'est exactement l'odeur qu'on imagine pour les cheveux de Bailey Bishop.

Quand nous arrivons chez Dave Kaminski, la première personne que j'aperçois, c'est Mick de Copenhague. Il est dans le salon, en train de danser au milieu d'une bande de filles, avec ses cheveux luisants, d'un noir bleuté comme des ailes de corbeau.

– Hé, mais c'est Mick de Copenhague ! s'extasie Jayvee d'une voix rauque et sensuelle avant de faire mine de s'évanouir dans les bras d'Iris.

Je suis Bailey à travers la foule. On ne se croirait même pas chez quelqu'un mais dans une sorte de fraternité étudiante[1]. C'est littéralement plein à craquer, on peut à peine bouger. La musique est super-forte, les gens s'efforcent de danser, mais en réalité, ils se contentent de sautiller sur place.

Ma première soirée de lycéenne.

C'est de la bonne musique, cependant. Je roule légèrement des hanches en marchant quand je bouscule un mec au passage.

– Fais gaffe ! hurle-t-il.

J'ordonne à mes hanches d'être sages et de ne pas bouger lorsque nous débouchons enfin dans la salle à manger où Dave Kaminski joue au poker avec tout un groupe de garçons et quelques filles. Bailey va voir Dave pour lui glisser un mot à l'oreille. Soudain, il l'attrape pour l'asseoir sur ses genoux. Elle rit en faisant mine de le frapper, puis elle l'embrasse et revient vers nous.

– Dave est super-content qu'on soit venues.

– Visiblement.

C'est là qu'il croise mon regard et m'adresse un petit signe de tête, et c'est presque comme s'il me présentait ses excuses.

---

1. Les fraternités sont des regroupements d'étudiants sur les campus américains, organisant fêtes et activités dans leurs locaux. (*N.d.T.*)

JACK

Je suis avec Caroline (peau mate, odeur de cannelle, grain de beauté au coin de l'œil) dans la chambre de la sœur de Kam. Le moindre centimètre carré de mur est tapissé de posters de Boy Parade, ça donne un peu l'impression d'être au milieu d'une toute petite arène remplie de mecs de vingt ans. Je me retrouve entre quatre murs de visages, avec leurs yeux qui nous fixent et leurs sourires blancs immaculés qui brillent dans le noir.

Caroline croit que je l'ai attirée ici pour sortir avec elle. Alors que j'ai l'intention de voir si je peux arriver à débarrasser la gentille Caroline de sa carapace et l'obliger à avoir une vraie conversation avec moi. Parce que Libby me manque. Ça me manque de ne plus avoir personne à qui parler comme je parlais avec elle.

Au bout de tant d'années, Caroline et moi, nous avons nos petites habitudes. En principe, dès que j'essaie de glisser la main dans son pantalon, elle se déshabille parce que je n'ai pas le droit de le faire, de peur de la décoiffer. Et ensuite, on fait presque l'amour, puis je la tiens un petit moment dans mes bras et ensuite, je reste étendu sur le dos à me demander : *Quand quand quand?*

En général, le cœur n'y est pas, seulement mon corps, et mon esprit coopère en restant vide. Mais ce soir, c'est mon esprit qui est aux commandes. Comme M. Levine, il veut savoir pourquoi. *Pourquoi tu fais ça ? Pourquoi tu es là avec cette fille ? Pourquoi tu finis toujours par te retrouver avec cette personne ? Pourquoi tu n'arrêtes pas, Jack ? Pourquoi tu ne vis pas ta vie en étant enfin toi-même ?*

Et c'est pour ça que je lance :

– C'est quoi, le meilleur truc qui te soit arrivé dans la vie ?

Elle me dévisage, les yeux ronds.

– Je suis censée répondre Jack Masselin, c'est ça ?

– Seulement si c'est vrai, bébé. Allez, j'aimerais savoir. Dans toute ta vie, quel est le meilleur truc qui te soit arrivé ?

– Je ne sais pas… peut-être la naissance de Chloé.

C'est sa petite sœur.

– Et le pire truc ?

– Quand mon chat Damon s'est fait écraser par une voiture.

Moi, le pire truc qui me soit arrivé, c'est de foutre en l'air ma relation avec Libby Groby, mais j'insiste :

– Il doit y avoir autre chose.

– Pourquoi ?

– Parce que tu étais différente avant. Timide. Calme. Un peu coincée.

– Arrête ! Pas besoin de me le rappeler.

– OK. Alors… qu'est-ce que les gens ignorent à ton sujet ?

Elle fixe le lit, sourcils froncés.

– Je déteste le marron. Je n'aime pas les tortues. Et je me suis fait arracher mes dents de sagesse quand j'avais quatorze ans.

Super-passionnant. J'ai envie de répondre : « J'ai un problème cérébral qui m'empêche de reconnaître les visages. BOUM ! MOUHA HA HA HA HA ! »

Mais je continue à lui poser des questions auxquelles elle

répond invariablement de sa voix plate et monocorde en arrachant les bouloches du couvre-lit.

J'écoute à peine ses réponses. Je suis en train de penser : *Pendant tout ce temps, je l'ai prise pour mon doudou, notre relation était censée me rassurer, alors qu'il n'y a rien de rassurant dans tout ça. Elle ne me connaît pas plus que je ne la connais. Autant rester seul.*

Parce que, de toute façon, je suis seul.

Et soudain, elle passe son haut par-dessus sa tête et le laisse tomber par terre. Elle rajuste ses bretelles de soutien-gorge en se penchant en arrière dans une pose suggestive. Elle se mord la lèvre, ce qui fait également partie du rituel. Il y a quelques années, ça me rendait dingue.

Je m'apprête à lui dire « remets ton haut » quand la métamorphose se produit sous mes yeux. Caroline pâlit, grossit jusqu'à disparaître et, à la place, je vois Libby, en appui sur un coude, en train de jouer avec la lanière de son maillot de bain violet. Mais elle parle, elle me raconte des choses, elle rit, et je lui réponds, et elle se redresse et on discute ensemble jusqu'à ce qu'elle s'écrie :

– Hum... Hou hou !

Et qu'elle claque des doigts sous mon nez.

Revoilà Caroline.

Je la fixe, espérant qu'elle se change à nouveau en Libby, mais elle s'emballe :

– C'est quoi, le problème ? Pourquoi t'es si bizarre, ce soir ?

Elle est sexy, elle a de la lingerie sexy, et il n'y a pas un seul type au lycée, même ceux qui ont peur d'elle, qui ne voudrait pas être à ma place en ce moment. Je pose la main sur sa cuisse, c'est doux, comme du satin, mais dans ma tête tourne en boucle une seule pensée : *Je n'aime pas Caroline. Elle ne me plaît même pas.*

J'essaie de trouver des trucs qui me plaisent chez elle.

Elle sent bon. Elle a… euh… de belles dents. Ses yeux sont pas mal. Elle a une jolie bouche.

Enfin, je crois. Mais ce qui sort de sa bouche, c'est pas joli joli. Libby, elle, elle dit des trucs intéressants sans jamais être cruelle ni égocentrique.

J'interpelle mon cerveau : *Hé, ho ! Pourquoi tu fais ça ? Pourquoi tu n'arrêtes pas de penser à Libby ? Pourquoi tu me joues des tours pareils ?*

Et alors que je suis assis là, en grande conversation avec moi-même, Caroline déclare :

– Je crois que je suis prête.

– Prête à quoi ?

– À *le* faire.

J'aimerais la regarder dans les yeux, mais il fait noir à part le rai de lumière qui filtre sous la porte et son portable qui s'illumine toutes les deux secondes, chaque fois qu'elle reçoit un message.

– Le faire. L'amour, Jack. Je suis prête à coucher avec toi.

Puis vient la provoc :

– À moins que t'en aies pas envie.

J'en ai envie depuis que je suis né, mais de façon tout à fait inexplicable, je m'entends répondre :

– Pourquoi maintenant ?

– Quoi ?

– Pourquoi es-tu soudain prête maintenant ? Après tout ce temps ? Qu'est-ce qui a changé ?

Apparemment, ma bouche ne répond plus à mes ordres parce qu'elle ne veut pas se fermer. Mes parties intimes sont là : *FERME-LA, CRÉTIN ! TU VAS LA BOUCLER !* mais ma bouche ne veut rien entendre. Je ne sais pas pourquoi elle ne les écoute pas.

– Tu veux une explication ?

– Non mais… tu as vraiment envie que ta première fois se passe ici ? Franchement, regarde autour de toi.

Je désigne les murs couverts de posters. Je déloge une peluche coincée sous mon dos et je l'agite sous son nez.

– Tu ne voudrais pas faire ça sous les yeux de ce pauvre petit gars, pas vrai ?

– Non, mais tu te fous de moi ! hurle-t-elle.

Et elle me repousse avec une telle force que je tombe du lit.

LIBBY

Je danse avec Mick de Copenhague, avec ses cheveux noir presque bleu bleu bleu et ses dents blanches blanches blanches qui étincellent. On invente des pas de danse au fur et à mesure – ou plutôt, je les invente, et il essaie de suivre.

– Et maintenant le twerk tempête !

Je fais mine de lutter contre des vents violents.

– Les semelles qui brûlent !

Je saute sur place comme si j'avais les pieds en feu et que je ne voulais pas toucher le sol.

Puis arrive un slow, il me tend la main, je la prends. Il ne danse pas du tout comme Jack. D'abord, il mesure au moins trois mètres, du coup, j'ai le nez écrasé contre son torse. Et puis, il ne danse pas, il se contente de tanguer légèrement d'un pied sur l'autre.

Arrête de penser à Jack Masselin. Jack, qui ne veut pas de toi, tout du moins pas assez pour tenter le coup. Concentre-toi sur Mick de Copenhague, ses dents immaculées et ses mains de géant.

Quand il me dit « viens », j'y vais. Sous le regard ébahi de Bailey, je le suis dans l'escalier jusqu'à ce qui doit être la chambre de Dave

Kaminski. Mick allume la lampe de bureau et s'assied sur le lit. Je reste plantée sur le pas de la porte, à le fixer. Il sourit, je souris. Puis il dit assez fort pour que je l'entende :

– Je me demandais si je pouvais t'embrasser. J'ai envie de t'embrasser depuis que j'ai posé les yeux sur toi.

Et même si ce n'est pas Jack Masselin, ou peut-être justement parce que ce n'est pas Jack Masselin, je traverse la pièce pour m'asseoir à côté de lui, et on s'embrasse.

J'ai le cou tordu, j'aimerais changer de position, mais je n'ose pas parce que, quand même, c'est Mick de Copenhague. Mais je commence à avoir une crampe, alors je bouge légèrement... Seulement, maintenant, j'ai une crampe au mollet. C'est la *pire douleur de toute ma vie*, mais il y a un garçon super-canon en train de m'embrasser, alors je tiens bon.

Même si j'ai des crampes de partout et un mal de chien, je note qu'il embrasse bien. Je devine qu'il a pas mal d'expérience car j'ai l'impression qu'il frime un peu, en décrivant des figures compliquées avec sa langue. Une véritable démonstration d'acrobaties linguales. Et je n'ai rien contre, détrompez-vous. C'est sûrement comme ça qu'on s'embrasse à Copenhague. Il embrasse sans doute les gens de cette manière depuis qu'il a deux ans.

Quand le baiser s'achève et que nous nous séparons, j'ai presque envie d'applaudir, on dirait d'ailleurs que c'est ce qu'il attend.

Il souffle :

– Waouh !

– Ouais, fais-je, hors d'haleine. Waouh !

Qu'est-ce que je pourrais dire, sincèrement ?

« La prochaine fois, te donne pas tant de mal ».

Ou : « Désolée, il faut que je marche... j'ai une crampe. »

– Tu es déjà allée en Scandinavie ? me demande-t-il.

– Non.

Je ne suis jamais allée nulle part, en dehors de l'Ohio. Je me demande s'il est au courant que j'ai passé une partie de ma vie recluse chez moi.

– Tu devrais y aller, un jour.

Mais ce que j'entends c'est : «Je t'y emmènerai un jour. Tu rentreras là-bas avec moi et je te montrerai d'où je viens et je te présenterai ma famille et je t'aimerai pour toujours et à jamais.»

Même si je n'ai aucune envie qu'il me présente sa famille et qu'il m'aime pour toujours et à jamais, je l'embrasse à nouveau. Parce que, quand je l'embrasse, fini la plus grosse ado d'Amérique. Plus de grue ni d'hôpital. Plus de maman morte. Plus de Moses Hunt. Et surtout, l'essentiel : plus de Jack Masselin.

Il n'y a plus que moi. Et ce garçon. Et ce baiser.

JACK

C'est la première fois que je vois Caroline pleurer, alors je reste une minute assis là, hébété, je ne sais pas comment réagir. Elle hoquette et halète, sans parvenir à reprendre son souffle. Je lui tapote la tête, comme à un chien, mais elle me repousse.

– Pourquoi tu ne veux pas de moi ?

Elle paraît toute petite, comme si elle s'était repliée en deux et encore en deux et encore en deux.

– Qu'est-ce qui ne te va pas, chez moi ?

Et là, je suis encore plus éberlué parce que je découvre une autre facette de Caroline dont je n'ai jamais soupçonné l'existence.

Est-il possible qu'elle soit aussi peu sûre d'elle que nous autres ?

– Tu es belle. Tu es Caroline Amelia Lushamp, dis-je.

Mais ce n'est pas ce qu'elle me demande.

Dis-lui que tu as envie d'elle. Sauf que je ne peux pas parce que ce n'est pas vrai. Je pédale dans la semoule. Je m'enfonce. Je lui répète qu'elle est belle, qu'elle est unique, alors même qu'elle se rhabille, alors même qu'elle reprend son téléphone. Alors même qu'elle me lance :

– C'est plus possible.

Et qu'elle ouvre la porte, laissant entrer la lumière.

Je suis aveuglé et, le temps que mes yeux s'habituent, elle a disparu.

LIBBY

On s'embrasse pendant des heures.

On s'embrasse même quand quelqu'un entre en titubant dans la pièce, nous aveugle en allumant le plafonnier et ressort en titubant de plus belle.

On s'embrasse jusqu'à ce qu'il ait ses mains partout sur moi et sa langue dans mon oreille.

Là, je me dis : *Je ne veux pas jouer les Pauline Potter. Je ne veux pas que ce soit mon premier. Je ne veux pas qu'il soit quoi que ce soit pour moi.*

Alors je m'écarte de lui en expliquant :

– Désolée, Mick de Copenhague, mais je ne suis pas Pauline Potter.

Il se recule, surpris.

– Qui ça ?

– Peu importe. J'ai besoin d'un verre. Désolée, mais là, j'ai plus trop envie…

Je m'attends à ce qu'il soit dévasté, mais il se contente de hausser les épaules en souriant.

– D'accord.

Il m'aide à me relever et nous ressortons. Je marche derrière lui, lissant du plat de la main mes cheveux et mon haut. Même si je n'ai pas envie de sortir avec lui, il est vraiment trop mignon, ce Mick de Copenhague. Je ne peux pas m'empêcher de penser : *Ma fille, il te veut !*

Et putain, ça fait du bien.

JACK

Je trouve Kam dans la cuisine en train de descendre des shots. Ses cheveux blancs sont plaqués en arrière et il tient par la taille une fille qui pourrait bien être Kendra Wu (petite, asiatique, longue tresse noire).

– Qu'est-ce qu'il y a à boire ? je demande.

La fille qui doit être Kendra me tend un liquide brun qui ne doit pas être de la bière.

Je me l'envoie dans le gosier. Ça me brûle l'œsophage comme si j'avais bu de l'essence.

– Un autre, dis-je.

Là, ils me proposent tous des shots.

Kam vide son propre verre et le repose en le cognant sur le bar. Puis il lève les poings avec un cri victorieux.

Quelques instants plus tard, je me fraie un chemin à travers la foule, en quête d'une crête bleue, parce que je suis trop saoul pour conduire et que, soudain, j'ai envie de rentrer. J'ai envie de rentrer chez moi tout de suite, là, maintenant. Je repère la crête rattachée à quelqu'un qui doit être Seth, dehors, au bord de la piscine. Je laisse tomber les précautions d'usage, je n'essaie pas de vérifier que c'est bien lui. Je me plante direct devant celui qui est sans doute Seth et j'annonce :

– Tu peux me ramener chez moi ?

– OK, Mass. Je finis juste ça.

Il porte un joint à ses lèvres, il tire une taffe et se met à glousser sans aucune raison.

J'en prends une taffe aussi, parce que c'est peut-être le secret pour survivre dans ce monde. Ça va peut-être me donner toutes les réponses que je cherche.

En fait, je tousse comme un vieillard pendant cinq bonnes minutes. Quelqu'un me tend un verre d'eau pour faire passer. Mais la piscine se met à tanguer, et le sol aussi et, soudain, le ciel est à la place du sol et un type à crête se penche vers moi en demandant :

– Ça va, mec ?

Je ferme les yeux, parce que non, ça ne va pas. J'aimerais rester comme ça et m'endormir là, où le ciel est à la place du sol, mais ça tourne encore plus quand j'ai les yeux fermés alors je les rouvre et je réussis à me relever. Mon seul espoir est que Bailey Bishop soit là, parce qu'elle ne boit pas. Mais elle ne vient pas à toutes les soirées. Et en plus, je ne vois pas comment je pourrais la repérer au milieu de cet océan de filles blondes. Je retourne à l'intérieur, et ça me semble encore plus bondé, à croire que les élèves de trois autres lycées ont débarqué pendant que j'étais au bord de la piscine.

Je ne reconnais personne.

Je me fraie un chemin à travers la cuisine, la salle à manger, le salon. Les gens m'interpellent, une fille m'agrippe, se cramponne à mon bras comme à un radeau. Elle sent comme Caroline, mais ce n'est pas Caroline – elle est blanche, toute maigre avec des cheveux frisés couleur margarine.

– Oh, mon Dieu ! Mais c'est Jack Masselin ! braille-t-elle.

Et elle m'embrasse sur la bouche.

Elle sent la cigarette, je la repousse.

– Crétin !

Elle me tourne le dos pour danser avec ses copines.

J'enfreins toutes les règles que je me suis fixées précisément pour ce genre de situation. Je ne souris pas, je ne hoche pas la tête en faisant « salut ». Je ne fais pas mon numéro de charme avec les filles. Je soutiens le regard des gens comme si soudain j'allais pouvoir les reconnaître (alors que pas du tout). Je dévisage un type si longtemps qu'il s'énerve :

– Tu veux ma photo ?

Mais je m'en fiche.

Au contraire, ça m'excite parce que je flirte avec le danger, comme si, à tout instant, ils pouvaient me démasquer.

La salle me paraît de plus en plus grande, les murs sont à des kilomètres, il y a des centaines de personnes, je n'arriverai jamais à traverser. J'ai l'impression d'être une star, parmi de parfaits inconnus qui s'accrochent à ma chemise, à mes bras, à moi. Je joue des coudes parce que la porte doit bien être quelque part et que j'ai besoin d'air. J'ai les poumons saturés de vapeurs d'alcool et de fumée, les oreilles saturées par le boum boum de la musique, la tête saturée d'informations que je suis incapable de traiter.

Je n'ai qu'à rentrer à la maison. Sauf que je suis saoul et que je ne peux pas, veux pas, dois pas conduire.

Je demande à un type :

– C'est par où, la porte ?

– Quoi ? hurle-t-il.

– La porte, c'est par où ? je hurle aussi.

– Par ici, fait-il avec un signe du menton.

Alors que je me retourne, une fille s'écroule sur moi et je

manque perdre l'équilibre. Elle s'agrippe à mon bras, elle rit comme une baleine.

– Désolée !

Elle me prend la main et se met à tournoyer au son de la musique. Je la lâche.

Je manque d'air, à croire qu'il n'y a plus assez d'oxygène dans cette pièce. Je nous imagine tous étendus par terre, comme les adeptes d'une secte après un suicide collectif. Il faut que je prenne l'air, il me faut une fenêtre, une porte, mais je suis englué dans cette pièce, cette foule, cette musique.

Comment ça se fait qu'ils ne paniquent pas ?

Tout le monde a l'air heureux, tout le monde a l'air de s'amuser.

Ils ne se rendent pas compte qu'il n'y a pas assez d'air ?

Je n'avais jamais remarqué que c'était si grand chez Kam. Cette maison est immense. Un vrai labyrinthe.

Je demande à un gars près de moi :

– Comment on sort d'ici ?

– Quoi ?

– C'est où, la porte ?

– Je viens de te le dire.

J'ai l'impression d'être prisonnier, condamné à rejouer la même conversation, la même scène éternellement.

Tout à coup, j'ai bien envie de laisser tomber, de me laisser entraîner par la foule, de ne faire qu'un avec les autres comme si on n'était plus qu'un corps gigantesque avec des centaines de bras, de jambes, de bouches et d'yeux. Je finirai écrabouillé, asphyxié, aplati par le poids, comme une silhouette en carton, et là, enfin, ils me porteront peut-être dehors et le vent m'emportera, ou bien je glisserai sous un buisson et je pourrai reposer en paix.

Je ferme les yeux, et quand je les rouvre, je la vois, de l'autre côté de la foule : la porte. Je fonce en jouant des coudes quand je tombe sur Caroline. Sérieux, c'est elle. Même T-shirt noir, même pantalon. Elle se retourne, je ne vois pas son grain de beauté, mais il a peut-être été effacé quand elle s'est rhabillée ou quand elle dansait. Avant qu'elle puisse dire quoi que ce soit, je l'enlace et je l'embrasse.

Elle va pouvoir me ramener à la maison. Elle va me sortir d'ici, et je m'excuserai, et elle me pardonnera, et tout ira bien.

C'est un long baiser, l'un de mes meilleurs. Il y a quelque chose qui cloche, je le sens bien, mais je continue, et quand je m'écarte enfin, je dis :

– Tu vois comme tu m'as manqué.

LIBBY

– Ce ne serait pas Jack ? demande Iris en tendant le doigt.

Nous nous retournons toutes les quatre en même temps, comme un seul homme… juste à temps pour voir Jack Masselin empoigner une fille et l'embrasser à perdre haleine.

Une à une, mes amies lèvent les yeux vers moi. Je m'aperçois que j'ai plaqué ma main sur ma bouche. Je touche les lèvres que Mick de Copenhague vient d'embrasser en me disant que Jack est libre de sortir avec qui il veut, mais que je ne suis pas obligée de rester plantée là à le regarder.

Je joue des coudes pour gagner la porte de derrière, loin de cette scène. J'entends Bailey m'appeler, mais je ne m'arrête pas. Je ne peux pas m'arrêter. Je ne peux pas respirer non plus.

Dehors, dans l'air frais de la nuit, je me fraie un chemin dans la foule jusqu'au coin de la maison, pour me retrouver enfin seule, tranquille, au calme. Je m'adosse contre le mur et j'emplis mes poumons à fond.

JACK

Caroline fait une drôle de tête en me dévisageant… puis, brusquement, elle se dédouble. Il y a deux Caroline côte à côte. Même T-shirt noir, même pantalon, sauf que la seconde a un grain de beauté au coin de l'œil.

Le morceau s'achève, il y a un bref silence. Celle qui a le grain de beauté me lance :

– T'es vraiment qu'un salaud.

La musique reprend, mais maintenant tout le monde nous regarde.

Quand elle se remet à pleurer, hoquetant et haletant, je *sais* au plus profond de moi que c'est elle, Caroline, et pas l'autre, celle qui n'a pas de grain de beauté et qui est plantée là à me regarder, sourcils froncés et lèvres pincées, l'air prétendument furieux. Mais il est clair que, qui qu'elle soit – sans doute sa cousine –, elle s'amuse énormément. J'aurais bien envie de lui dire « hé, elle est de ta famille, tu pourrais avoir un peu de compassion », mais ce serait ridicule venant de moi, n'est-ce pas ?

Là, il n'y a plus qu'une seule chose à faire, et je le fais. Je vais couper la musique et je m'adresse à l'assemblée :

– Je suis atteint d'un trouble neurologique très rare, qu'on appelle prosopagnosie. Ça veut dire que je ne reconnais pas les visages. Je vois votre visage, mais dès que je détourne les yeux, je l'oublie, et la prochaine fois qu'on se croisera, ça sera comme si je ne vous avais jamais vu.

Un silence de mort règne dans la pièce.

Je cherche Caroline du regard, dans la foule, pour voir sa réaction. J'essaie de repérer quelqu'un que je connais, mais à mes yeux, ce sont tous des étrangers. C'est comme si j'étais face à un mur de pierre, une assemblée de hiboux, chacun se confond avec son voisin. Mon cœur bat à tout rompre, il cogne à mes oreilles. Je m'aperçois que je tremble, alors je fourre mes mains dans mes poches pour les cacher.

Dites quelque chose. Allez.

Soudain, un mec crie :

– Putain, Mass, c'est quoi, ces conneries ?

Les gens éclatent de rire, c'est l'hilarité générale, puis quelqu'un remet la musique. Une fille s'avance vers moi et me gifle, sans que j'aie la moindre idée de qui il s'agit. Ils pensent que je plaisante. Pour eux, je ne suis qu'une blague. Et je sens que ça va se retourner contre moi.

Les seuls films que j'aime, ce sont les vieux films d'horreur en noir et blanc. J'ai beau être incapable de différencier les gens, je n'ai aucun mal à reconnaître le loup-garou, King Kong, Dracula, la Chose. Là, je me retrouve face à une bande de villageois, aux visages parfaitement identiques, armés de gourdins et de torches, prêts à pourchasser le monstre de Frankenstein jusqu'à ce qu'il tombe d'une falaise. Sauf que, dans l'histoire, le monstre, c'est moi.

Je me faufile entre eux, je ne vois pas ce que je peux faire d'autre. Ils se retournent pour me fixer tandis que je me fraie un chemin jusqu'à la porte. Y en a un qui me fait un croche-patte. Un autre qui braille :

– Regardez, je ne vois pas les visages !

Et il avance les bras tendus comme une momie, en percutant tout ce qui se trouve sur son passage

Je me rue sur la porte, je l'ouvre à la volée, j'essaie de contourner la montagne qui se dresse sur le seuil, soudain un météore me percute entre les deux omoplates et je décolle… J'atterris dans le jardin, à genoux. Il me faut une minute pour reprendre mes esprits. Je saisis la main qu'on me tend, sans réfléchir. Elle m'aide à me relever quand je me rends compte qu'elle appartient à la montagne.

Qui gronde :

– Hé, Mass ! T'as une sale tête. Ça doit pas être ton jour. Et ça ne va pas s'arranger.

Et vlan, il me colle une droite. Ses poings me martèlent trop vite pour que je puisse esquiver, pour que je puisse répliquer. J'encaisse une pluie de coups… C'est pas possible, ou alors ils sont plusieurs. À un moment, je m'entends dire :

– Encore plus de poids.

Et tout devient noir.

LIBBY

Je suis en train de revenir vers l'avant de la maison, quand je vois Moses Hunt frapper Jack Masselin dans le dos. Jack tombe au ralenti, dans la terre – mais j'entends l'impact, je vous jure. Puis Moses lui colle son poing dans la figure pendant qu'un de ses frères, sans doute Malcolm, le bourre de coups dans les côtes.

Sans même réfléchir, je laisse échapper une sorte de cri de guerre qui me vrille les tympans. Moses, Malcolm, Reed Young et tous leurs potes se tournent vers moi, bouche bée, tandis que je me rue sur eux.

Je colle mon poing sur le nez de Moses qui tombe à la renverse. Puis j'écarte tout le monde de Jack, toujours sans réfléchir.

Mue par une sorte de super-pouvoir, je les affronte un à un, jusqu'à ce que Dave Kaminski, Seth Powell et Keshawn Price me rejoignent pour mettre les gros méchants en fuite.

Je regarde les Hunt s'éloigner dans la rue, la queue entre les jambes, tandis que Dave se penche sur Jack et le secoue pour essayer de lui faire reprendre conscience.

JACK

Le premier visage que je vois, c'est celui de Libby. Je ne sais plus trop où je suis. Je me dis que je rêve, qu'elle me rend visite en rêve. Je tends le bras pour lui toucher la joue, mais elle repousse ma main.

– Il revient à lui.

Non, je veux la toucher, pour être sûr qu'elle est bien réelle. Je lui appuie sur le nez.

– Arrête de faire ça, Jack. C'est bien moi, je suis là.

Un gars aux cheveux plus blancs que blancs surgit à ses côtés.

– Ils ont failli te tuer, Mass.

– Ça va.

Je pose la main sur ma poitrine pour sentir mon cœur qui bat là-dessous, et je répète :

– Ça va.

Un mec à crête passe la tête par-dessus l'épaule de Kam.

– Elle t'a carrément sauvé la vie, mon pote.

Et sur ces mots, il se met à ricaner comme une hyène.

– Je vais te ramener chez toi, décrète Libby.

– T'as pas ton permis.

– T'es sérieux ?

– Quoi ? Je peux prendre le volant.

Même si je sais parfaitement que je ne peux pas veux pas dois pas.

– TU AS BU. Où est ta voiture ?

– Un peu plus loin dans la rue, sur la droite.

Quand elle passe devant moi, qu'elle m'entraîne loin de la fête, je sens son parfum de soleil.

LIBBY

Au début, on n'échange pas un mot. Comme si la voiture était mue par la force de nos esprits – plus nous restons concentrés, plus vite nous arriverons. Il regarde par la vitre, il ne fait rien de spécial, pourtant je suis parfaitement consciente de sa présence près de moi. De sa main posée sur le siège, et de l'autre sur l'accoudoir. De la façon dont de temps à autre, les lampadaires illuminent ses cheveux d'un éclat doré. De ses longues jambes, de son attitude nonchalante, l'air parfaitement à l'aise en toutes circonstances.

Il doit sentir que je pense à lui, parce qu'il dit :

– Ça fait du bien de me retrouver assis là. Avec un seul objectif. De savoir où on va. De savoir ce qu'on fera quand on sera arrivés. Clair et net. Noir sur blanc.

– Oui, sans doute.

Je comprends ce qu'il veut dire.

Il me regarde.

– Tu connais Herschel Walker ?

– Le joueur de foot américain, je réponds.

Il siffle, puis fait « ouille » en se tenant la mâchoire.

– Quand t'es reclus chez toi, tu passes beaucoup de temps devant la télé.

Même devant des trucs parfaitement inintéressants comme les chaînes sportives ou les émissions de déco.

– Donc, comme tu le sais, c'est l'un des meilleurs attaquants arrière de l'histoire du football américain. Mais quand il était petit, je crois qu'il avait peur du noir. Une peur panique. Et il était obèse et il bégayait. Si bien que les autres se moquaient sans arrêt de lui. Du coup, qu'est-ce qu'il a fait ? Il s'est créé une sorte de Hulk intérieur, pour se défendre et leur tenir tête.

Je décide que j'aime ce Herschel Walker et que je lui ressemble beaucoup.

– Il s'est forcé à lire à haute voix tous les jours afin d'arrêter de bégayer. Au collège, il s'est imposé un entraînement sportif de malade et, arrivé au lycée, c'était un vrai monstre. Il est sorti premier de sa promo et a remporté le Heisman Trophy au bout de trois ans dans l'équipe de l'université de Géorgie. Mais quand il a arrêté sa carrière professionnelle, il a commencé à remarquer des changements dans son comportement, et il a découvert qu'il souffrait de troubles dissociatifs de l'identité – des personnalités multiples, quoi.

Il agite le bras comme M. Dominguez en éducation routière.

– Tu dois serrer à gauche, là.

Je change de file avant de m'arrêter au feu.

– Au prochain feu, tu tourneras à gauche sur Hillcrest.

Je vois le plan dans ma tête, mon ancien quartier. Je l'ai tellement arpenté avec mon premier vélo que je connais toutes les rues par cœur. Je démarrais et je fonçais droit devant avec ma mère qui courait pour me rattraper.

– Libby, tu vas trop vite ! disait-elle en riant.

Même si ce n'était pas vrai. Mais ça me donnait l'impression de pouvoir aller au bout du monde, d'être capable de réussir n'importe quoi.

Jack reprend :

– Voilà, après des années à se dépasser, à tenir bon, c'est comme si la pression avait eu raison de lui. Quand on l'a interviewé à propos de son problème, il a expliqué que c'était une histoire de chapeau. En principe, on a un chapeau différent pour chaque situation – un pour la maison, un pour le travail, un pour l'école... Mais le trouble dissociatif de la personnalité, c'est comme si les chapeaux étaient tous mélangés. Si bien qu'il mettait le chapeau de foot à la maison, etc.

– Il se mélangeait les chapeaux, dis-je.

Je vois parfaitement ce qu'il veut dire.

– Au bout d'un moment, ça devient trop difficile de tenir.

Je me demande s'il parle toujours du joueur de foot, ou de son expérience à lui, Jack.

– Je crois que toi et moi, on ressemble plus à Herschel Walker qu'à Mary Katherine Blackwood. En fait, je pense qu'on n'a aucun point commun avec elle.

J'ai beau sentir qu'il me regarde, je garde les yeux sur la route.

– Merci pour le coup de main, ce soir.

– Je suis carrément venue à ton secours, Jack.

– Oh... alors merci de m'avoir secouru.

Je ne peux pas m'empêcher de me tourner vers lui. Et il sourit. Juste une esquisse au début, puis le sourire éclaire petit à petit son visage comme le soleil qui se lève et, soudain, il rayonne comme le soleil au zénith. Je glisse une main sous mes fesses pour éviter de faire mine de me protéger les yeux, éblouie.

Je lui souris.

Nous avons les yeux dans les yeux. Et je n'arrive pas à détourner la tête, même si je me dis qu'il le faut parce que, hé ho, je suis au volant. Alors je m'oblige à détourner les yeux pour regarder par la route, mais c'est tout flou. Je sens toujours son regard sur moi.

Il faut que tu te calmes, ma fille. DU CALME.

On passe dans un nid-de-poule. Le Land Rover fait un bond, à croire qu'il va carrément se retourner.

– Putain, c'est vraiment un tas de ferraille, cette caisse, commente Jack.

Nous prenons mon ancienne rue, Capri Lane. Je ne suis pas revenue depuis qu'on m'a évacuée pour m'emmener à l'hôpital. Jack parle, mais je ne l'écoute plus parce que, brusquement, tout me revient. Ma mère. L'enfermement. L'impression de ne plus pouvoir respirer, l'impression que c'est fini, que je vais mourir. Le sauvetage.

Quand je me suis réveillée à l'hôpital, tout était blanc. Bleu, gris, blanc et noir, comme si c'étaient les seules couleurs au monde. « Tu as eu une crise d'angoisse, m'a annoncé mon père. Ça va aller, mais il faut s'assurer que ça ne se reproduise plus. »

On se rapproche de mon ancienne maison. Je la vois venir vers moi, sauf qu'elle n'est plus du tout pareille. Évidemment, ils ont dû la démolir. Alors que c'est le dernier endroit où j'ai vu ma mère vivante. Alors que j'ai des souvenirs d'elle dans chaque mur, dans chaque dalle de carrelage.

Alors que je pense passer devant sans m'arrêter, Jack me dit :

– Gare-toi là.

Au début, je me demande s'il me joue un sale tour. Mais non, il désigne la maison d'en face en disant :

– Je vais voir si mon frère est là, comme ça, il pourra te raccompagner chez toi.

Il sort du Land Rover et remonte l'allée.

Je ne bouge pas.

Puis, je ne sais comment, j'ouvre la portière. Je pose un pied par terre. Je me hisse hors de la voiture. Je pose l'autre pied par terre. Je me mets debout.

Je demande :

– C'est chez toi ?

Il se retourne.

– Oui, viens.

Puis, dans mon dos, il aperçoit la maison où j'habitais et il pâlit, comme s'il avait vu un fantôme.

J'ai toutes les peines du monde à articuler :

– Ça fait combien de temps que tu vis ici ?

Il ne répond pas. Comme s'il avait eu une attaque.

– Jack ? Ça fait combien de temps que tu vis ici ? Dans cette maison ?

Silence.

– Réponds-moi.

– Depuis que je suis né.

Et le monde

s'arrête

de tourner.

– Tu peux m'expliquer ce qui s'est passé, Libbs ? Qu'est-ce qui t'a fait paniquer ?

– Tout.

C'est ce que j'ai répondu même si je sais que mon père attendait une réponse plus précise.

– Tout. C'était toi. Moi. Les anévrismes. La mort. Le cancer. Les meurtres. La méchanceté. La cruauté. Les hypocrites. Les brutes. Les catastrophes naturelles. L'univers entier m'a fait paniquer. C'est l'univers qui m'a fait ça. Cette façon qu'il a de te reprendre les gens que tu aimes.

Mais en réalité, la réponse était toute simple. J'avais décidé d'avoir peur.

J'ignore combien de temps je mets à retrouver mes mots. Je finis par dire :

– J'ai habité ici.

Je désigne la nouvelle maison, immaculée, immense, parfaitement intacte, qui se dresse sur les ruines de mon ancienne maison. Et qui n'a rien de commun avec elle.

– Je sais.

– Comment ça, tu sais ?

Et là, j'attends, je veux l'entendre de sa bouche.

– Parce que j'étais là le jour où ils t'ont évacuée.

JACK

Marcus conduit, je suis à l'arrière. Mon frère est furax d'avoir dû ressortir, il me lance des regards assassins dans le rétro. Il ne veut même pas allumer la radio, c'est dire. Personne n'ouvre la bouche sauf quand Libby ordonne « tourne ici » ou « à droite maintenant ». Elle a une voix glaciale. Maintenant que je suis assis là, à ne rien faire, j'ai la tête lourde d'avoir trop bu.

Il fait chaud dans la voiture. Et quel silence. Je dois m'assoupir un moment parce que je sursaute quand mon portable vibre. Je le tire de ma poche, j'ai reçu un texto de Kam.

Ça va ?

Je réponds : Oui.

Seth m'a dit un truc… genre tu vois plus bien, je ne sais quoi.

Je fixe l'écran, puis la nuque de Libby. J'éteins mon portable, puis je le rallume. Et j'écris :

Je ne reconnais pas les visages. Ça s'appelle la prosopagnosie. Je viens d'être diagnostiqué.

Comme il ne répond rien, je range mon téléphone dans ma poche.

Ce silence me donne une furieuse envie de crier, mais je me retiens. Quelques minutes plus tard, mon portable vibre à nouveau. Je ne me donne même pas la peine de regarder.

Lorsque nous pénétrons enfin dans le quartier de Libby, Marcus ralentit. Il avance au pas, en regardant par la vitre. D'un côté, j'aimerais qu'on ne trouve jamais sa maison pour que je puisse arranger les choses. De l'autre, je laisse tomber. Elle. Tout.

Inévitablement, nous finissons par arriver. À nouveau, je ne peux m'empêcher de remarquer que toutes ces maisons se ressemblent. Si j'en construisais une pour Libby Groby, elle serait exceptionnelle. Unique. Rouge brique avec un toit en zinc, au moins un étage, peut-être même plus, une station météo high-tech et des tas de tourelles. Et aussi une tour, mais pas pour l'enfermer à l'intérieur. Un endroit où elle pourrait s'asseoir pour regarder au loin, aussi loin que l'horizon, et même au-delà.

– On est arrivés, annonce Marcus.

Libby le remercie avant de se ruer hors de la voiture. J'oublie toujours à quel point elle est rapide. Elle est déjà devant sa porte que j'ai à peine fait un pas dehors.

Elle fait volte-face.

– Quoi ? Qu'est-ce qu'il y a, Jack ? Quoi ? Quoi ?

– Je suis désolé de n'avoir rien dit. Mais je ne voulais pas compliquer les choses.

– Tu aurais pu m'en parler.

– J'aurais pu. Si tu veux, je t'écrirai une lettre d'excuses.

Je lui adresse un sourire plein d'espoir, mais elle le balaie d'un revers de main.

– Non, garde ça pour toi, tu m'entends, Jack Masselin ? Et remballe-moi ce sourire. Ça ne marche pas avec moi. Tu as peur de ne jamais pouvoir avoir une vraie relation avec quelqu'un, mais ce n'est pas la prosopagnosie, le problème. C'est toi. Tes sourires, ton numéro de charme, tout ça, c'est forcé. Tu passes ton temps à tenter de plaire aux gens, à être ce qu'ils veulent que tu sois. C'est ça qui te fout en l'air. Tu devrais essayer d'être une vraie personne.

Je laisse tomber le sourire.

– En seconde position, juste après la mort de ma mère, être évacuée de cette maison a été le pire moment de ma vie. Tu sais que j'ai reçu des lettres d'insultes ? Tout le monde voulait donner son avis sur ce qui m'était arrivé, sur mon poids, sur mon père. Me faire savoir à quel point je les dégoûtais, à quel point j'étais répugnante. Ils les ont envoyées à l'hôpital et aussi ici. Ils ont même trouvé mon e-mail. Mais franchement quel genre de personne ferait un truc pareil ? Qui voit un sujet comme ça aux infos et se dit : « Tiens, je vais lui écrire pour lui dire le fond de ma pensée. Je me demande si je devrais l'envoyer à l'hôpital ou la déposer directement dans sa boîte à lettres. » Alors, toi et tes frères, vous avez bien ri en voyant ça ?

Ses yeux étincellent. Elle me met au défi de répondre : « Oui, exact. Mes frères et moi, on était tordus de rire. On adore regarder les gens frôler la mort. »

À la place, je réponds simplement :

– Pardon.

Je ne veux pas lui écrire une simple lettre d'excuses mais des centaines, une pour chacune des horreurs que les gens lui ont dites ou faites.

– S'ils te connaissaient vraiment, ils n'auraient jamais fait ça. Et tu sais, tout le monde ne te souhaitait pas du mal. Moi, j'étais avec toi.

– Qu'est-ce que tu as dit ?

– J'étais avec toi.

Et là, dans ses yeux, je vois qu'elle a compris : elle sait que c'est moi qui lui ai envoyé le livre.

LIBBY

Mon père est devant son ordinateur. Dès qu'il m'entend arriver, il me montre l'heure.

– Qu'est-ce qui s'est passé ?

Je lui réponds parce que je suis trop fatiguée pour faire comme si tout allait bien. Sincèrement, il a de quoi s'inquiéter à mon sujet. Je ne peux pas le protéger éternellement. Alors, je lui raconte tout, en commençant par Mick de Copenhague, puis la bagarre avec Moses Hunt, puis quand j'ai raccompagné Jack chez lui et que je me suis aperçue qu'il était là le jour où on a démoli notre maison, et que j'ai découvert que, depuis tout ce temps, Jack était Dean, de Dean, Sam et Castiel.

Je lui raconte encore d'autres choses que j'avais omises ces derniers temps : les lettres anonymes, l'audition des Damsels, le bikini violet. Je suis épuisée, en colère, triste. J'ai le cœur en miettes et je me sens vide et, surtout, j'ai très, très envie de dormir. Mais il ne me reste plus que mon père.

Il fait les cent pas pendant que je parle, et dès que je m'arrête, il s'arrête.

– Bon, dis-moi vraiment si ça va. Ou si je dois aller chez les Hunt pour casser la gueule à ce gamin moi-même.

Il est furieux contre le monde entier et je l'aime encore plus pour ça.

– Je vais bien, papa.

– Tu me le dirais sinon…

C'est une question.

– Tu me le diras.

– Toujours. Promis. À compter de maintenant.

Puis j'ajoute :

– Je suis désolée de te faire subir tout ça.

Je vois qu'il comprend. Quand je dis « tout ça », ce n'est pas seulement ce soir.

– Moi aussi, je suis désolé, Libbs.

Et brusquement je réalise ; c'est comme une claque en pleine face. Tout ce que mon père a dû encaisser, endurer, supporter : non seulement la mort de ma mère, mais la cruauté des gens qui l'ont rendu responsable de ce qui m'arrivait. Si ça l'a mis en colère, je ne l'ai jamais vu. Il continue à veiller sur moi, à s'assurer que je mange sainement, à essayer de me protéger, à faire en sorte que je me sente aimée.

Et puis, peut-être pour me prouver qu'il n'y a pas de secrets entre nous, il me confie qu'il a rencontré quelqu'un, une femme qu'il voit de temps en temps. Elle s'appelle Kelly, elle est prof de maths au collège. Elle a son âge, elle a été mariée, pas d'enfants. Il ne voulait pas m'en parler parce qu'il ne sait pas où ça le mènera ni ce que va donner leur relation et qu'il ne veut blesser personne, ni elle ni moi. Mais je pense surtout qu'il ne voulait pas que j'aie l'impression d'être la seule personne au monde qui n'arrivait pas à passer à autre chose.

Comme je le lui dis, il me prend la main.

– Ce n'est pas passer à autre chose, c'est vivre autre chose, tout simplement. Différemment. Une vie différente, un monde différent, des règles différentes. Ça ne veut pas dire qu'on oublie notre ancien monde, juste qu'on en crée un nouveau.

JACK

Il est plus d'une heure du matin quand Marcus et moi nous rentrons à la maison. Je reste planté devant le frigo ouvert pendant au moins cinq minutes – peut-être plus – à souhaiter que quelque chose de bon apparaisse comme par magie : une pizza, un poulet grillé, un steak géant ou des travers de porc… Hélas, ce n'est pas le cas, je prends donc un soda et une sorte de guacamole épinards-fromage, je pique un paquet de chips dans le placard et je m'assieds à la table de la cuisine, dans le noir, pour déguster mon festin.

J'ai vidé la moitié du paquet de chips quand mon portable s'allume à l'autre bout de la pièce, où je l'ai laissé. Je me lève, au cas où ce serait Libby, même si je sais pertinemment que ce n'est pas le cas. C'est Kam :

Putain. Ce prosopagnotruc, quel bad trip, une vraie saloperie. Mais, mec, on a tous un truc qui déconne. On est tous un peu bizarres et barrés, chacun à notre façon. T'es pas le seul.

Je relis son message trois fois, parce que, sérieux, je n'en reviens pas. Si ça se trouve, Dave Kaminski va devenir quelqu'un de bien avant sa majorité, finalement.

Un autre texto s'affiche :

Connard.

Je réponds :

Bâtard.

Puis je laisse tout en plan pour monter dans la chambre de mes parents. Je frappe à leur porte. Je tambourine comme un malade jusqu'à ce qu'une autre porte s'ouvre et qu'un gamin maigrichon aux oreilles décollées s'écrie :

– Jack ?

– Désolé de t'avoir réveillé, frérot. Tu peux aller chercher Marcus ?

– Bien sûr.

La femme qui sort de la chambre de mes parents a l'air endormie. Elle a les cheveux en bataille et un œil à moitié fermé.

– Jack ?

En me voyant, elle écarquille les yeux. Elle me tâte délicatement le visage, le torse.

– Oh, mon Dieu, qu'est-ce qui t'est arrivé ?

Et soudain, je me souviens. *Ah ouais, c'est vrai, les frères Hunt m'ont cassé la gueule.*

– C'est rien. Ça va. Écoute, j'ai un truc à vous dire, à papa et toi.

Je jette un coup d'œil à l'intérieur mais le lit est vide. J'entends une porte s'ouvrir dans mon dos. L'homme qui sort de la chambre d'amis doit être mon père.

Nous nous retrouvons tous les cinq alignés sur le lit de mes parents comme le matin de Noël quand on était petits. Marcus n'a pas prononcé un mot. Il se contente de me fixer de derrière sa touffe de cheveux.

– C'est un trouble neurologique très rare, dis-je.

Ma mère cherche sur Google pendant que je parle.

Papa : – Tu as des problèmes de vue ou des maux de tête ?

Dusty : – C'est peut-être du surmenage ?

– Ce n'est pas un problème de vue et ce n'est pas du surmenage non plus.

Papa : – Parfois, je me mélange les pinceaux aussi. J'oublie tout le temps le nom des gens. Après toutes ces années au magasin, je n'ai toujours pas mémorisé les clients.

– Ce n'est pas pareil : dans notre cerveau, il y a une zone spécifique, le gyrus fusiforme 12, qui reconnaît et identifie les visages. Va savoir pourquoi, chez moi, elle ne fonctionne pas ou peut-être que je n'en ai carrément pas.

Dusty veut savoir où elle est située, alors je lui montre. Puis maman trouve un schéma du cerveau. Ils se penchent tous, même Marcus, pendant qu'elle lit :

– Les gens atteints de prosopagnosie ont de grandes difficultés à distinguer les visages et peuvent avoir du mal à reconnaître des gens qu'ils ont pourtant vus de nombreuses fois et qu'ils connaissent bien, même des membres de leur famille.

Elle lève les yeux vers moi comme pour demander confirmation, j'acquiesce.

– La prosopagnosie résulte d'un problème de traitement des informations visuelles par le cerveau, qui peut être présent dès la naissance ou se développer plus tard, à la suite d'un traumatisme crânien.

– Comme quand tu es tombé du toit, intervient Marcus.

Je leur raconte que j'ai passé des tests, ils ont des millions de questions. Je leur réponds du mieux possible et, à un moment, ma mère déclare :

– Tu ne dois surtout pas oublier que tu n'es pas responsable de tout. Nous sommes vos parents, nous allons nous débrouiller avec nos problèmes. Quant à vous, pour le moment…

Elle nous regarde, mes frères et moi.

– … vous devez vivre vos vies d'enfants en sachant que vous pouvez toujours compter sur nous.

– C'est valable pour nous tous ? demande Dusty. Même ceux qui n'ont pas de trouble neurologique ?

– Tous les trois.

LIBBY

J'ai toujours rêvé de pouvoir arrêter le temps. Comme ça, on appuierait sur PAUSE à un moment génial de notre vie pour que plus rien ne change. Vous imaginez ? Ceux qu'on aime ne mourraient jamais. On ne vieillirait pas. On se coucherait le soir et on se réveillerait chaque matin en sachant qu'on va tout retrouver exactement comme on l'a laissé. Plus de surprises.

Si je pouvais arrêter le temps, c'est le moment que je choisirais : je suis en train de m'endormir sur l'épaule de mon père, George sur les genoux, comme si j'avais à nouveau huit ans.

Parce que voilà ce que j'ai tiré de mon expérience du deuil :

1) Le chagrin ne s'atténue pas. On s'y habitue, c'est tout.

2) Les gens qui ont disparu continuent à nous manquer.

3) Et bizarrement leur absence pèse une tonne.

Quand j'ai commencé à manger – manger grave, je veux dire –, le chagrin était si grand que j'avais l'impression de porter l'univers à bout de bras. Alors, porter mon propre poids, ce n'était pas plus dur. C'était porter les deux en même temps, qui faisait trop. C'est pour ça que parfois, on est obligé de poser le fardeau. On ne peut pas le porter éternellement.

JACK

Le jour se lève presque quand je vais me coucher. Je reste allongé sur mon lit, yeux grands ouverts, tout habillé, à fixer le plafond. Je me sens plein et vide à la fois, mais pas dans un mauvais sens. Peut-être que vide n'est pas le bon mot. Je me sens léger.

Peut-être que j'aime Libby Groby.

Pas dans le sens je l'aime bien.

Non.

Je l'aime tout court.

D'amour.

J'aime son rire joyeux et rauque – on dirait qu'elle est enrhumée. J'aime la manière dont elle marche en ondulant comme pour un défilé de mode. J'aime son immensité, et je ne parle pas de son poids physique.

Et puis, il y a ses yeux. Si on me demandait de parler des yeux de Caroline, j'en serais incapable. Je peux les décrire quand je l'ai en face de moi, mais dès qu'elle n'est plus là, ça m'est impossible.

En revanche, sur les yeux de Libby, je suis intarissable.

Ses yeux, c'est comme… être allongé dans l'herbe et regarder le ciel d'été. On est ébloui par le soleil, mais on sent la terre dans notre dos. On a l'impression qu'on va s'envoler tout en sachant que non, on ne risque pas. Ça réchauffe à l'intérieur et à l'extérieur, et cette chaleur demeure sur la peau même quand on s'éloigne.

Je peux vous dire d'autres choses à propos de Libby :

1) Ses taches de rousseur me font penser à la constellation de Pégase (sur la joue gauche) et à celle du Cygne (sur la joue droite).

2) Elle a des cils longs comme le bras. Et quand elle veut faire sa charmeuse, ils papillonnent lentement et ça me rend complètement dingue.

3) Et puis, il y a son sourire. Un sourire incroyable, qui vient du plus profond d'elle-même, un sourire rayonnant, fait de ciel bleu et de soleil.

Et là, tout à coup, je me dis : *Non, mais attends une minute...*

Je me redresse. Je me frotte le crâne... C'est peut-être que j'ai trop bu, mais...

Depuis quand je me rappelle son visage?

Et tout à coup, c'est comme dans *Sixième Sens*, je me repasse les semaines qui se sont écoulées depuis que je la connais. Je me remémore toutes les fois où je l'ai vue, toutes les fois où j'ai été capable de la repérer dans la foule, de la reconnaître hors contexte. Je me teste.

Imagine ses sourcils.

Légèrement arqués, ce qui lui donne l'air perpétuellement amusé.

Imagine son nez.

Froncé quand elle rit.

Imagine sa bouche.

Non seulement le rouge de ses lèvres, mais la façon dont leurs coins se soulèvent comme si elle souriait, même quand elle ne sourit pas.

Imagine tout ça ensemble.

Ses pommettes rondes et son menton pointu qui forment presque un cœur. Cette force, cette douceur, cette lumière… qui la rendent si VIVANTE.

Pendant tout ce temps, j'ai cru que c'était son poids qui me permettait de la reconnaître.

Alors que ce n'est pas du tout son poids.

C'est elle.

LIBBY

Je me lève tôt, bien qu'on soit dimanche. Je laisse un mot à mon père et je file, emmitouflée dans ma veste et mon écharpe. Au bout de cent mètres, j'ai les mains gelées et les fourre dans mes poches. Je vais retrouver Rachel au parc parce que j'ai quelque chose à lui dire. *Je sais pourquoi j'ai donné un coup de poing à Jack Masselin.*

Il y a une fraîcheur dans l'air qui fait penser à l'hiver, ou du moins qui l'annonce. C'est la saison que j'aime le moins parce que tout meurt ou s'endort, et c'est trop mort et immobile, et le ciel reste gris si longtemps qu'on finit par croire qu'il ne redeviendra jamais bleu. Pour le moment, il a du mal à se décider. Il y a des zones de bleu, de gris, des taches de blanc, comme un patchwork délavé.

Rachel nous a acheté du vin chaud au petit café près de chez elle. Nous nous asseyons face au terrain de golf, soufflant sur nos gobelets pour les refroidir. Je lui parle un peu de Mick de Copenhague, de Moses Hunt et de Jack que j'ai ramené chez lui.

– Jack... Jack ?

– Jack Jack.

Avant qu'elle puisse me poser des questions, je dévie sur le groupe de danse qu'on a fondé avec Bailey, Jayvee et Iris.

– Le plus génial, c'est que tout le monde peut en faire partie. Pas de limite de poids, de taille, d'âge ou de sexe. Aucune limite. Il suffit d'aimer danser. On danse pour le plaisir, quand on veut et où on veut.

– Je peux venir ?

– Bien sûr !

– On pourra tourbillonner ?

– Évidemment !

– Et il y a une tenue ?

– Oui, mais différente pour chacun.

Elle me parle de sa nouvelle petite amie, Elena, une graphiste qu'elle a rencontrée à la boulangerie Winkler. Elle dit qu'elles ont des tas de points communs idiots, mais aussi des choses plus importantes – par exemple, elles ont fait leur coming out au même âge. Elle me jette un regard par-dessus son gobelet fumant.

– Tu sais, c'est un peu ce que tu as fait, à ta façon. Faire son coming out, c'est sortir du placard, se montrer tel qu'on est. Tu es sortie de chez toi. Sortie de ta coquille.

– Oui, tu as raison.

Je pense à Jack, aussi seul en lui-même que moi dans ma chambre, pendant toutes ces années.

Comme si elle lisait dans mes pensées, elle demande :

– Alors... pourquoi tu as fait ça ? Pourquoi tu l'as frappé ?

– Parce que après tout ce que j'ai traversé, j'avais l'impression qu'il voulait m'attraper pour me remettre dans cette maison et m'y enfermer. Et il me confirmait par là que j'avais raison de paniquer, raison d'avoir peur.

– Personne ne peut t'enfermer à nouveau, Libby. C'est toi qui décides ou non de te laisser faire.

– Je sais. Oui, j'en ai conscience maintenant. Mais sur le coup, non, je n'avais pas encore réalisé.

– Alors, vous êtes encore amis ?

– Il m'a menti.

– Ou bien il a voulu te protéger. Ce n'est pas pour le défendre, mais il a sans doute cru bien faire.

– Peut-être.

Puis je lui parle des lettres anonymes.

Elle pose son gobelet.

– Quand as-tu reçu la dernière ?

– Ça fait un moment. Avant l'épisode du bikini violet.

– Et tu as découvert qui était derrière ?

– Non, mais je m'en doute. Et j'ai vraiment pitié de cette personne parce qu'elle, elle ne fera jamais son coming out. Elle a caché ce qu'elle est vraiment, enfermé tout au fond d'elle, là où personne ne pourra le trouver, et surtout pas elle-même.

Rachel lève alors son gobelet.

– À Libby Groby, la fille la plus énorme que je connaisse, et je ne parle pas de l'aspect physique.

Nous trinquons avec nos gobelets en carton recyclé.

– Et à Rachel Mendez qui m'a aimée malgré moi.

J'ai envie d'ajouter « et qui m'a sauvé la vie ». Je me revois à onze ans, à treize ans. Une fille qui me semble si différente de celle que je suis maintenant, à des années-lumière, qui n'a plus rien à voir avec celle que je suis devenue. Sauf que je sais que je ne serais pas moi sans elle. Je ne serais pas Libby Groby, lycéenne de première, avec sa bande d'amies. Je ne danserais pas, je ne tourbillonnerais pas, je n'aurais pas passé l'audition des Damsels. Je n'aurais pas eu le cran de poser en bikini violet. Je ne serais pas allée à Bloomington ni chez Pizza Clara avec un garçon qui me plaisait. Réellement. Je n'aurais pas eu le cœur brisé parce que j'aurais eu trop peur pour essayer. Et même si ça fait mal, vraiment mal, c'est bien mieux que de ne rien ressentir du tout.

Et autre chose que je n'aurais jamais connu : je ne serais pas assise sur ce banc, les joues et le nez glacés, en train de boire du vin chaud avec une super-amie. Et même si je n'aurais jamais pu imaginer cet instant précis, je suis heureuse d'être là pour le vivre.

Après le départ de Rachel, je laisse mon exemplaire – le fameux exemplaire – de *Nous avons toujours vécu au château* sur le banc, avec ce petit mot :

Cher ami,

Tu n'es pas un freak. Le monde veut de toi. Tu es nécessaire à ce monde. Tu es le seul et unique exemplaire de toi-même qui existe. N'aie pas peur de quitter le château. Un univers immense et formidable t'attend.

Amicalement,

Une amie lectrice

JACK

Son père me dit qu'elle est au parc avec une amie, alors j'y vais. Mon téléphone sonne, c'est Kam, mais je ne réponds pas.

Et si c'était le Dr Klein qui appelait pour dire qu'elle s'est trompée, qu'il existe un traitement ? Qu'est-ce que je ferais ? Est-ce que j'accepterais qu'on modifie mon cerveau si ça me permet de reconnaître les gens comme tout le monde ? Hein ?

Je réfléchis à ça, j'essaie de m'imaginer comme ça pourrait me changer.

Ce ne serait plus moi, si ? Parce que d'aussi loin que je me souvienne, j'appréhende les gens en les observant, en mémorisant leurs signes particuliers.

Le truc, c'est que je ne sais pas ce que ça fait de voir le monde comme les autres. D'accord, je ne me reconnais pas dans le miroir, et je ne peux pas vous dire précisément à quoi je ressemble, mais je pense que je ne me connaîtrais pas comme je me connais sans la prosopagnosie. Et ça vaut également pour mes parents, mes frères, mes amis, et Libby. Je veux parler de tous les détails qui font qu'ils sont eux, et pas quelqu'un d'autre. Quand ils se regardent entre eux, ils voient la même chose; moi, je dois faire davantage d'efforts pour passer au-delà de l'apparence, voir ce qu'il y a derrière leur visage. Comme si je démontais chaque personne pièce par pièce pour la reconstruire ensuite. Je les reconstruis de la même manière que j'ai construit Anticonar pour Dusty.

Ça, c'est moi.

Est-ce que, du coup, je me sens différent des autres ? Un peu. J'ai dû déployer tellement d'efforts pour apprendre à connaître chacun, et même si la couleur de peau ou celle des cheveux m'aident à distinguer les gens, ce n'est pas ce qu'ils représentent pour moi. Ce n'est pas de ça qu'il s'agit. Ce qui compte, ce sont les choses plus importantes : la façon dont leurs visages s'illuminent quand ils rient, leur façon de marcher quand ils viennent vers moi, ou la disposition de leurs taches de rousseur en forme de constellation.

LIBBY

Je viens de sortir du parc, emmitouflée dans mon manteau, le nez dans mon écharpe, quand un Land Rover couleur rouille passe devant moi au pas. Il s'arrête au beau milieu de la route et, sans même couper le moteur, Jack Masselin en sort et s'avance vers moi, avec sa démarche chaloupée à la Jack.

– Qu'est-ce que tu fais là ?

– Ton père m'a dit que je te trouverais ici. Bon sang, ce qu'il fait froid. T'as vraiment l'intention de rentrer chez toi à pied ?

– QU'EST-CE QUE TU FAIS LÀ ? je répète, plus fort, cette fois.

– Écoute… je suis désolé de ne pas t'avoir dit où j'habitais, de ne pas t'avoir dit que je t'avais vue le jour de l'évacuation. J'aurais dû te l'avouer, je comprends que tu sois en colère après moi.

– Oui, tu aurais dû.

– Je sais. J'ai eu tort. Mais si ça ne te dérange pas, j'ai autre chose à te dire. On pourra revenir sur le sujet après, et tu pourras me faire la leçon tant que tu veux.

– Quoi, Jack ?

– Tu es la seule que je vois.

– Quoi ?

– Tu es la seule que je vois, Libby Groby. Toi.

– Comment ça ?

– Je te vois. Je me souviens de toi. Je te reconnais.

Je montre mes hanches.

– Bah oui, ce sont les visages que tu ne calcules pas, mais les bourrelets, si.

– Bon Dieu, miss. Arrête un peu, tu veux.

– Quoi ? Tu te sers des signes particuliers pour reconnaître les gens. Le mien, c'est mon poids.

– Non, ton signe particulier, c'est toi. J'arrive à me souvenir de tes yeux, de ta bouche. Des taches de rousseur qui font comme deux constellations sur tes joues. Je connais tes sourires, il y en a au moins trois. Et au moins huit de tes expressions, y compris celles que tu fais uniquement avec tes yeux. Si je savais dessiner, je pourrais te dessiner sans même avoir besoin de te regarder. Parce que ton visage est gravé dans ma mémoire.

Et là, il ferme les yeux et se met à me décrire d'une façon unique. Mon cœur s'emballe, et je sais que jamais je n'oublierai ses mots, même dans cinquante ans.

Il rouvre les yeux et poursuit :

– Je sais comment tu bouges. Je sais comment tu me regardes. Tu es la seule à me regarder comme ça. Que je sois avec toi ou sans toi, je n'ai pas besoin de réfléchir ni d'assembler les pièces du puzzle. C'est toi, c'est tout. Je le sais.

– Ça ne veut pas dire que tu m'aimes. Juste que tu me reconnais.

Il hausse brusquement les sourcils et éclate de rire.

– Qui a parlé d'amour ?

Et là, j'ai envie de me volatiliser.

– Cependant, hypothétiquement, si je t'aimais, ce ne serait pas parce que je te reconnais. Du genre : « Ah bah, elle au moins, je la reconnais, bah alors je ferais aussi bien de tomber amoureux d'elle.» Non, au contraire, je suis sûr que je te reconnais parce que je t'aime. Et je t'aime parce que je te connais, Libby, je vois au fond de toi, je te vois dans tout ce que tu as d'extraordinaire.

J'attends qu'il répète «hypothétiquement», mais non.

À la place, il me regarde.

Et je le regarde.

C'est un de ces moments...

Il dure plusieurs secondes, peut-être plusieurs minutes.

Je remonte mon écharpe jusqu'aux yeux. J'ai bien envie d'y enfouir toute ma tête.

– Tiens.

Il me tend quelque chose. Je le retourne au creux de ma paume. C'est un magnet. Bienvenue en Ohio.

Je ne comprends pas tout de suite pourquoi il me donne ça. On n'est jamais allés dans l'Ohio ensemble. Je n'y ai été qu'une fois.

Il y a des années.

Avec mes parents.

Soudain, me voilà transportée dans mon ancienne maison, le jour où ma mère a collé cet aimant sur le frigo en disant :

– On va recouvrir la porte de magnets de tous les endroits où on ira. L'Ohio, ce n'est peut-être pas très exotique comme destination, mais un jour, quand il y en aura plein, tu te diras : «Ah, c'est par lui que ça a commencé.»

Il avoue, penaud :

– Je n'aurais jamais dû le prendre.

– Le prendre?

– Dans ton ancienne maison. Je suis entré dedans ce jour-là, pour tenter d'en savoir plus sur toi. J'ai dû dire au vigile de faire attention aux pillards.

– Après avoir piqué ce truc.

– Oui, et ton livre, celui que je t'ai envoyé.

– Et pourquoi tu as gardé l'aimant ?

– En souvenir de toi.

– Waouh, t'es sentimental.

Il rit en se caressant le menton.

– Faut croire.

– C'est pas grave.

L'écharpe étouffe ma voix. Je serre le magnet dans mon poing. Ça paraît bête, mais je ne peux m'empêcher de penser : *Elle l'a tenu dans sa main. Il y a un peu d'elle qui reste.*

– Je suis contente que tu l'aies pris.

C'est par lui que ça a commencé.

– Libby Groby.

Ses yeux, ses lèvres sont graves. Je ne l'ai jamais vu aussi sérieux.

– Je te veux.

Et il tire sur mon écharpe.

Il prend mon visage entre ses mains, doucement, délicatement, comme une pierre précieuse très rare.

Et il m'embrasse.

C'est le plus beau baiser de ma vie, ce qui en réalité ne veut pas dire grand-chose. Mais c'est un de ces baisers qui ouvrent un monde de possibles et qui me servira d'étalon par rapport à n'importe quel autre baiser arrivé à n'importe qui d'autre n'importe où. Comme s'il respirait à ma place ou peut-être qu'on respirait l'un pour l'autre, que je me fondais en lui et lui en moi, si bien que mes membres ne m'appartiennent plus et que mes os se sont liquéfiés, ainsi que les muscles et la peau... jusqu'à ce qu'il ne reste plus que de l'électricité. Le ciel grisâtre de cette matinée laisse place à un ciel nocturne où les étoiles brillent, si proches que je pourrais les cueillir, les emporter chez moi et peut-être les accrocher dans mes cheveux.

Je ne sais pas qui rompt l'étreinte le premier, peut-être lui, peut-être moi. Mais nous restons front contre front, et je suis contente parce qu'il y a une petite voix en moi qui crie *OH, MON DIEU! C'est Jack Masselin!* mais je ne suis pas impressionnée parce que je connais ce garçon sous un jour que les autres n'ont jamais vu et il me connaît lui aussi.

Nous finissons par relever la tête, nos regards se cherchent et se trouvent, et je n'ai pas besoin de me demander de quoi j'ai l'air à ses yeux, parce que je me vois – je vois mon reflet dans ses pupilles comme s'il m'avait enregistrée pour m'emporter partout avec lui.

– Waouh, souffle-t-il comme s'il avait retenu sa respiration pendant tout ce temps.

– Ouais.

J'essaie de faire de l'humour parce que c'est encore tout nouveau pour moi, ce monde, et que je tâtonne un peu.

– Enfin, la terre n'a pas tremblé, quand même, dis-je.

Et c'est ma voix qui tremble un peu.

Parce que si, en fait. Vraiment. Un vrai séisme cataclysmique.

Ça y est. On y est. Nos deux univers se rencontrent, le mien, le sien. Ensemble, on va changer le monde.

Je ne suis plus qu'un nerf, du sommet du crâne jusqu'au bout de mes orteils. Tout me semble plus vivant, plus… plus. Mon cœur s'ouvre, comme celui de la fille de Rappaccini, Béatrice, quand elle rencontre le jeune Giovanni qui s'est aventuré dans son jardin. En cet instant, je le sens qui s'ouvre, pétale après pétale, battement après battement.

JACK

Je dis :

– Je t'aime.

Elle dit :

– Je t'aime aussi.

Puis elle rit.

– C'est dingue, non ? Quand même… toi !

– Je sais. Et alors ?

Elle plaque la main sur sa bouche, mais ses yeux brillent. Je pense à un pré, en plein été. Je pense au soleil, qui réchauffe et l'intérieur et l'extérieur.

Je lui prends la main sous ce ciel gris-bleu, et je me sens chez moi.

REMERCIEMENTS

Les Mille Visages de notre histoire est tout droit sorti de mon cœur, de mes propres souffrances, peurs et chagrins, et de ceux des personnes qui me sont chères. Ces gens – et beaucoup d'autres – m'aident à porter mon univers. Je n'aurais pas été capable d'écrire ce livre sans eux.

Tout d'abord, merci à mes lecteurs à travers le monde, qui sont devenus une vraie famille (#ReadersAreLife). Je vous aime d'un amour épique et éternel.

Merci à mon incomparablement parfaite, pétillante et brillante agente, Kerry Sparks – la plus sage, la plus avisée, la plus charmante personne sur la planète, qui veille en permanence sur moi. Merci également à toute l'équipe de l'agence littéraire Levine Greenberg Rostan. Grâce à vous, mon monde est passé du noir et blanc au Technicolor.

Merci à la plus adorable des adorables éditrices, Allison Wortche, à l'instinct toujours sûr. Ce n'est pas un stylo rouge qu'elle agite, c'est une baguette magique. Merci aussi à mon fantastique éditeur britannique, Ben Horslen, pour son génie.

Merci à tous les gens de Knopf, Ramdom House Children's Books et Penguin UK pour leur gentillesse, leur soutien, leur immense confiance en moi – vous êtes les meilleurs ! Infinis remerciements à Barbara Marcus, Jenny Brown, Melanie Nolan, Dominique Cimina, Jillian Vandall, Karen Greenberg, Kim Lauber, Laura Antonacci, Pam White, Jocelyn Lange, Zack O'Brien, Barbara Perris, Alison Impey, Stephanie Moss, Rosamund Hutchison et Clare Kelly. Et tout spécialement à David Drummond pour sa spectaculaire couverture.

Un grand merci à ma super-assistante, Briana Bailey, pour tout ce qu'elle est et tout ce qu'elle fait, à l'incroyable Shelby Padgett (qui est, je le jure, un peu sorcière) et à Lara Yacoubian. Merci également à Letty Lopez et à tous les intervenants de *Germ Magazine* et toute mon affection à Briana, Shelby et Jordan Gripenwaldt. Vous me rendez la vie plus jolie, et je suis tellement fière de tout ce que nous – vous – avons accompli.

Je n'ai pas dû être évacuée de chez moi comme Libby, mais j'ai dû gérer des problèmes de poids et d'angoisse – en particulier à l'âge de Libby – et je sais ce que ça fait d'être harcelée. En complément de mon vécu personnel, j'ai recueilli les témoignages de proches et d'amis qui comprenaient, pour l'avoir vécu, ce que Libby avait traversé.

Je ne suis pas moi-même atteinte de prosopagnosie, mais certains membres de ma famille, oui. Mon cousin, encore adolescent, a appris à reconnaître ses proches, non à leur visage, mais grâce à des détails importants comme leur gentillesse ou leur nombre de taches de rousseur. Je le remercie de m'avoir aidée à voir le monde tel qu'il le voit.

Un immense merci au remarquable – et prosopagnosique – Jacob Hodes, qui a méticuleusement revu le texte. Il m'a fourni un retour essentiel sur ce qui fonctionnait et ne fonctionnait pas, ainsi que d'inestimables suggestions pour rendre l'aventure de Jack aussi vraisemblable et authentique que possible.

Merci aux Centres de recherche sur la prosopagnosie et au Dr Brad Duchaine du département de psychologie et de sciences du cerveau du Dartmouth College pour son aide et sa générosité. Avec le Dr Irving Biderman, professeur de neurosciences et de psychologie à l'université de Californie du Sud, ils ont patiemment répondu à mes nombreuses questions.

J'aimerais également remercier Chuck Close et Oliver Sacks, dont les œuvres m'ont fourni inspiration et informations, ainsi que les membres du groupe Yahoo sur la prosopagnosie qui m'ont fait profiter de leurs points de vue tout à fait fascinants et éclairants.

Merci au Dr William Rice III, du Wake Forest Baptist Medical Center, pour son expertise médicale et à ma cousine bien-aimée, Learyn von Sprecken, ingénieur, qui nous a aidés, Jack et moi, à mettre au point ses projets époustouflants.

Merci également à :

Mes premiers lecteurs, Louis Kapeleris, Angelo Surmelis, Garen Thomas, Nic Stone, Becky Albertalli et Margaret Harrison, fan très dévouée de *Tous nos jours parfaits*, qui, à la lecture des *Mille Visages de notre histoire*, a réagi ainsi : « Pour être honnête, après *Tous nos jours parfaits*, je m'attendais à ce qu'un personnage soit renversé par un camion ou quelque chose comme ça à la toute dernière page. Je suis contente que ce ne soit pas le cas. » Et à ma consœur auteure, amie et héroïne, Kerry Kletter. Non contente d'être une auteure formidable, c'est également une éditrice formidable. Elle est arrivée à l'un des moments les plus critiques de la vie de ce livre et est restée à mes côtés pour m'aider à le traverser, grâce à son soutien et aux suggestions de dernière heure les plus avisées dont un écrivain puisse rêver. Je te serai toujours reconnaissante de tout ce que tu nous as donné à Jack, Libby et moi.

À mes autres collègues auteurs pour leur amitié sans faille et leur inspiration, à tous les libraires, bibliothécaires, professeurs et blogueurs que j'ai rencontrés durant les deux dernières années. Vous êtes de vraies rock stars et je ne pourrai jamais assez vous remercier de ce que vous avez fait pour moi.

Aux Jackson Five pour m'avoir tenu compagnie pendant que j'écrivais, à Sam, Dean et *Supernatural* qui m'ont permis de me détendre après de longues journées de travail, et au prolifique et talentueux Jack Robinson pour avoir écrit une de mes chansons préférées – *I Love to Love* – et m'avoir gracieusement autorisée à citer ses paroles.

À ma famille et mes amis, proches et lointains, surtout mon foyer de cœur, Louis, Angelo, Ed Baran et mes chatons littéraires – sans vous, je n'aurais pas tenu durant ces deux dernières années.

Ce livre est pour mon père, si drôle, stoïque et merveilleux, qui devait toujours me demander de baisser la musique (mais qui m'avait installé la meilleure et la plus puissante des chaînes stéréo).

Et pour ma mère, qui m'a offert des chaussons de danse et les mots pour les accompagner. Elle m'a appris à me glisser dans la peau des autres, à être convaincue que je pouvais être ce que je voulais être et faire ce que je voulais faire et qui, pas un jour, ne m'a permis d'oublier que le monde voulait de moi. *Les Mille Visages de notre histoire* est le premier livre que j'écris et qu'elle ne lira pas, mais vous l'avez lu et ça compte plus pour moi que je ne saurais le dire.

TABLE

Découvrez *Tous nos jours parfaits*,
un autre roman
de Jennifer Niven

Quand Violet et Finch se rencontrent, ils sont au bord du vide, en haut de la tour du lycée, décidés à en finir avec la vie. C'est le début d'une histoire d'amour bouleversante : l'histoire d'une fille qui réapprend à vivre avec un garçon qui veut mourir.

Pôle fiction

Avez-vous lu *Tortues à l'infini*,
le nouveau livre
de John Green ?

Pourquoi Russell Picket, le milliardaire, a-t-il pris la fuite ?
Aza, seize ans, sa Meilleure et Plus Intrépide Amie Daisy, et Davis, le fils de Russell, mènent l'enquête. En chemin, ils découvrent d'autres mystères et d'autres vérités : la résilience, l'amour et l'amitié.

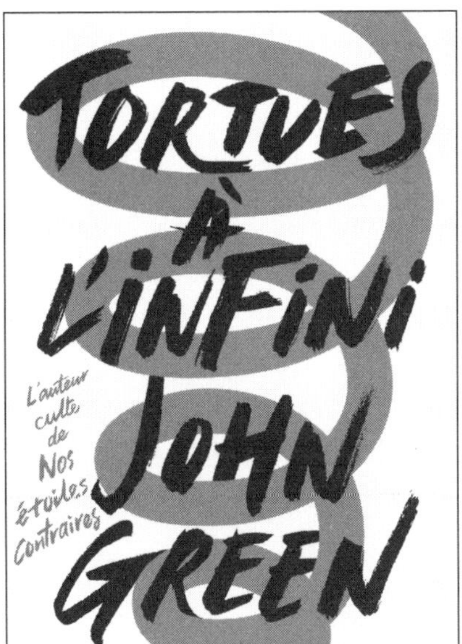

Grand format